"十二五"普通高等教育本科国家级规划教材
21世纪韩国语系列教材
中国大学出版社图书奖优秀教材一等奖
山东省高等教育教学成果奖二等奖
中国非通用语教学研究会优秀教材一等奖

第四册

（第三版）

大学韩国语

● 主　编　牛林杰　〔韩〕崔博光
● 副主编　金　哲　于明燕　郑　艳

U0362523

北京大学出版社
PEKING UNIVERSITY PRESS

图书在版编目（CIP）数据

大学韩国语. 第 4 册/ 牛林杰,（韩）崔博光主编 —3 版 .—北京：北京大学出版社，2014.5

（21世纪韩国语系列教材）

ISBN 978-7-301-24176-9

I. □大… II. □牛… □崔… III. □朝鲜语－高等学校－教材 IV. □H55

中国版本图书馆 CIP 数据核字(2014)第081371号

书　　　名：**大学韩国语　第四册（第三版）**

著作责任者：牛林杰　〔韩〕崔博光　主编

责 任 编 辑：刘　虹

组 稿 编 辑：张　娜

标 准 书 号：ISBN 978-7-301-24176-9

出 版 发 行：北京大学出版社

地　　　址：北京市海淀区成府路 205 号　100871

网　　　址：http://www.pup.cn　　新浪官方微博:@北京大学出版社

电　　　话：邮购部 62752015　发行部 62750672　编辑部 62759634　出版部 62754962

电 子 邮 箱：编辑部 pupwaiwen@pup.cn　总编室 zpup@pup.cn

印 刷 者：北京虎彩文化传播有限公司

经 销 者：新华书店

　　　　　　787 毫米×1092 毫米　16 开本　16.25 印张　395 千字

　　　　　　2007 年 5 月第 1 版　2009 年 6 月第 2 版

　　　　　　2014 年 5 月第 3 版　2024 年 8 月第 4 次印刷

定　　　价：42.00元(配有光盘)

第三版出版说明

　　《大学韩国语》是普通高等教育"十一五"国家级规划教材,也是北京大学出版社21世纪韩国语系列教材之一,获得中国大学出版社图书奖优秀教材一等奖、山东省高等教育教学成果奖二等奖。自2005年初版、2009年第二版以来,已经被国内外几十所大学韩国语专业选为韩国语精读教材。为了进一步适应韩国语教育的发展趋势,提高韩国语精读教学的水平,满足广大学习者的需求,编者在原教材的基础上进行了调整和修订,第三版得以问世。

　　1. 每册的总课数和结构保持不变,仍然是每册18课,每课由课文、词汇、语法、练习、课外阅读、补充词汇等组成。

　　2. 本版主要修订的内容,是替换掉原来课文中的一些与当前韩国实际生活不相符的内容。比如搬家一课中对于赠送乔迁礼物的描述。而对于原版中比较模糊的概念,选择韩国的学校教育中较通用的说法。比如使用韩国语的人数,以及现代韩国语的字母构成等。

　　3. 对原版图书中一些单词和例句等的中文释义,进行了再梳理,去除不适当的和不正确的,对一些同音异义词(韩文同音,汉字不同,释义不一),保留文中实际用到的。对例句的错译或有差距的翻译,也予以修订。

　　4. 练习题进行了一定的修改。尤其是将翻译题中一些大段的中译韩,换成了分成几道小题的中译韩。以期对学生的活学活用起到启发作用。

　　5. 邀请韩国首尔大学名师,对课文、词汇、课外阅读、补充单词等内容重新录音。标准地道的发音、优美的音色音质,帮您快乐学习韩国语!

　　虽然本教材已经在广大师生们的使用中得到了肯定,但是我们不满足于现状,努力做到更好。敬请国内外老师、读者对本教材提出宝贵意见!

北京大学出版社 外语部

2014/5/7

第二版前言

中韩两国隔海相望,文化交流源远流长。1992年中韩建交以来,两国在政治、经济、文化等各领域的交流日益频繁。在我国,学习韩国语、渴望了解韩国文化的人越来越多,韩国语教育也进入了一个新的历史时期。根据社会的需求,山东大学韩国学院组织编写了这套韩国语基础课教材。本教材是北京大学出版社组织出版的"21世纪韩国语系列教材"之一。教材根据韩国语语法、词汇、词性的难易度、使用频率,以日常生活、韩国文化为主要内容,旨在培养学习者的综合韩国语能力。

本教材遵循由浅入深、循序渐进的原则,语法讲解详细系统,听、说、读、写各方面的训练分布均匀,使学生在获得扎实、坚固基本功的基础上,能够活学活用,快速提高韩国语综合能力。另外,教材还反映了韩国的政治、经济、文化等内容,使学习者在学习韩国语的同时,加深对韩国的了解。

本教材共分四册,可供大学韩国语专业一至二年级作为精读教材使用,也可供广大韩国语爱好者自学。教材每册18课,每课由课文、词汇、语法、练习、课外阅读、补充词汇等组成。课文一般由一段对话和一段简短的说明文组成。对话部分一般使用口语形式,以日常生活内容为题材,便于学习者理解、记忆和使用;说明文字则根据会话的主题设计,一般使用书面语形式。生词部分整理课文中新出现的单词和惯用语。单词表中的汉字词都标出相对应的汉字,便于学习者理解和记忆。语法部分是对课文中重要句型和语法的解释。重点讲解语法的构成,并举例说明其用法。练习部分以加深对课文的理解、词汇的灵活运用、语法的熟练为主要目的,题目多样、新颖。课外阅读由一篇与课文内容相关的短文组成,通过短文阅读,训练学习者的综合阅读能力,扩大词汇量。补充生词部分收录语法和练习、课外阅读中出现的生词。每册的最后附有总词汇表,是全书单词的整理,便于学习者查找。

本教材在编写和出版过程中,得到了山东大学韩国学院和北京大学出版社的大力支持和帮助。韩国学院亚非语言文学专业研究生刘惠莹、贺森、徐静静、王凤玲、尚应朋、方飞等参加了本教材的部分编写和资料整理工作,北京大学出版社的编辑同志为本教材的出版付出了艰辛的努力。在此,我们谨向所有关心和支持本教材编写和出版的有关人士表示衷心的感谢。

由于时间仓促和编者的水平所限,书中难免出现一些错误,真诚地希望国内外韩国语教育界的同行和广大读者对这套教材提出宝贵意见。

牛林杰

2009年3月

目 录

제1과 친구

重点语法

1. -끼리
2. -와/과는 달리
3. -ㄴ/는 것같이 -(으)ㄴ 일은 없다
4. -(ㄴ)는다고/-다고 하지만
5. -ㄴ/은 들[연결어미]

课文

(1)

한국의 장미란 씨는 중국 문학을 배우러 중국에 왔습니다. 전부터 인터넷으로 사귀어 온 중국 친구 왕강 씨를 처음 만나게 되었습니다.

미란: 왕강 씨, 안녕하세요?

왕강: 네. 미란 씨, 안녕하세요? 인터넷으로 편지만 주고받다가 이렇게 만나게 되니 정말 반갑군요.

미란: 왕강 씨가 여러 가지 자료를 보내주서서 많은 도움이 됐어요.

왕강: 다행이군요. 어려운 일이 있으면 언제든지 말씀하세요.

미란: 그런데 한 가지 궁금한 게 있어요. 올해 나이가 어떻게 되세요?

왕강: 스물 한 살이에요.

미란: 나도 스물 한 살이에요. 그러면, 우리 말 놓기로 해요.

왕강: 아니, 말을 놓는다… 말을 어떻게 놓죠?

미란: 하하하, 말을 놓는다는 것은 높임말을 쓰지 않는다는 뜻이에요. 친한 친구들끼리는 높임말을 쓰지 않아요. 왕강 씨와 좀더 친해지면 좋겠어요.

왕강: 아, 그렇군요. 그렇게 하지요.

(2) 우정

등 덩굴 트레리스 밑에 있는 세사밭, 손을 세사 속에 넣으면 물기가 있어 차가웠다. 왼손이 들어 있는 세사 위를 바른손 바닥으로 두들기다가 왼손을 가만히 빼내면 두꺼비집이 모래 속에 작은 토굴같이 파진다.

손에 묻은 모래가 내 눈으로 들어갔다. 영이는 제 입을 내 눈에 갖다 대고 불어 주느라고 애를 썼다. 한참 그러다가 제 손가락에 묻었던 모래가 내 눈으로 더 들어갔다. 나는 눈물을 흘리며 울었다. 영이도 울었다. 둘이서 울었다.

어느 날 나는 영이 보고 배가 고프면 골치가 아파진다고 그랬다. '그래 그래' 하고 영이는 반가워하였다. 그때같이 영이가 좋은 때는 없었다.

우정은 이렇게 시작이 되는 것이다. 하품을 하면 따라 하품을 하듯이 우정은 오는 것이다. 오랫동안 못 만나게 되면 우정은 소원해진다. 희미한 추억이 되어 버리기도 한다. 나무는 심는 것도 중요하지만 기르는 것이 더욱 어렵고 보람 있다. 친구는 그때그때의 친구도 있을 수 있다. 그러나 정말 좋은 친구는 일생을 두고 사귀는 친구이다.

우정의 비극은 이별이 아니다. 죽음도 아니다. 우정의 비극은 불신(不信)이다. 서로 믿지 못하는 데서 비극은 온다.

'늙은 어머니가 계셔서 그렇겠지?'

포숙(鮑叔)이 관중(管仲)을 이해하였듯이 친구를 믿어야 한다. 믿지도 않고 속지도 않는 사람보다는 믿다가 속는 사람이 더 행복하다.

　여성과의 우정은 윤기 있는 위안을 준다. 영민한 여성과의 우정은 다채로운 기쁨을 주고, 순박한 여성과의 우정은 영혼을 승화시켜 준다. 이성간의 우정은 사상의 변모이거나 결국 사랑으로 끝난다고도 하지만 그렇지는 않다. 연정과는 달리 우정은 담박하여 독점욕이 숨어있지 않다. 남녀간의 우정은 결혼 후에는 유지되기가 매우 어렵다. 그 남편의, 그 아내의 교양 있는 아량이 필요하기 때문이다.

　친구는 널리 많이 사귈 수도 있다. 그러나 어떤 한 친구에게 마음을 다 바치는 예도 있다. 백수십 편이나 되는 셰익스피어의 <소네트>, 밀턴의 장시 <리시다스>, 테니슨이 수년을 걸쳐서 쓴 130편이 넘는 <인메모리암>은 모두 단 한 친구를 위한 우정의 표현이었다.

> 내 처지 부끄러워 헛된 한숨 지어 보고
> 남의 복 시기하여 혼자 슬퍼하다가도
> 너를 문득 생각하면 노고지리 되는고야
> 첫새벽 하늘을 솟는 새, 임금인들 부러우리
>
> ─셰익스피어<소네트 29번>

　마음 놓이는 친구가 없는 것 같이 불행한 일은 없다. 늙어서는 더욱 그렇다. 나에게는 수십 년 간 사귀어 온 친구들이 있다. 그러나 하나 둘 세상을 떠나 그 수가 줄어 간다. 친구는 나의 일부분이다. 나 자신이 줄어가고 있다.

　나 죽을 때 옆에 있어 주기를 바랐던 친구가 먼저 가버리기도 하였다. 다행히 지금도 나에게는 일주일에 한 번쯤 만나는 친구 몇 분이 있다. 만나서 즐기는 것은 청담(淸談) 뿐은 아니다. 늙은 이야기, 자식 이야기, 그런 것들이다. 때로는 학문의 고답한 경지에 들어가기도 하지만 어느덧 여자가 화제가 되어 소리내어 웃기도 한다.

　　　　　　　　　　　　　　　　　　　　(작자: 피천득, 수필가)

词汇

주고받다	[动]	往来,交往,交换
언제든지	[副]	无论何时,随时
몇	[数] [冠]	几
말을 놓다	[词组]	说非敬语
높임말	[名]	敬语,尊称
친해지다 [親-]	[动]	变得更亲密,变得更亲近
등 덩굴	[名]	藤类植物
트레리스 [Trelease]	[名]	格子形状的架子
세사밭	[名]	细沙堆
물기	[名]	水汽
두들기다	[动]	拍打,敲打
두꺼비	[名]	癞蛤蟆
토굴 [土窟]	[名]	地洞
골치	[名]	脑袋
하품	[名]	哈欠
소원해지다 [疏遠-]	[动]	变疏远
불신 [不信]	[名]	不相信,不信任
믿다	[动]	相信
속다	[动]	欺骗
위안 [慰安]	[名]	安慰,抚慰
순박하다 [淳朴-]	[形]	淳朴,朴素
승화시키다 [昇華-]	[动]	使升华
윤기 [潤氣]	[名]	润泽
셰익스피어 [Shakespeare]	[名]	莎士比亚
교양 [敎養]	[名]	教养
헛되다	[形]	徒劳
영민하다 [靈敏-]	[形]	敏锐,聪明伶俐
다채롭다 [多彩-]	[形]	精彩,多彩
변모 [變貌]	[名]	变样儿,改观
연정 [戀情]	[名]	恋情

담박하다 [淡泊-]	[形]	淡泊,清新
독점욕 [獨占慾]	[名]	独占欲,独有欲
아량 [雅量]	[名]	雅量、宽宏大度
시기하다 [猜忌-]	[动]	猜忌
걸치다	[动]	历时
한숨 짓다	[词组]	叹息
노고지리	[名]	云雀,百灵鸟
청담 [清淡]	[名]	清淡
고답하다 [高踏-]	[形]	超世
어느덧	[副]	不知不觉,转眼间
화제 [話題]	[名]	话题

语 法

1. -끼리

用于表示复数的体词或体词句后，表示同一类的在一起。如两个"끼리"重叠使用,构成副词"끼리끼리",表示"成群结队地"。

<보기>

(1) 먼저 우리끼리라도 해보자.

(2) 너희끼리 먼저 가거라.

(3) 양은 양끼리, 염소는 염소끼리 어울린다.

(4) 사람은 끼리끼리 어울리게 되어 있다.

(5) 우리 학급 학생들은 끼리끼리 놀기만 하고 협동할 줄 모른다.

2. -와/과는 달리

接在体词后,以状语形式表示和前面所提比较的对象或基准不一样。相当于汉语的"和……不同""和……不一样"。

<보기>

(1) 가: 불편증 환자는 정상인과 달리 생활에 어떤 문제가 있나요?

　　나: 업무 능력이 떨어지기도 하고, 대인 관계에도 문제가 생깁니다.

(2) 가: 중국 남자들은 한국 남자와 어떻게 다른가요?

　　나: 한국 남자와 달리 부인을 잘 배려해 주는 것 같아요.

(3) 가: 여동생은 인물이 어때요?

　　나: 오빠와 달리 눈도 크고 얼굴도 예뻐요.

(4) 가: 일본은 중국과 비교해서 물가가 어떤가요?

　　나: 중국과 달리 물가가 비싸요.

(5) 가: 러시아가 많이 추워요?

　　나: 그럼요. 러시아는 한국과 달리 아주 추워요.

3. -ㄴ/는 것 같이 -(으)/ㄴ 일은 없다

惯用形, 相当于汉语的"没有像……那样……的事情"。

<보기>

(1) 아기가 태어난 것 같이 세상에 행복한 일은 없습니다.

(2) 사랑하는 사람이 떠난 것 같이 가슴 아픈 일은 없습니다.

(3) 공부하는 것 같이 세상에 힘든 일은 없습니다.

(4) 결혼식을 준비하는 것 같이 바쁜 일은 없습니다.

(5) 재미있는 영화 한 편 보는 것 같이 기분이 좋은 일은 없습니다.

4. -(ㄴ)는다고/-다고 하지만

表示间接引用的"-(ㄴ)는다고/-다고", 接谓词词干后, 再加上表示转折的"지만", 相当于汉语的"虽然……但是……"。连接方式上, 动词后面接"-(ㄴ)는다고", 形容词后面接"-다고"。

<보기>

(1) 철수는 매일 수업에 들어간다고 하지만 공부에는 전혀 신경을 쓰지 않아요.

(2) 애들이 스스로 숙제를 한다고 하지만 만족스럽게 하지는 못해요.

(3) 외제 화장품이 좋다고 하지만 누구에게나 다 잘 맞는 것은 아니에요.

(4) 듣기 실력이 뛰어나다고 하지만 실제 통역에서 잘 이해를 못하는 경우가 많아요.

(5) 제 나름대로 열심히 한다고 했지만 실력은 별로 늘지 않아요.

5. -ㄴ/은들[연결어미]

接在动词词干的后面,表示不管前面的内容如何,后面的结果都一样。相当于汉语的"不管……都"。

<보기>

(1) 아무리 열심히 한들 무슨 소용이 있겠어요?

(2) 아무리 마음이 착한들 다른 사람이 몰라 주면 무슨 소용이 있겠어요?

(3) 선생님께서 야단을 치신들 눈 하나 깜짝 안 할 겁니다.

(4) 밤을 새운들 그 일을 다 할 수 있겠어요?

(5) 사랑하는 사람을 위해서는 무슨 일인들 못하겠어요?

练 习

1. 본문을 읽고 다음의 질문에 대답하십시오.

(1) 장미란 씨는 왜 중국에 왔습니까?

(2) '말을 놓는다' 는 말은 무슨 뜻입니까?

(3) 사랑과 우정은 뭐가 다릅니까?

(4) 남녀간의 우정은 왜 결혼 후에는 유지되기가 매우 어렵습니까?

(5) '나' 와 친구가 만나서 즐기는 이야기에는 어떤 것들이 있습니까?

2. 다음의 단어들을 이용하여 짧은 문장을 지어 보십시오.

(1) 소원하다

(2) -와/과는 달리

(3) 순박하다

(4) 아량

(5) 헛되다

3. '-끼리'를 이용하여 다음의 대화를 완성하십시오.

> <보기> 가: 아이들은 누구하고 점심을 먹습니까?
>   나: 애들은 자기들끼리 점심을 먹습니다.

(1) 가: 이번 연휴에는 가족 단위로 여행을 가실 겁니까?

　　나: 네, ＿＿＿＿＿＿＿＿＿＿＿＿＿＿＿.

(2) 가: 동생들은 누구와 함께 학교로 갑니까?

　　나: ＿＿＿＿＿＿＿＿＿＿＿＿＿＿＿.

(3) 가: 구정에는 마을사람들이 함께 설을 쉽니까 ?

　　나: 아니오, ＿＿＿＿＿＿＿＿＿＿＿＿＿.

(4) 가: 아이들도 노인들과 함께 공원으로 갑니까?

　　나: 아니요, ＿＿＿＿＿＿＿＿＿＿＿＿＿.

(5) 가: 남자들과 여자들이 함께 축구를 합니까?

　　나: 아니요, ＿＿＿＿＿＿＿＿＿＿＿＿＿.

4. '-와/과 달리'를 이용해서 두 대상의 차이점을 말해 보십시오.

(1) 가: 중국 여자들은 한국 여자와 어떻게 다른가요?

　　나: ＿＿＿＿＿＿＿＿＿＿＿＿＿＿＿.

(2) 가: 당신과 남동생은 어떤 차이가 있나요?

　　나: ＿＿＿＿＿＿＿＿＿＿＿＿＿＿＿.

(3) 가: 일본 사람은 서양 사람과 다른 점이 있나요?

　　나: ＿＿＿＿＿＿＿＿＿＿＿＿＿＿＿.

(4) 가: 태국 날씨는 한국 날씨와 어떻게 다른가요?

　　나: ＿＿＿＿＿＿＿＿＿＿＿＿＿＿＿.

(5) 가: 한국 음식과 중국 음식은 어떤 차이가 있나요?

　　나: ＿＿＿＿＿＿＿＿＿＿＿＿＿＿＿.

5. '-ㄴ/는 것 같이 -(으)ㄴ 일은 없다'를 이용하여 보기와 같이 문장을 만들어 보십시오.

> <보기> 아이들을 가르치다/보람이 있다
> → 아이들을 가르치는 것 같이 보람 있는 일은 없어요.

(1) 소설을 읽다/재미있다

　　　　　　　　　　　　　　　　　　　　　　.

(2) 온천욕을 하다/ 사람을 기분 좋게 하다

　　　　　　　　　　　　　　　　　　　　　　.

(3) 운동하다/ 다이어트에 효과가 있다

　　　　　　　　　　　　　　　　　　　　　　.

(4) 담배를 피우다/ 몸에 안 좋다

　　　　　　　　　　　　　　　　　　　　　　.

(5) 음주운전을 하다/ 위험하다

　　　　　　　　　　　　　　　　　　　　　　.

6. '-ㄴ/은 들' 이용하여 다음의 문장을 완성하십시오.

(1) 부모님을 위한 일이라면 　　　　　　 (무슨 일이다) 못하겠어요?
(2) 열심히 　　　　　　 (일을 하다) 무슨 소용이 있겠어요?
(3) 다른 사람들도 다 하는 일을 　　　　　　 (저이다) 못하겠어요?
(4) 그분 고집이 황소 고집인데 제가 　　　　　　 (부탁하다) 무슨 소용이 있겠어요?
(5) 부모님의 말을 안 듣는 아이가 　　　　　　 (선생님의 말이다) 듣겠어요?

7. 다음 밑줄을 친 단어들과 비슷한 단어들을 고르십시오.

| 나무라다 | 착하다 | 숨기다 | 사치스럽다 | 근심 |

(1) 그는 가난을 <u>탓</u>하지 않고 언제나 즐겁게 일하며 살고 있었다. (　　　)
(2) 은행장은 구두 수선공을 그의 <u>호화로운</u> 저택에 초대했다. (　　　)
(3) 은해장은 솔직하고 <u>선량한</u> 구두 수선공을 좋아했다. (　　　)

(4) 구두 수선공은 그 돈을 아무도 모르는 곳에 <u>감추</u>었다.(   )

(5) 그날부터 구두 수선공에게는 <u>걱정</u>이 생겼다. (   )

8. 다음의 한국어를 중국어로 번역해 보십시오.

　　우정은 이렇게 시작이 되는 것이다. 하품을 하면 따라 하품을 하듯이 우정은 오는 것이다. 오랫동안 못 만나게 되면 우정은 소원해진다. 희미한 추억이 되어 버리기도 한다. 나무는 심는 것도 중요하지만 기르는 것이 더욱 어렵고 보람 있다. 친구는 그때그때의 친구도 있을 수 있다. 그러나 정말 좋은 친구는 일생을 두고 사귀는 친구이다.

　　여성과의 우정은 윤기 있는 위안을 준다. 영민한 여성과의 우정은 다채로운 기쁨을 주고, 순박한 여성과의 우정은 영혼을 승화시켜 준다. 이성간의 우정은 사상의 변모이거나 결국 사랑으로 끝난다고도 하지만 그렇지는 않다. 연정과는 달리 우정은 담박하여 독점욕이 숨어있지 않다. 남녀간의 우정은 결혼 후에는 유지되기가 매우 어렵다. 그 남편의, 그 아내의 교양 있는 아량이 필요하기 때문이다.

9. 다음의 문장을 한국어로 번역해 보십시오.

(1) 和普通的商业片不一样，这部电影综合了更多的文化元素。

_____.

(2) 有句话不是说"物以类聚，人以群分"嘛，我和承俊就是因为都喜欢电脑才成为好朋友的。

_____.

(3) 身在国外，没有像收到家里寄来的信件那样更令人高兴的事了。

_____.

(4) 虽说已是大学生了，但在父母面前还象孩子一样撒娇。

_____.

(5) 不管永南怎么解释，美兰还是无法原谅他。

_____.

친 구

친구란 무엇인가? 친구의 사전적 정의는 오래두고 정답게 사귀어 온 벗이다. 벗은 마음이 서로 통하여 친하게 사귄 사람이나 뜻을 같이 하는 사람이라고 정의된다. 즉 친구는 수용, 신뢰, 존중의 바탕 위에서 인생의 즐거움을 공유하고 도움을 교환하는 동반자라고 정의할 수 있다.

친구는 다른 유형의 동반자와 어떤 차이가 있는가? 우정과 사랑은 관련된 사람의 특성보다는 관계의 질에 의해서 구분된다는 것이 일반적일 견해이다. 두 사람이 같은 성(性)이나 다른 성(性)이냐의 문제보다는 두 사람의 관계가 어떤 특징을 지니느냐에 의해 우정과 사랑은 구분된다는 것이다. 즉 상대방에 대해서 어떤 체험을 하며 어떤 태도를 지니고 있느냐가 중요하다. 우정과 사랑은 매우 유사하며 많은 공통점을 지닌다. 그러나 낭만적 사랑에는 열정과 보호라는 요소가 추가되어 있다고 한다. 즉 '열정은 매혹적이다, 이런 감정은 그대가 처음이다, 성적 욕망을 느낀다'라는 경험을 의미하며 보호는 '그대를 위해 무엇이든 할 수 있다. 우리는 무조건 한편이다'라는 태도를 의미한다. 즉 부부나 애인은 친구에 비해서 상대방을 훨씬 더 매혹적이라고 느낄 뿐만 아니라 이 세상에 오직 하나뿐인 존재라고 느끼는 정도가 더 강하다.

친구에 대한 정의는 개인마다 매우 다를 수 있다. 즉 친구는 어떤 사람들이며 친구는 어떠해야 한다는 생각은 개인의 주관적 신념에 속하는 것이다. 이러한 신념은 친구관계에 많은 영향을 미치게 된다.

补充词汇

사전 [詞典]	[名]	词典
정답다	[形]	亲密
벗	[名]	朋友
정의되다 [定義-]	[动]	被定义
수용 [受容]	[名]	接受,吸收
신뢰 [信賴]	[名]	信赖
바탕	[名]	基础,背景
공유하다 [共有-]	[动]	共有
동반자 [同伴者]	[名]	同伴,伙伴
질 [質]	[名]	品质,质量
체험 [體驗]	[名]	体验
유사하다 [類似-]	[形]	类似
낭만 [浪漫]	[名]	浪漫
열정 [熱情]	[名]	热情
보호 [保護]	[名]	保护
요소 [要素]	[名]	要素,因素
추가되다 [追加-]	[动]	追加,增加,添加
매혹적이다 [魅惑的-]	[形]	迷人的
성 [性]	[名]	性
욕망 [慾望]	[名]	欲望
무조건 [無條件]	[名]	无条件
한편	[名]	一伙
존재 [存在]	[名]	存在
주관적 [主觀的]	[形]	主观的
개인 [個人]	[名]	个人
신념 [信念]	[名]	信念
미치다	[动]	施加(影响)

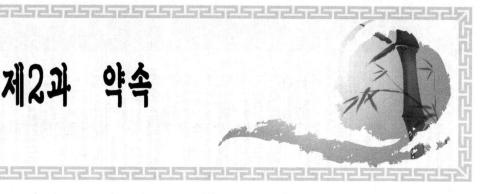

제2과 약속

重点语法

1. -기보다는

2. -이/가 아니라

3. -(으)ㄴ 탓에

4. -ㄴ/은 결코 -이/가 아니다

5. 韩国语的语态

课文

(1)

왕　강: 미영아, 여기.

미　영: 미안해, 길이 막혀서 좀 늦었어.

왕　강: 괜찮아. 뭘 먹을래? 피자 아니면 햄버거?

미　연: 잠깐, 오늘은 한국 음식 먹지 않을래? 내가 살 테니까.

왕　강: 이번에는 내가 살게. 그렇게 하기로 했잖아.

미　연: 그래도 내가 살게. 나 어제 아르바이트 월급 받았거든.

왕　강: 아, 그래? 비싼 거 시켜도 돼?

미　연: 그럼, 맘대로 시켜! 저쪽에 내가 자주 가는 음식점이 있거든.

종업원: 어서 오십시오! 뭘 드시겠습니까?

왕　강: 해물파전 어때?

미　연: 해물파전도 맛있지. 그럼 해물파전 하나 하고, 불고기도 일인분 시키자.

왕　강: 그래, 삼겹살로 할까? 고기를 상추에 싸서 먹는 게 좋아. 그리고 난 한국 요리 중에서 잡채도 맛있더라.

미　연: 괜찮다니까, 먹고 싶은 거 다 시켜 봐.

왕　강: 알았어, 저기요. 해물파전하고 삼겹살 2인분, 잡채, 그리고 밑반찬도 푸짐하게 주세요.

종업원: 잠시만 기다리세요.

왕　강: 저, 그리고 다음엔 내가 살 테니까, 약속 지켜야 돼, 알았지?

미　연: 그래, 기대할게.

(2) 약 속

　사람은 살아가면서 여러 가지 약속을 한다. 약속을 지킨다는 것은 자신이 한 말에 책임을 지는 성숙한 행동이며 역시 한 인간의 인간성의 표현이기도 하다.

　그러나 약속을 지키는 일은 결코 쉬운 일이 아니다. 우리 생활 중의 어떤 사람들은 약속을 제대로 지키지 않아 상대방을 불쾌하게 만들거나 심지어는 상대방에게 만회할 수 없는 손해를 주는 경우도 있다. 약속은 믿음과 신뢰, 그리고 성실과 책임을 바탕으로 하고 있다. 때문에 일반적으로 사람들은 약속을 지키기 위해 최선을 다하며 때론 기꺼이 자신을 희생하기도 한다. 그만큼 약속은 신성한 것이다. 만약 이유없이 약속을 깬다면 이는 믿음을 깨는 일이며 상대방의 인격에 대한 무시이다. 혹시 본의 아니게 약속을 지키지 못했다면 그건 다른 성질의 문제다. 하지만 이런 경우라 할지라도 상대방에게 먼저 양해를 구하는 것이 가장 바람직한 태도이다. 현실 생활 속에서 소중한 약속을 지키지 못한 자신을 반성하고 뉘우치는 이들이 있는가 하면 분명 약속을 지키지 않고서도 자신을 뉘우칠 줄 모르는 이들도 있으며 심지어 엉뚱한 변명까지 하는 이들도 있다. 다음의 상황을 보기로 한다.

　어떤 사람이 친구와 약속을 했는데 한 시간 이상 늦었다. 약속 장소에 가보니 그때까지 친구가 기다리고 있었다. 사람들은 이러한 상황에서 기다려 준 친구에게 어떻게 말할까? 우리는 살면서 이러한 일을 자주 겪게 되는데 사람마다 그 반응은 다양하다.

이런 경우 어떤 사람들은 자신의 잘못에 대해서 용서를 빌고 사과한다. 한 시간 이상을 기다려 준 친구가 고맙고 자신의 행동이 미안해서 어쩔 줄 몰라한다. 그래서 단순히 늦어진 사실에 대해서 손이 발이 되도록 빌면서 사과하기도 하고 다시는 이런 일이 없을 거라고 다짐하거나 약속하기도 한다. 또 자신의 잘못에 대해서 그에 상응하는 보상을 해 주기도 한다. 그 예로 어떤 사람들은 '늦어서 미안해. 정말 미안해'를 연발한다. 또 '내가 다시는 안 늦을게. 내가 또 다시 늦으면 내 손가락에 장을 지지겠어' '오늘 늦은 대신에 한 턱 크게 낼게'라고 한다.

그런데 이와는 달리 자신이 늦은 이유를 구차하게 설명하는 사람들도 있다. 한 마디로 말하면 변명을 늘어놓는 유형이다. 가장 흔하게 사용하는 말은 '길이 막혀서 늦었어'라는 변명이다. 또 자신의 실수를 고백하면서 설명하는 사람도 있다. '약속 시간을 잘못 알고 있었어' 또는 '나오려고 하는데 열쇠를 어디에 두었는지 몰라서…'. 이러한 사람들은 자신의 잘못에 대한 미안함을 직접적으로 표현하기보다는 자신의 잘못을 정당화하고 합리화해서 상대방을 이해시키려고 한다.

또 다른 유형의 사람들은 자신의 약속을 지키지 못한 잘못을 다른 탓으로 돌리는 것이다. 때로는 엉뚱한 이유를 대기도 하고 관련이 없는 것을 끌어들이기도 한다. '약속 시간을 왜 이렇게 길이 막히는 때로 정했지?' '교통 문제가 이렇게 심각해서야… 정치하는 사람들은 뭘 하는 건지 모르겠어.' 이런 유형의 사람들은 사실을 설명하거나 잘못을 인정하기보다는 자신의 방패막이로 다른 것을 끌어온다. 속담에 '핑계 없는 무덤이 없다'는 말이 있다. 이는 '무슨 일이든지 반드시 핑계거리는 있다'는 뜻이다. 그래서 핑계를 찾는다면 다른 사람이나 물건, 날씨 등 모든 것이 핑계거리가 될 수 있다.

약속 시간에 늦었을 때 기다려 준 사람에게 보여주는 반응은 이처럼 다양하다. 누구나 한 번쯤은 부딪혔을 이러한 상황에서 자신은 어떻게 행동했는지, 어떤 유형에 속하는지 한번 생각해 볼 일이다.

词 汇

피자 [pizza]	[名]	比萨饼
햄버거 [hamburger]	[名]	汉堡
해물파전	[名]	海鲜饼
잡채 [雜菜]	[名]	炒杂菜
밑반찬	[名]	家常菜, 小菜
푸짐하다	[形]	丰盛, 足够
성숙하다 [成熟-]	[形]	成熟
인간성 [人間性]	[名]	人性
달갑다	[形]	甘心
무시하다 [無視-]	[动]	无视, 轻视
신성하다 [神聖-]	[动]	神圣
본의 [本意]	[名]	本意
비중 [比重]	[名]	比重
심지어 [甚至於]	[副]	甚至
만회하다 [挽回-]	[动]	挽回, 补救
불쾌하다 [不快-]	[形]	不愉快
약속을 깨다	[词组]	爽约
최선을 다하다	[词组]	尽力
손이 발이 되도록 빌다	[谚语]	跪地求饶, 请求原谅
다짐하다	[动]	下决心, 保证
엉뚱하다	[形]	出乎意料, 出格, 毫不相干
변명하다 [辯明-]	[动]	辩解, 辩明
보상을 해 주다	[词组]	给与补偿
연발하다 [連發-]	[动]	接连发生
손가락에 장을 지지다	[惯用语]	表示有自信的约定
핑계	[名]	借口
핑계 없는 무덤이 없다	[谚语]	事出有因

정당화하다 [正當化-]	[动]	使正当化
구차하다 [苟且-]	[形]	厚着脸皮;穷苦
탓	[名]	原因,缘故
거리	[依存名词]	话题,材料
방패막이	[名]	隐身草,挡箭牌
부딪치다	[动]	冲撞,碰撞

语 法

1. -기보다는

接在动词或形容词后,表示比较前后事实。相当于汉语的"与其……还不如……"。

<보기>

(1) 가: 저는 돈이 생기면 은행에 저축을 해요.

　　나: 요즘 같은 때에는 저축하기보다는 주식같은데 투자하는 게 좋아요.

(2) 가: 여러 번 타일렀는데도 잘 따라 주지를 않아요

　　나: 말로 하기보다는 행동으로 하는 게 더 효과가 있어요.

(3) 가: 이 참마는 삶아서 먹을까요?

　　나: 참마는 삶아서 먹기보다는 그냥 생것으로 먹는 게 훨씬 몸에 좋대요.

(4) 가: 그녀는 돈을 벌기보다는 쓰기에 바빠요.

　　나: 저축은 전혀 못하겠어요.

(5) 가: 고양이를 기를까요, 강아지를 기를까요?

　　나: 애완용으로는 고양이를 기르기보다는 강아지를 기르는 게 더 나아요.

2. -이/가 아니라

"-이/가 아니라"用于名词后面,否定前面的名词而肯定后面的内容。相当于"不是……而是……"。

<보기>

(1) 왕단 씨 생일은 오늘이 아니라 내일이에요.

(2) 저기 있는 사람은 지민 씨가 아니라 지훈 씨예요.

(3) 이 책은 제 거 아니라 지영 씨 겁니다.

(4) 난 지금 텔레비전을 보는 게 아니라 어학 공부를 하는 거예요.

(5) 나는 술을 안 마시는 게 아니라 못 마셔요.

3. -(으)ㄴ 탓에

接在动词或形容词词干后,表示造成不良或否定性结果的原因或理由。

<보기>

(1) 가: 날씨가 추운 탓에 아이들 손이 꽁꽁 얼었어요.

　　나: 장갑을 끼고 놀라고 하세요.

(2) 가: 음식을 많이 먹은 탓에 소화가 잘 안 되네요.

　　나: 소화가 잘 안 되면 소화제를 드세요.

(3) 가: 너무 늦게 일어난 탓에 지각을 했어요.

　　나: 내일부터는 일찍 일어나세요.

(4) 가: 어제 외박을 한 탓에 아내가 화가 많이 나 있어요.

　　나: 화가 풀리게 꽃을 선물해 보세요.

(5) 가: 영수 씨는 왜서 자주 말썽을 일으키지요?

　　나: 급한 성격 탓에 친구들과 충돌이 잦아요

* -탓이다

<보기>

(1) 가: 어제 왜 그런 실수를 했지요?

　　나: 다 제가 술이 과했던 탓이에요.

(2) 가: 네가 잘못해 놓고 다른 사람 탓이라고 하면 어떡해?

　　나: 저만 잘못한 건 아니에요.

4. -ㄴ/은 결코 -이/가 아니다

"결코"是"绝不,并非"的意思,后面常接否定的形式,经常以"결코…하지 않다" "결코…아니다""결코…없다"等的形式出现。"-ㄴ/은 결코 -이/가 아니다"指的是 "……并非是……""……绝对不是……"。

<보기>
(1) 외국어를 배우는 것은 결코 쉬운 일이 아니다.
(2) 배탈이 자주 나는 것은 결코 작은 병이 아니다.
(3) 아침 밥을 안 먹는 습관은 결코 좋은 습관이 아니다.
(4) 어제 발생한 일은 결코 우연한 일이 아니다.
(5) 박사 학위를 따는 것은 결코 쉬운 일이 아니다.

5. 韩国语的语态

在韩国语中,表示动词和句中主语相互关系的语法范畴叫语态。在句中,动词所 表示的行为有主语进行的叫能动态;该行为是主语指使另一对象进行的叫使动态;主 语本身受该行为支配的叫被动态。

动词原形本身就构成能动态。因此,在句子中凡保持原形的动词都属于能动 态。而使动态和被动态则是由其形态变化来构成。

在这里我们先简单介绍一下被动态的主要构成方式。

(1)部分固有动词词干后加结尾词 "-이, -히, -리, -기, -우"等。

날다	날리다	밀다	밀리다
팔다	팔리다	풀다	풀리다
빼앗다	빼앗기다	잠그다	잠기다
쫓다	쫓기다	놓다	놓이다
모으다	모이다	쓰다	쓰이다
싸다	싸이다	쌓다	쌓이다
밟다	밟히다	잡다	잡히다
적다	적히다	타다	태우다

(2)由两个音节构成的汉字词后加-하다构成的动词有很大一部分可把-하다换 成-되다,构成被动态。

관련하다	관련되다	건설하다	건설되다
수여하다	수여되다	단결하다	단결되다
선거하다	선거되다	감동하다	감동되다

(3) 一些动词和形容词词干后加<-아 지다/-어 지다/-여 지다>,构成被动态。

믿다-------믿어지다　　　　　느끼다--------느껴지다

전하다-------전해지다　　　　　변하다--------변해지다

<보기>

① 나는 회의에 필요한 서류를 모두 준비했다.

　　→ 회의에 필요한 서류는 모두 준비됐다.

② 도깨비가 할아버지를 잡았다.

　　→ 할아버지는 도깨비에게 잡혔다.

③ 호랑이가 토끼를 잡아 먹었다.

　　→ 토끼가 호랑이에게 잡아 먹혔다.

④ 나는 음악을 들었다.

　　→ 음악이 (나에게) 들렸다.

⑤ 경찰이 도둑을 붙잡았다.

　　→ 도둑이 경찰에게 붙잡혔다.

练习

1. 본문을 읽고 다음의 질문에 대답하십시오.

(1) 약속은 왜 소중합니까?

(2) 혹시 본의 아니게 약속을 지키지 못했다면 어떻게 해야 합니까?

(3) 어떤 경우 자신의 잘못에 대해서 그에 상응하는 보상을 해 주기도 한다는 말의 의미는 무엇입니까?

(4) 자신이 늦은 이유를 구차하게 설명하는 사람들이 가장 흔하게 사용하는 말이 무엇입니까?

(5) '핑계 없는 무덤이 없다'는 말은 무슨 뜻입니까?

2. '-기보다는'을 이용해서 다음의 대화를 완성하십시오.

(1) 가: 배가 고파도 좀 참고 견딥시다.

나: _____ (이대로 굶고 있다/마을로 내려가서 먹을 걸 좀 구하다)

(2) 가: 제 나이에 배드민턴을 하면 어떨까요?

　　나: _____ (배드민턴을 하다/수영을 하다)

(3) 가: 장래에 어떤 일을 할 것인지 고민이에요.

　　나: _____ (혼자 고민하다/부모님과 의논하다)

(4) 가: 이 노래의 매력은 가사에 있다는데, 어떠세요?

　　나: _____ (이 노래의 매력은 가사에 있다/곡에 있다)

(5) 가: 외국어를 배울 때 듣기가 제일 어려워요?

　　나: _____ (듣다/말하다)

3. '-이/가 아니라'를 이용하여 다음의 대화를 완성하십시오.

(1) 가: 오늘이 10일입니까? (11일)

　　나: _____.

(2) 가: 진홍 씨는 한국 사람입니까? (중국 사람)

　　나: _____.

(3) 가: 이 가방은 지영 씨 겁니까?(소라 씨)

　　나: _____.

(4) 가: 다음 주에 한국에 갈 겁니까? (이번 주)

　　나: _____.

(5) 가: 오늘 수요일 맞지요? (화요일)

　　나: _____.

4. '-ㄴ/는 탓에'를 넣어 다음의 대화를 완성하십시오.

(1) 가: 이번 학기말 시험이 말이 아니더군요.

　　나: _____ 책 볼 시간이 없었어요.(아르바이트를 너무 많이 하다)

(2) 가: 제가 _____ 어머님이 많이 화가 났어요.(일을 저질러 놓다)

　　나: 다음에 그러지 않도록 조심하세요.

(3) 가: 애들이 예의가 너무 없더군요.

　　나: 엄마가 _____ 아이들 교육에 소홀했던 것 같아요.(직장 생활을 하다)

(4) 가: 그 나이에 대학도 못 나왔다면서요?

　　나: 예, _____ 대학 갈 기회를 놓치고 말았지요.(집 형편이 넉넉하지 못하다)

(5) 가: 상호 씨는 지금도 과장이세요?

　　나: 그럼요, _____ 여태껏 승진도 못했어요.(게으르다)

5. '-ㄴ/은 결코 -이/가 아니다'를 이용하여 보기와 같이 다음의 두 문장을 하나로 연결해 보십시오.

> <보기> 초저녁부터 새벽까지 아르바이트 하다/쉬운 일
> → 초저녁부터 새벽까지 아르바이트 한다는 것은 결코 쉬운 일이 아니다.

(1) 지금 학업을 그만두다/바람직한 일

　　→ _____

(2) 몸이 아플 때 일을 억지로 하다/바람직한 일

　　→ _____

(3) 매일 먹고 마시며 놀다/ 보람있는 인생

　　→ _____

(4) 다이어트를 하기 위해 굶다/ 적절한 방법

　　→ _____

(5) 이 일을 하루 동안 다 끝내다/ 쉬운 일

　　→ _____

6. 다음의 문장을 <보기>와 같이 피동문으로 바꾸어 보십시오.

> <보기> 경찰이 도둑을 잡다.→ 도둑이 경찰에게 잡혔다.

(1) 사람들이 영수를 구두쇠라고 부르다.

　　→ _____

(2) 젊은이들이 이 책을 많이 읽는다.

　　→ _____

(3) 청개구리가 벌레를 잡다.

　　→ _____

(4) 작년에 대학교의 이름을 바꾸다.

　→ _____

(5) 과 친구들이 민주를 과대표로 뽑았다.

　→ _____

7. 다음의 글을 중국어로 번역해 보십시오.

　　한국 사람들은 남녀의 감정 표현은 가정이나 개인적인 장소에서 하는 것이 바람직하다고 생각합니다. 하지만 시대에 따라 사람들의 생각도 바뀌어서 요즘 젊은이들은 감정 표현을 자유롭게 합니다. 그래도 시대와 장소에 따라 조금 다르지만 예절은 기본적으로 지켜야 하는 것이므로 남들에게 불편을 주는 행동은 삼가야 합니다.

8. 다음의 글을 한국어로 번역해 보십시오.

(1) 临渊羡鱼，不如退而结网。

_____

(2) 这个世界不是缺少美，而是我们缺少发现的眼睛。

_____

(3) 由于人们不注意环境保护，导致地球上许多生物濒临灭绝。

_____

(4) 治理环境绝不是一朝一夕的事情。

_____

(5) 万里长城被誉为世界古代文明的十大奇迹之一。

_____

课外阅读

약속과 관련된 고사

　① 일낙천금[一諾千金]: 한 번 승낙한 약속이 천금과 같다는 뜻으로, 약속을 중히 여김을 비유한 말이다.

　초(楚)나라 패왕(霸王) 항우(項羽)의 부하 중에 계포(季布)라는 장수가 있었다. 그는 체면을 소중히 여기고 신의를 지키는 임협(任俠)으로 알려져, 한번 허락한 이상 그 약속은 반드시 지켰다. 초나라 사람들은 이런 그를 두고, "황금 백근을 얻는 것은 계포의 일낙을 얻는 것만 못하다[得黃金百斤 不如得季布一諾]."고 하였다. 그는 한(漢)나라의 고조(高祖)와 싸울 때는 초나라의 대장으로 많은 전공(戰功)을 올렸지만, 항우가 패하자 천금(千金)의 현상금이 걸린 쫓기는 몸이 되었다.

그러나 그를 아는 사람은 아무도 그를 팔지 않았다. 추적의 손길이 뻗치자 스스로 노예가 되어 노(魯)나라의 주가(朱家)에게 팔려 갔다. 주가도 이 노예가 계포임을 알고 지켜 주었다. 그 뒤 하후영의 주선으로 사면되어 낭중(郎中)이 되었으며, 혜제(惠帝) 때에는 중랑장(中郎將)이 되었다. 《사기(史記)》〈열전편(列傳篇)〉 '계포조'의 이야기이다. '일낙천금'이란, 이 '계포의 일낙'에서 유래한 말이다. 오늘날에는 이것이 '확실한 약속'이라는 뜻으로 널리 쓰인다.

②거경지신[巨卿之信]: 거경의 신의라는 뜻으로, 굳은 약속을 뜻하며 성실한 인품을 나타내는 말이다.

범식(范式)의 자는 거경(巨卿)이고, 산양(山陽) 금향(金鄉) 사람이다. 일명 범(氾)이라고도 한다. 그는 어려서부터 태학(太學: 최고 학부)에서 학문을 하는 유생(儒生)의 한 사람이 되었다. 그곳에서 여남(汝南) 출신의 장소(張劭)와 친구가 되었다. 장소의 자는 원백(元伯)이다. 어느 날 두 사람은 함께 고향으로 돌아가는 이야기를 하게 되었다. 범식이 장소에게 말했다. '2년 후에 고향으로 돌아갈 때에는 먼저 자네 양친에게 절하고서 자네를 보겠어.' 그리고는 기일을 약속하고 헤어졌다.

2년이 지나 그 약속한 날이 다가오자 장소는 어머니에게 그를 위해 음식을 준비해 줄 것을 부탁했다. 이에 장소의 어머니는 '2년간 천 리나 되는 먼 곳에 떨어져 있으면서 약속을 하였으니, 어찌 서로 약속을 지킬 수 있다고 하겠느냐?' 하고 말했다. '거경은 신의가 있는 선비입니다. 반드시 약속을 어기지 않을 것입니다.' 이에 어머니는 '그렇다면 당연히 술을 준비해야지.' 하고 말하였다. 그날이 되자, 거경은 과연 도착하

였는데, 먼저 당(堂)에 올라 원백의 양친에게 절을 하고 나와
함께 술을 마시고, 한껏 회포를 푼 후에 헤어졌다.
　서로 임지(任地)를 따라가 떨어져 있어도 신의를 지키기 위
해서는 천릿길의 고난도 마다하지 않고 가는 것이 선비의 길
이다.

补充词汇

승낙하다 [承諾]	[动]	承诺,答应
일낙천금 [一諾千金]	[名]	一诺千金
중히 [重-]	[副]	重要
부하 [部下]	[名]	部下,手下
장수 [將帥]	[名]	将领,将帅
소중하다[所重-]	[形]	宝贵,贵重
신의 [信義]	[名]	信义
임협 [任俠]	[名]	象男人般勇敢
허락하다 [許諾-]	[动]	允诺,许诺
일낙 [一諾]	[名]	一个承诺
전공 [戰功]	[名]	战功
올리다	[动]	致;举行
패하다 [敗-]	[动]	败,输
현상금 [懸賞金]	[名]	悬赏金
쫓기다	[动]	被赶,被逼
팔다	[动]	出卖,背叛
주선하다[周旋-]	[动]	介绍,牵线,斡旋
추적 [追跡]	[名]	追寻,追踪,捉拿
손길이 뻗치다	[词组]	布下人马,撒网捕捉
노예 [奴隸]	[名]	奴隶
사면되다 [赦免-]	[动]	赦免
유래 [由來]	[名]	由来
양친 [兩親]	[名]	双亲
기일 [期日]	[名]	期限;忌日

다가오다	[动]	走近,临近
어기다	[动]	违反,辜负
과연 [果然]	[副]	果然
회포 [懷抱]	[名]	心里话;心情
임지 [任地]	[名]	到任的地方
고난 [苦難]	[名]	苦难
마다하다	[动]	拒绝,嫌弃

제3과 이사

重点语法

1. -ㄴ/는대잖아

2. -ㄴ/는 것보다는 -ㄴ/는 게 좋지

3. -는 것이 상례이다

4. -았/었/였으면야

5. -는 건가? -니 어쩌겠나?

6. -는 경향이 있다

课 文

(1) 손이 없는 날

작은 동서: 일찍 온다는 게 이렇게 늦었어요. 미안해요. 형님!

큰 동 서: 늦기는 뭐가 늦었어, 이제 막 시작했는데. 어서 들어와.

작은 동서: 그런데 형님, 왜 주말 같은 날 이사하지 않으시구요.

큰 동 서: 그랬으면야 나도 결근 안 하고 얼마나 좋겠어? 그런데 오늘이 손이 없는 날이라고 꼭 오늘 이사해야 한대잖아.

작은 동서: 형님도, 어느 시대 사람인데 아직도 그런 걸 믿으세요?

큰 동 서: 내가 믿는 건가? 할머니가 그러시니 어쩌겠나? 그리고 나쁘다는 것보다 좋다는 게 좋지.

작은 동서: 저희집 가까이로 오시라니까 왜 점점 더 멀리 가세요?

큰 동 서: 금년엔 서쪽으로 이사하면 안 좋대. 그러니 할 수 없지 뭐.

（**2**）

　　이사하는 일처럼 귀찮은 일은 없다. 그것은 이사를 해 보지 않은 사람은 알 수 없는 일이다.

　　이사하는 사람들을 잘 살펴보면 전에는 부자로 큰 집에서 잘 살다가 가난하게 되어서 큰 집을 팔고 작은 집으로 이사하는 사람도 있고, 전에는 가난하게 살았지만 돈을 많이 벌어 가지고 큰 집을 사서 이사하는 사람도 있다. 그리고 직장 때문에 이사를 하는 사람도 있다. 그러나 뭐니뭐니 해도 이사를 제일 잘 다니는 사람들은 하숙생들이다.

　　이사는 대개 봄철과 가을철에 많이 한다. 왜냐하면, 여름철에는 비가 오는 날이 많고, 겨울철에는 날씨가 너무 추워서 이사를 다니기가 불편하기 때문이다. 이사를 할 때는 먼저 이사할 집을 구해야 하는데, 이 일이 보통 일이 아니다. 왜냐하면, 집은 마음에 들지만 돈이 모자라거나, 돈은 있지만 집이 마음에 안 드는 경우가 많아 자기 마음에 꼭 들고 자기가 가진 돈에 꼭 맞는 집을 구하기가 어렵기 때문이다.

　　따라서 이사를 한 번 하려면 어떤 때는 몇 십 군데씩 집을 보러 다녀야 할 때가 있다. 주택 매매나 방을 세 놓는 일은 부동산 소개소를 찾아가야 한다. 부동산 소개소를 통해서 집을 매매할 때는 우선 계약을 맺고 계약금을 낸 다음, 중도금을 내야 하며 입주할 때 남은 잔액을 지불하고, 세를 드는 경우에는 먼저 계약금을 내고 입주할 때 잔금을 내는 것이 상례이다.

　　이사할 집이 마련되면 그 다음에는 짐을 꾸리고 운반을 해야 하는데 이것 또한 매우 힘들고 귀찮은 일이다. 그런데 최근에는 큰 도시마다 이삿짐센터라는 데가 있어서 전화만 하면 언제든지 와서 짐 꾸리는 일과 짐을 운반하는 일을 해 준다. 전화 한 통이면 이삿짐 운반은 걱정하지 않아도 된다.

　　요즘에는 점점 없어져 가고 있지만 어떤 사람들은 이사를 할 때 아무날에나 가지를 않고 좋은 날을 택일해 가지고 이사를 간다. 그런 사람들은 이사는 '손 없는 날'에 가는 것이 좋다고 믿고 있다. '손'이란 날수를 따라 이쪽 저쪽으로 다니면서 사람을 방해하는 귀신이라고 한다. 그 귀신은 음력으로 하룻날과 이튿날에는 동쪽에, 사흗날과 나흗날에는 남쪽에, 닷샛날과 엿샛날에는 서쪽에, 이렛날과 여드렛날에는 북쪽에 있다고 한다. 그리고 아흐렛날과 열흘날에는 하늘로 올라가 버린다고 한다. 그래서 손 없는 날 이사를 가는 것이 좋다고 믿는 사람들은 자기가 이사 가는 쪽이 손이 없는 날 이사를 가려고들 한다. 그런 사람들을 보고 어떤 사람들은 한심하다고 생각할지도 모른다. 현대는 과학의 시대이니까. 그러나 어떤 특별한 사정만 없다면 옛 풍습을 따라 손 없는 날에 이사를 가는 것도 그리 나쁘지만은 않을 것 같다.

새 집으로 이사를 가면 바로 그 날 '집들이'를 하는데, '집들이'라는 것은 붉은 팥을 고물로 한 시루떡을 해서 돌리는데, 이는 붉은 팥의 주력으로 잡귀를 잡으려고 하는 의도였다. 다시 말하면, 새로 이사 왔다는 사실을 이웃 사람들한테 알리는 일이라고 할 수 있다. 새로 이사 온 집에서 이렇게 집들이로 떡을 돌리면, 그것을 받은 집에서는 그 그릇을 빈 그릇으로 돌려 보내지 않는다. 그릇에 떡이나 과일 또는 집에 별식이 있으면 그것을 담아 보낸다. 그러나 요즘은 이와 같은 아름다운 풍습이 점점 없어지고 있는데 아마도 그만큼 세상 인심이 각박해진 모양이다.

이사 간 날 밤에는 돼지꿈을 꾸면 좋다고 하는데 이는 한국에서는 돼지가 돈을 뜻하기 때문에 돼지꿈을 꾸면 돈을 잘 벌 수 있다는 의미에서 그러는 것 같다.

집들이에 초대받은 사람은 초를 많이 선물하였으나 근래에는 합성세제를 많이 가져간다. 성냥이나 초, 합성세제는 그 집의 운이 불길이나 거품처럼 일어나라는 의미이다. 요즘은 가루 비누를 사 가는 사람도 있는데, 그것은 가루 비누의 거품처럼 부자가 되라는 뜻이며 가루 비누가 성냥이나 초보다 더 실용적이기 때문이다.

词汇

동서 [同壻]	[名]	妯娌;连襟
손	[名]	鬼（韩国人迷信当中的鬼）
결근하다 [缺勤-]	[动]	缺勤

가난하다	[形]	贫穷
돈을 벌다	[词组]	挣钱
하숙생 [下宿生]	[名]	住宿生
대개 [大概]	[副]	大概
봄철	[名]	春季
군데	[名]	处,地方
주택 매매 [住宅 買賣]	[名]	房屋买卖
부동산 소개소 [不動産 紹介所]	[名]	房地产中介
계약을 맺다 [契約-]	[词组]	签约
중도금 [中渡金]	[名]	分期付款
잔액 [殘額]	[名]	余额
상례 [常例]	[名]	常例,常规
짐을 꾸리다	[词组]	打包行李
이삿짐센터	[名]	搬家公司
택일하다 [擇日-]	[动]	选择日子
한심하다 [寒心-]	[形]	寒心,伤心
집들이	[名]	乔迁宴
별식 [別食]	[名]	别有风味的食物
꿈을 꾸다	[词组]	做梦,痴心妄想
세상 인심 [世上人心]	[名]	世道
각박하다 [刻薄-]	[动]	刻薄
팥죽	[名]	红豆粥
돌리다	[动]	转
초	[名]	蜡烛
성냥	[名]	火柴
거품	[名]	泡沫
가루 비누	[名]	洗衣粉

语 法

1. -ㄴ/는대잖아

"-ㄴ/는다고 하지 않아"的缩略形, 表示说话者对听者强调某一个事实。相当于汉语的"不是说……吗?"

<보기>

(1) 가: 왜 그렇게 이사를 서두르니?

　　나: 집 주인이 이번 주말까지 집을 비워야 한대잖아.

(2) 가: 왜 퇴근을 안 하시고 저녁을 드세요?

　　나: 오늘은 일이 많아서 야근을 해야 한대잖아.

(3) 가: 이 부장님은 최 선생님한테 실없는 애기를 잘 해요.

　　나: 원래 키 큰 사람은 싱겁대잖아.

(4) 가: 그 애기는 비밀인데 어디서 들었어요?

　　나: 밤 말은 쥐가 듣고 낮 말은 새가 듣는대잖아요.

(5) 가: 영어 학원에 등록했어요?

　　나: 등록하러 갔는데 벌써 마감됐대잖아요.

2. -ㄴ/는 것보다는 -ㄴ/는 게 좋지

"-ㄴ/는 보다는"是"与……相比"的意思, "-ㄴ/는 게 좋지"表示"……更好", 合在一起相当于汉语的"与……相比……更好"。形容词接"-ㄴ 것 -ㄴ 게", 动词接"-는 것 -는 게"。

<보기>

(1) 가: 졸업 후에 어느 나라로 유학을 가야 할지?

　　나: 혼자서 고민하는 것보다는 교수님과 상의해서 결정하는 게 좋겠어요.

(2) 나: 아파서 평생 고행하는 것보다는 수술해서 완전히 고치는 게 좋지.

(3) 나: 작아서 불편한 것보다는 좀 넉넉한 게 좋지.

(4) 나: 그런 곳에 갈 때는 자가용을 가지고 가는 것보다는 대중 교통을 이용하는 게 좋지.

(5) 나: 갈증이 날 때는 아스크림을 먹는 거보다는 시원한 물을 마시는 게 좋지.

3. -는 것이 상례이다

惯用形, 用于动词词干后, 相当于汉语的"通常是……""按照惯例是……"。

<보기>

(1) 중국에서는 술자리에서 제일 귀중한 손님을 주인 옆에 앉히는 것이 상례이다.

(2) 고인이 된 조상에게 절하는 것이 동양의 상례이다.

(3) 장례식에 갈 때 검은색 정장을 입고 가는 것이 상례이다.

(4) 길거리에서 윗사람을 만났을 경우 젊은 사람이 먼저 인사를 건네는 게 상례이다.

(5) 술을 마실 때 어른부터 따라 드리는 것이 상례이다.

4. 았/었/였으면야

表示对过去的事情的假设，前面的假设若成立，后面结果与现在相比就会有所不同。"야"表示强调。

<보기>

(1) 가: 비행기를 타지 않으시고요.

나: 비행기를 탔으면야 시간도 절약되고 얼마나 좋겠어요.

(2) 가: 단어 공부는 날마다 조금씩 해야 돼요.

나: 하루에 두세개씩 단어를 외웠으면야 지금쯤 단어 박사가 되었을 거예요.

(3) 가: 그 회사는 근무 조건이 좋다면서요?

나: 근무 조건이 좋았으면야 제가 왜 그만두었겠어요?

(4) 가: 왜 그분께 인사하지 않았어요?

나: 제가 그분을 알아봤으면야 인사를 했지요.

(5) 가: 이번 화재 사고는 참 안타까워요.

나: 미리 안전 시설이 되어 있었으면야 피해를 줄일 수 있었을 텐데요.

5. -는 건가? -니 어쩌겠나?

"-는 건가?"表示反问，"-니 어쩌겠나?"表示因为前句的内容，没有办法。合起来相当于汉语的"是……? 还不是因为……又能怎么办呢?"

<보기>

(1) 가: 과장님은 거의 날마다 야근을 하시는 것 같아요.

나: 내가 하고 싶어서 하는 건가? 일이 밀렸으니 어쩌겠나?

(2) 가: 이사한지 얼마 안 되었는데 또 이사를 하세요?

나: 내가 원해서 하는 건가? 집주인이 집을 비우라니 어쩌겠나?

(3) 가: 신혼인데 주말 부부라니 참 안됐어요.

나: 그 사람들이 같이 살기가 싫어서 그러는 건가? 남편 직장이 지방에 있으니 어쩌겠나?

(4) 가: 김 군이 이번에 휴학을 하기로 했다는군.

　　나: 그 사람이 공부를 하기 싫어서 휴학한 건가? 생활 형편이 어려우니 어쩌겠나?

(5) 가: 선생님은 요즘 약을 너무 많이 드시는 것 같아요.

　　나: 내가 좋아서 먹는 건가? 혈압이 높으니 어쩌겠나?

6. -는 경향이 있다

惯用形,表示有某种倾向。相当于汉语的"倾向于……"。

<보기>

(1) 가: 한국 사람들은 음식을 많이 하는 경향이 있는데 무슨 원인이지요?

　　나: 이웃 사람들과 나누어 먹던 습관 때문이에요.

(2) 가: 저 사람은 외제만 좋아하는 경향이 있어요.

　　나: 무조건 외제만 좋아하는 것은 문제가 있어요.

(3) 가: 남자들은 얼굴이 예쁜 여자보다 키가 큰 여자를 좋아하는 경향이 있어요.

　　나: 그래서 키가 작은 저는 걱정이에요.

(4) 가: 요즘 사람들은 회사 일보다 가정을 더 중요하게 생각하는 경향이 있어요.

　　나: 옛날 사람들과는 생각이 달라서 그러는 거겠죠.

(5) 가: 요즘 젊은 여자들은 밖에서 일하는 것을 좋아하는 경향이 있습니다.

　　나: 그래요. 요즘 젊은 부부는 대부분이 맞벌이부부니깐요.

练 习

1. 본문을 읽고 다음의 질문에 대답하십시오.

(1) 이사에는 몇 가지 경우가 있습니까?
(2) 이사는 왜 봄철과 가을철에 많이 합니까?
(3) 부동산 소개소를 통해서 집을 매매할 때 어떤 절차가 있습니까?
(4) 이삿짐센터는 무슨 일을 하는 곳입니까?
(5) 본문에서 '손 없는 날'이란 무슨 날입니까?

2. '-ㄴ/는대잖아'를 이용하여 다음의 문장을 완성해 보십시오.

   (1) 남을 위해 좋은 일을 해야 복을 _____ (받다).
   (2) 글쎄, 이걸 먹으면 병이 금방 _____ (낫다).
   (3) 국내산 유기 농산물을 먹어야 몸에 _____ (이롭다).
   (4) 한국도 독일처럼 통일될 날이 꼭 _____ (오다).
   (5) 중소기업을 보호해야 경제가 _____ (활성화 되다).

3. '-는 것보다는 -는 게 좋지'를 이용하여 다음 문장을 완성하십시오.

   (1) 감기에 걸려 고생하다/ 돈이 들어 난방을 하다

   _____.

   (2) 다이어트할 때 다이어트약을 먹다/운동을 꾸준히 하다

   _____.

   (3) 방학 때 그냥 놀다/ 아르바이트를 하다

   _____.

   (4) 쉬는 날에 집에만 있다/ 나가서 친구랑 같이 놀다

   _____.

   (5) 피곤할 때 억지로 일을 하다/ 좀 쉬다가 다시 일하다

   _____.

4. '았/었/였으면야'를 이용하여 다음의 문장을 완성하십시오.

   (1) 밤새워 _____ (열심히 공부하다) 시험에 낙방될 리가 있겠어요?
   (2) 부모님 살아 계셨을 때 _____ (효도를 다 하다) 지금 이렇게 후회
       되지 않을거야.
   (3) 그 때 돈 5천원만 _____ (있다) 내 형편이 이 정도로 되지 않았을
       거예요.
   (4) 낭비를 하지 않고 알뜰하게 _____ (살다) 지금처럼 빈털털이가
       되지는 않았을 겁니다.
   (5) 모두들 한마음으로 _____ (뭉치다) 그런 불행한 일을 당하지는
       않았을 텐데…

5. '-는 건가? -니 어쩌겠나?'를 이용하여 다음 대화를 완성하십시오.

(1) 가: 밤 새도록 공부하지 마.
   (좋아하다/ 시험기간)
   나: _____.

(2) 가: 술을 자주 마시는 것 같아요.
   (마시고 싶다/친구들이 자꾸만 권하다)
   나: _____.

(3) 가: 커피를 너무 많이 마시는 것 같아요.
   (커피가 맛있다/ 일할 때 정신이 차려야 되다)
   나: _____.

(4) 가: 그렇게 비싼 코트를 샀어요?
   (돈이 많다/여자친구가 갖고 싶어하다)
   나: _____.

(5) 가: 아르바이트 하기 때문에 공부하는 시간이 별로 없는 것 같아요.
   (하고 싶다/스스로 생활비를 벌어야 하다)
   나: _____.

6. '-는 경향이 있다'를 이용하여 문장을 만들어 보십시오.

> <보기> 요즘 소설들은 _____. (지나치게 상업성을 추구하다)
>   →요즘 소설들은 지나치게 상업성을 추구하는 경향이 있다.

(1) 요즘 평균 혼인 연령이 과거에 비해 _____. (높아지다)
   → _____.

(2) 최근 취업난 때문에 많은 대학생들이 대학원에 _____. (진학하다)
   → _____.

(3) 이 계절에는 과일이 많이 나와서 가격이 _____. (떨어지다)
   → _____.

(4) 환율이 자꾸 떨어지기 때문에 중국 유학을 원하는 사람들이_____.
   (줄다)
   → _____.

(5) 연휴 때면 국내 관광객이 _____. (증가되다)
   → _____.

7. 다음의 문장을 중국어로 번역해 보십시오.

새 집으로 이사를 가면 바로 그 날 '집들이'를 하는데, '집들이'라는 것은 떡을 하거나 팥죽을 쑤어서 이웃에 돌리는 것을 말한다. 다시 말하면, 새로 이사 왔다는 사실을 이웃 사람들한테 알리는 일이라고 할 수 있다. 새로 이사 온 집에서 이렇게 집들이로 떡이나 팥죽을 돌리면, 그것을 받은 집에서는 그 그릇을 빈 그릇으로 돌려 보내지 않는다. 그릇에 떡이나 과일 또는 집에 별식이 있으면 그것을 담아 보낸다. 그러나 요즘은 이와 같은 아름다운 풍습이 점점 없어지고 있는데 아마도 그만큼 세상 인심이 각박해진 모양이다.

8. 다음의 문장을 한국어로 번역해 보십시오.

(1) 不是说"天道酬勤"嘛, 与其等待别人来帮助你, 现在自己先行动起来不是更好吗?

(2) 按照惯例, 中国的小孩子们在过年的时候都能拿到很多压岁钱。

(3) 是我想带他来的吗? 还不是因为临出门的时候他哭着喊着要跟着一起来! 我又能怎么办呢?

(4) 不是说那部电影已经上映了嘛, 我们一起去看看吧。

(5) 你如果当初听了那位老人的话, 现在也不会这样一败涂地了。

인구의 증가와 거주지

课外阅读

요즘 대도시에는 인구가 점점 증가하고 있다. 이처럼 대도시 인구가 증가하는 이유는 여러 가지가 있겠지만, 대개 다음의 두 가지 이유 때문인 것 같다.
첫째로, 많은 사람들이 도시에서는 살기가 편하고, 또 일자리도 쉽게 얻을 수 있을 것이라고 믿기 때문인 것 같다. 즉, 도시 생활에 대한 동경이 도시 인구 증가의 한 요인이 되고 있는 것 같다.

둘째로, 교육 문제 때문인 것 같다. 한국의 부모들은 교육열이 대단하다. 언제부터인지는 잘 모르겠지만 한국의 부모들은 먹지 못하고 입지 못해도, 자식은 대학까지 가르쳐야 한다는 생각들을 가지고 있다. 뿐만 아니라 꼭 좋은 대학을 나와야 출세를 할 수 있다고 믿고 있고, 좋은 대학에 입학하려면 소위 진학률이 좋다는 중·고등학교를 다녀야 한다는 생각을 가지고 있다. 진학률이 좋다는 중·고등학교들은 서울과 같은 대도시에 몰려 있는데, 이러한 교육기관의 대도시에의 편중이 부모들의 교육열을 자극하여 도시 인구 증가를 부채질하는 또 하나의 요인이 되고 있다.

대체로 위와 같은 이유로 많은 사람들이 농촌을 떠나 도시로 집중하고 있는 것 같다. 물론, 이러한 인구의 도시 집중 문제는 식량 문제, 공해 문제와 함께 세계적인 문제이기는 하지만, 특히 한국에서는 큰 문제가 아닐 수 없다.

인구가 증가하면 자연히 따라 오는 문제는 주택 문제이다. 현대 대도시에서는 주택 문제가 아주 심각한 문제가 되어 있다. 한국의 경우 자기 집이 없는 사람들이 자기 집을 가지고 있는 사람들보다 더 많기 때문이다. 아마 먼 장래에도 이 문제는 여전히 해결하기 어려운 문제로 남아 있을 것이다.

补充词汇

거주지 [居住地]	[名]	住处, 住所, 居住地
일자리	[名]	工作, 职位
동경 [憧憬]	[名]	憧憬
교육열 [教育熱]	[名]	教育热
출세 [出世]	[名]	出人头地, 显达, 立业
진학률 [進學率]	[名]	升学率
자극하다 [刺戟-]	[动]	刺激
편중 [偏重]	[名]	偏重, 偏向
몰려 있다	[词组]	聚集
부채질하다	[动]	鼓动

제4과 맞벌이 부부

重点语法
1. -ㄴ/는다느니 -ㄴ/는다느니 하다
2. -기로 작정을 했나?
3. 누가 -(이)라면 -(으)ㄹ 줄 알아요?
4. -다니, 내 원참!
5. -(으)ㄹ 테니 그리 알우/알아
6. -ㄴ/은/는 데다가

课文

(1)

아내: 잘 잤어요? 얼른 일어나세요. 오늘은 당신이 아침준비할 차례예요. 모닝 커피에 토스트만 있으면 돼요.

남편: 아, 피곤해, 오늘만 봐주면 안 될까? 머리가 아파서 도저히 못 일어나겠는데…

아내: 꼭 지키겠다고 약속 해놓고 이러면 어떡해요? 늦게까지 술을 마셨다느니, 속이 쓰려서 밤잠을 못 잤다느니 하는 핑계는 안 통해요.

남편: 맞벌이를 한다고 남편을 부려먹기로 작정을 했나? 우리 어머니가 이런 사실을 아시면 당신 혼날 줄 알아.

아내: 어머님한테 이른다고 하면 누가 겁낼 줄 알아요? 어머님은 오히려 내 편이신 걸요.

남편: 옛날 같으면 소박맞을 일이라구. 하늘 같은 남편에게 부엌 일을 시키다니, 내 원참!

아내: 그만해요. 늦겠어요, 어서요. 괜히 늑장부리지 말구요.

남편: 알았어. 당신이 다음에 어떤 일이 있어도 안 봐 줄 테니, 그리 알아!

(2)

　　김 선생님 부부는 맞벌이를 하신다. 남편은 회사에 다니고 김 선생님은 학생들을 가르치신다. 그래서 집안일은 항상 남편과 반반 나누어 하신다고 한다. 김 선생님이 식사 준비를 하고 남편은 청소와 빨래를 하신다고 한다.

　'학교일도 하시고 집에서도 일하시면 힘들지 않으세요?'

　'조금 피곤하기는 해요. 하지만 남편이 많이 도와 주니까 할 만해요.'

　　최근 한국에서는 맞벌이 부부가 늘고 있다. 예전에는 남자는 직장에서 돈을 벌고 부인은 집에서 아이를 키우며 살림을 했다. 그런데 최근에는 집에만 있는 전업주부보다는 밖에서 일을 하는 여성이 많아졌다. 그래서 집안일은 여자만 하는 것이라는 생각이 서서히 바뀌고 있다. 남자들도 집안일을 돕기는 하지만 아직은 그런 집이 많지 않다.

　　맞벌이 부부의 가장 큰 문제는 아이를 키우는 일이라고 한다. 여자들은 밖에서 일을 해야 하는 데다가 아이도 키워야 한다.

　'선생님은 어떻게 하시나요?'

　'저는 친정과 시댁에 아이를 번갈아 맡겨 가면서 키워요.'

　　집 근처에 가족이 살지 않는 경우에는 어린이집에 맡기거나 아이를 보는 사람을 고용하기도 한다. 그러나 돈이 많이 들기 때문에 대부분의 사람들은 아이를 가족이나 친척에게 맡긴다.

　　여성이 일을 하는 것은 개인과 사회를 위해서 좋은 일이지만 쉽지 않은 것 같다.

(3) 맞벌이 가족

급격한 산업화와 도시화의 물결 속에서 한국은 경제적으로 고도의 성장을 누리게 되었으며 이에 따라 사회의 기본적인 단위인 가족제도도 구조와 기능에서 상당한 변화가 일어났다.

'맞벌이 가족'은 바로 이러한 사회적 변화 속에서 출현한 산업사회적인 개념이다. 농업 사회에선 가정과 일터의 분리가 없었고 굳이 생계 유지의 책임을 한쪽만이 맡을 필요가 없었다. 그러나 산업화 도시화가 가속화 되면서 남성은 생계 유지를 위한 노동을 하였고 여성은 무보수의 가사 노동을 전담하게 된 것이다. 이러한 기혼 여성의 노동은 인력 활용의 측면에선 아주 적당한 방향이다. 하지만, 과거 한국의 가부장적 가족의 개념에선 이러한 여성의 노동은 이롭지 못한 가족의 형태로 받아들일 수 있다. 문제는 맞벌이 가족이 전근대적 이데올로기를 청산하거나 거부하지 못한 상태에서 가족의 경제 수준만을 향상시키려는 목적을 앞세운 가족의 형태이기 때문이다. 부부가 함께 경제 활동을 하게 되면 그에 따른 가족의 내부적이고 규범적인 변화 그리고, 가족의 역할 분담이나 민주화된 가족의식 근대적인 성역할 태도 및 수행, 동등한 의사 결정, 평등한 동반자적 관계 등이 주어져야 하는 반면 현재의 실태는 그렇지 못하다는 것이다. 부인이 취업한 경우라도 비취업 부인이 수행하고 있는 가사 노동을 똑같이 수행하는 불합리함, 여성 역시 가족의 부양자로서 당당한 몫을 하고 있음에도 불구하고 남편과 동등한 공동 부양자로 인식하기보단 보조자로 인식하는 폐쇄적 개념이 문제가 되는 것이다.

현재 이 문제는 맞벌이 가족에 대한 사회적인 인식이 점차 고조됨에 따라 사회적인 관심을 받고 있다. 만약 맞벌이 가족 여성들의 사회적, 가족적 위치와 역할 및 사회적 가치에 대한 정확한 이해가 없다면 여성 문제는 사회 발전 전반에 걸쳐서 큰 장애가 될 것이다. 때문에 사회에서나 가족에서나를 막론하고 여성들의 위치는 자못 중요하다.

최근에 사회학자들은 한국의 맞벌이 가족 실태 분석을 진행한 결과 취업여성의 취업동기나 직종차이, 사회계층 차이, 취업여성의 인생주기, 도시와 농촌간의 지역적 요인 등에 따라 상이한 결과가 나타났다.

먼저 취업여성들을 중심으로 그들의 취업동기에 따라 맞벌이 가족의 형태를 다음과 같은 몇 가지로 분류하였다.

첫째는 생계유지형 맞벌이 가족이다. 이는 가족의 경제적 필요성에 의하여 기혼여성이 자발적 혹은 비자발적으로 취업을 하는 형태이다.

둘째는 내조형 맞벌이 가족이다. 이 유형의 맞벌이 가족은 생계위협을 받지는 않지만 가족의 보다 나은 경제적 여유를 위하여 취업을 하는 경우와 남편이 학업을 계속하거나 출세를 위하여 여성이 생계를 전적으로 담당함으로써 파생되는 형태이다. 취업은 하였지만 여성의 성역할 태도는 매우 보수적이며 남편에 종속된 위치를 수용하는 형태이다.

셋째는 자아실현형 맞벌이 가족이다. 이는 중산층 이상 고학력의 여성들이 가사노동의 사회적 불인정 속에서, 취업을 통하여 자아를 실현시키고, 근대적인 성역할 태도에 입각하여 평등한 부부관계를 정립하려는 형태이다.

넷째는 여가활용형 맞벌이 가족이다. 이런 유형의 가족은 주로 중산층을 중심으로 경제적 원인, 내조, 또는 자아실현 등을 크게 의식하지 않고, 자신의 취미를 살리고 여가를 활용하기 위하여 직업을 가지고자 하는 형태이다.

맞벌이 가족을 위와 같이 분류할 때, 한국의 취업여성의 상당수는 생계유지형에 해당되며, 나머지 세 유형의 비율은 그다지 높지 않다. 그러나 후기산업사회로 접어들면서, 정보화사회에서 여성인력의 요구가 더욱 높아지게 되면, 한국도 점차적으로 구미사회에서 볼 수 있는 자아실현형태의 맞벌이 가족의 비율이 높아지리라 전망된다.

词汇

토스트 [toast]	[名]	烤面包,土司
계란 후라이 [雞卵 fry]	[名]	煎蛋
예외 [例外]	[名]	例外
도저히 [到底-]	[副]	根本
속이 쓰리다	[词组]	肚子难受
부려먹다	[动]	使唤,役使
혼나다 [魂-]	[动]	要命;挨训,挨批
소박맞다 [疏薄-]	[动]	遭冷遇
시키다	[动]	让,支使,点菜
늑장부리다	[动]	要赖
집안일	[名]	家务活
살림	[名]	生活,过日子
전업주부 [專業主婦]	[名]	专职家庭主妇
서서히 [徐徐-]	[副]	逐渐
친정 [親庭]	[名]	娘家
번갈다 [番-]	[动]	交替,轮流
성장 [成長]	[名]	成长,发展
생계유지 [生計維持]	[名]	维持生计
분리 [分離]	[名]	分离,分开
수행하다 [隨行-]	[动]	陪同,随行
무보수 [無報酬]	[名]	无报酬,无偿,义务
장애 [障碍]	[名]	障碍,阻力
자못	[副]	很,非常
직종차이 [職種差異]	[名]	职业差别
인생주기 [人生週期]	[名]	人生周期
상이하다 [相異-]	[形]	不同
취업동기 [就業動機]	[名]	就业目的
기혼여성 [旣婚女性]	[名]	已婚女性
자발적 [自發的]	[名]	主动的,自发的
파생되다 [派生-]	[动]	派生,衍生
생계위협 [生計威脅]	[名]	威胁到生计

성역할 [性役割]	[名]	性角色
보수적 [保守的]	[名]	保守,顽固
종속되다 [從屬-]	[动]	附属
수용되다 [受容-]	[动]	接受
자아실현형 [自我實現型]	[名]	自我实现型
고학력 [高學曆]	[名]	高学历
입각하다 [立脚-]	[动]	立足于
정립하다 [定立-]	[动]	建立
접어들다	[动]	进入,接近,临近
어린이집	[名]	幼儿之家,幼儿园
고용하다 [雇傭-]	[动]	雇佣
최근 [最近]	[名]	最近
예전	[名]	以前,从前
고도 [高度]	[名]	高度
일터	[名]	职场
굳이	[副]	一定,非要……不可
전담하다 [專擔-]	[动]	专务,专门负责
이롭다 [利-]	[形]	有利于,有益
이데올로기 [ideology]	[名]	意识形态
실태 [實態]	[名]	实情,真相
부양자 [扶養者]	[名]	扶养者
막론하다 [莫論-]	[动]	无论,不管
내조형 [內助型]	[名]	内助型
구미사회 [歐美社會]	[名]	欧美社会

语 法

1. -ㄴ/는다느니 -ㄴ/는다느니 하다

表示讲话意图或行动中有两个以上内容的重叠或交叉，相当于的汉语的"又是说……又是说……"，前面是间接引语的形式。形容词词干或者"-았/었/였,-겠"后接"-다느니"；动词词干后加"-ㄴ/는다느니"；名词后则应该加"-(이)라느니"。

<보기>

(1) 가: 그 사람 오늘 또 지각이에요?

　　나: 예, 늦게 교실문을 열고 들어오면서 길이 막혔다느니 배가 아팠다느니 하는 핑계를 댈 거예요.

(2) 가: 장사꾼은 물건을 팔 때 보통 밑지고 판다고 하지요.

　　나: 그렇지만 이익이 하나도 남지 않는다느니 밑지고 판다느니 하는 장사꾼들의 말은 믿을 수 없어요.

(3) 가: 밖이 왜 이렇게 시끄러워요?

　　나: 제임스가 룸메이트 때문에 밤에 한잠도 못잤다느니 숙제를 도저히 할 수가 없었다느니 하면서 큰 소리로 불평을 하고 있어요.

(4) 가: 이 책에 대한 평가가 어때요?

　　나: 내용이 어렵다느니 오자가 많다느니 불평하는 독자들이 많더군요.

(5) 가: 어떻게 해야 올바른 교통문화가 정착될까요?

　　나: 차선을 꼭 지켜야 한다느니 신호를 위반하면 안 된다느니 하는 말을 하고 있지만 먼저 운전자의 의식에 전환이 있어야 한다고 생각합니다.

2. -기로 작정을 했나?

用于动词词干后,表示疑问,相当于汉语的"决定做……了吗?"

<보기>

(1) 가: 첫월급을 탔으니까 근사한 데 가서 한턱 내는 게 어때?

　　나: 첫월급을 탔다고 바가지를 씌우기로 작정을 했나?

(2) 가: 김 과장이 이번 승진자 명단에서 누락되어서 그런지, 이틀째 무단 결근했대요.

　　나: 그 사람이 승진에서 한 번 탈락되었다고 회사를 그만두기로 작정을 했나?

(3) 가: 나는 오늘 하루종일 다른 것은 안 먹고 야채주스 한 잔만 마셨어.

　　나: 요즘 체중조절을 한다고 굶기로 작정을 했나?

(4) 가: 여보, 오늘 저 좀 늦어요. 기다리지 말고 먼저 식사하세요.

　　나: 바깥일을 한다고 집안일에서 손을 떼기로 작정을 했나?

(5) 가: 어머, 너 흰 머리카락이 났다. 내가 뽑아 줄게.

　　나: 아야! 아야! 그거 하나 뽑겠다고 내 머리를 대머리로 만들기로 작정을 했나?

3. -누가 -(이)라면 -(으)ㄹ 줄 알아요?

惯用形, 常用于口语中, 表示听者对话者提出的诱惑或要求等无动于衷。

<보기>

(1) 가: 이 일을 제대로 못 끝내면 파면당할지도 몰라요.

　　나: 누가 파면이라는 소리에 눈 하나 깜짝할 줄 알아요?

(2) 가: 한번 못 본 체해 주면 50만원을 드릴게요.

　　나: 누가 50만원이라면 그냥 눈 감아줄 줄 알아요?

(3) 가: 이번 맞선 상대자는 내노라 하는 뼈대있는 가문의 3대독자래요.

　　나: 누가 뼈대있는 가문이라면 귀가 솔깃할 줄 알아요?

(4) 가: 저하고 결혼하시면 벤츠를 평생 태워 드리겠습니다.

　　나: 누가 벤츠라면 깜빡 넘어갈 줄 알아요? 감언이설로 저를 유혹하지 마세요.

(5) 가: 얘들아, 떠들지 말고 조용히 해라, 교장 선생님이 오신다.

　　나: 흥, 누가 교장 선생님이라면 무서워할 줄 알아요?

4. -다니, 내 원참!

惯用形, 用于口语中, 表示话者听到某个事实后的不满和埋怨情绪。

<보기>

(1) 이렇게 중요한 일을 이제야 말하다니, 내 원참!

(2) 남자가 부엌에 들어가다니, 내 원참!

(3) 일정한 직업도 없이 빈둥빈둥 노는 사람이 매일 돈 쓸 궁리만 하다니, 내 원참!

(4) 남의 의견은 도무지 듣지도 않고 자기 생각만 옳다고 우기다니, 내 원참!

(5) 이번에도 낙제하다니, 내 원참!

5. -(으)ㄹ 테니 그리 알우/알아

惯用形,用于口语中,有教训对方的语气,相当于汉语的"你记住(我)会……"。

(1) 가: 김 선생님, 이번 한번만 눈감아 주십시오.

　　나: 다음부터는 용서하지 않을 테니 그리 알우.

(2) 가: 사장님,이번 일은 제 실수로 망쳤습니다.

　　나: 다시 이런 일이 생기면 감봉에 좌천일 테니 그리 알게.

(3) 가: 저는 오늘 일찍 퇴근하겠습니다.

　　나: 그렇게 매일 일찍 퇴근하다가 사장님께 들키면 사장님 눈 밖에 날 테니 그리 알우.

(4) 가: 이번에 계약조건을 지키지 못해서 미안합니다.

　　나: 한번만 더 계약조건을 지키지 않으면 거래를 끊을 테니 그리 알우.

(5) 가: 아버지, 용돈을 이미 다 써 버렸어요.

　　나: 아니, 벌써 다 써 버렸다니? 아껴서 써라고했잖아, 이렇게 낭비하면 다시 주지 않을 테니 그리 알우.

6. -ㄴ/은/는 데다가

用在谓词词干后,表示对前半句内容的补充,意思上递进,相当于汉语的"不仅……而且……""……再加上……"。前后时态一致时动词词干(包括있다/없다)后使用"-는 데다가",形容词词干后使用"-ㄴ/은 데다가";前半句动作已经完成时动词词干后使用"-ㄴ/은 데다가"。

<보기>

(1) 여자들은 바깥일을 해야 하는 데다가 아이도 키워야 한다.

(2) 나오코 씨는 예쁜 데다가 친절해서 친구들에게 인기가 많아요.

(3) 샤오징은 팔을 다친 데다가 감기까지 걸려서 고생이 이만저만이 아니에요.

(4) 그 사람은 직장에서 해고당한 데다가 건강도 안 좋아요.

(5) 이 차는 낡은 데다가 엔진 상태도 안 좋아요.

练 习

1. 본문을 읽고 다음의 질문에 대답하십시오.

   (1) 아내가 아침에 남편에게 무엇을 해 달라고 했습니까?
   (2) 남편은 항상 무슨 핑계로 약속을 지키지 않습니까?
   (3) 김 선생님 부부는 집안일을 어떻게 합니까?
   (4) 예전에 한국 가정에서 남편은 무엇을 했고 아내는 무엇을 했습니까?
   (5) 맞벌이 부부의 가장 큰 문제점은 무엇입니까?
   (6) '맞벌이 가족'이란 개념이 어떻게 나타났습니까?
   (7) 현재 맞벌이 가족에서 왜 여성들의 위치가 아주 중요하다고 했습니까?
   (8) 취업여성들을 중심으로 그들의 취업동기에 따라 맞벌이 가족의 형태
       를 어떻게 분류할 수 있습니까?

2. '-ㄴ/는다느니 -ㄴ/는다느니 하다'를 이용해서 문장을 완성하십시오.

   (1) _____ 면서 불평이 많더군요. (옷감의 색상
       이 너무 야하다/디자인이 낡다)
   (2) _____ 며 아이들을 야단쳤다.(밥을 제시간에
       먹지 않다/공부에 게으르다)
   (3) _____ 면서 트집을 잡았다. (방이 작다/어둡
       고 습기가 많다)
   (4) _____ 면서 학교를 그만두겠대요.(전공이 마
       음에 안 들다/공부여건이 좋지 않다)
   (5) 새로 입사한 직원들이 _____ 면서 의견이 많
       아요.(식당 음식이 맛이 별로다/밥값이 비싸다)

3. '-기로 작정을 했나?'를 이용해서 보기와 같이 다음의 대화를 완성하
   십시오.

   > <보기> 가: 두 사람이 헤어지기로 작정을 했나?(헤어지다)
   >   나: 네, 성격이 맞지 않아서 계속 교제하기가 힘들었어요.

(1) 가: 영선이가 요즘 등산장비 같은 것에 신경 꽤나 쓰더라.

　　나: 그런 걸 보니 어디_____. (등산가다)

(2) 가: 김과장님 오늘도 출근 안하셨어요?

　　나: 오늘도 안온 걸 보연_____? (회사를 그만두다)

(3) 가: 너 요즘 살이 많이 찐 것 같아.

　　나: 안 그래도 내일부터 _____. (다이어트 하다)

(4) 가: 휴가 때 가족들과_____? (북한산에 가다)

　　나: 그래, 작년에는 바다로 갔으니까 올해에는 산에 가야지.

(5) 가: 졸업한 후에_____?(바로 취직을 하다)

　　나: 네, 그런데 직장 찾기가 쉽지 않아요.

4. '누가 -(이)라면 -(으)ㄹ 줄 알아요?'를 이용하여 보기와 같이 다음의 대화를 완성하십시오.

> <보기> 가: 다시 한 번 이렇게 시끄럽게 굴면 경찰소에 신고할래요.
> 　　　　나: 누가 경찰서라면 무서워할 줄 알아?(경찰서/무서워하다)

(1) 가: 제가 음식값을 부담할 테니까 같이 갑시다.

　　나: _____? (공짜/무조건 따라가다)

(2) 가: 그 사람은 천하장사 씨름 선수이니까 너하고 팔씨름을 하나 마나 일 걸.

　　나: _____? (천하장사/해 보지도 않고 꽁무니를 빼다)

(3) 가: 이제 조용하지 못 해? 아버지가 오신다.

　　나: _____? (아버지/무서워하다)

(4) 가: 여기에 주차하면 벌칙금을 내야 돼요.

　　나: _____? (벌칙금/무서워하다)

(5) 가: 이번에 또 낙제하면 퇴학이래.

　　나: _____? (퇴학/겁나다)

5. '-다니, 내 원참!' 을 이용해서 보기와 같이 다음의 대화를 완성하십시오.

> <보기> 가: 아직도 안 오셨어요.
>
> 나: 아니, 5분이면 나온다던 사람이 아직도 안 나오다니, 내 원참!

(1) 가: 그 사람의 의도적인 방해로 그 일은 실패했어요.

　　나: _____!

(2) 가: 우리가 가지고 있는 주식값이 폭락해서 원금도 못 찾을 지경이 되
　　　　었어.

　　나: _____!

(3) 가: 김 선생 영어 발음이 왜 그 모양이에요?

　　나: _____!

(4) 가: 그 친구가 한 달 전에 빌려간 책을 아직 못 읽었다던데요.

　　나: _____!

(5) 가: 올해도 대학시험에 떨어졌대요.

　　나: _____!

6. '-(으)ㄹ 테니 그리 알우/알아'를 이용해서 보기와 같이 다음의 대화를 완성하십시오.

> <보기> 가: 사장님, 이번만 용서해 주세요.
>
> 나: 그래, 다음에 또 잘못을 저지르면 잘라 버릴 테니 그리 알우.

(1) 가: 이번 주말까지 중도금을 꼭 드리겠어요.

　　나: _____.

(2) 가: 저는 정말 이런 부탁을 들어 드릴 수가 없습니다.

　　나: _____.

(3) 가: 내일까지 리포트를 내기가 좀 곤란해요.

　　나: _____.

(4) 가: 이번 일은 제가 잘못했으니 제발 한번만 용서해 주세요.

　　나: 너 부모님 낯을 봐서 _____.

(5) 가: 지난 번 빌린 돈 꼭 갚아 드릴 테니까 좀만 기다려 주세요.

　　나: _____.

7. '-ㄴ/은/는 데다가'를 이용해서 다음의 대화를 완성하십시오.

(1) 가: 오늘 왜 이렇게 늦었어요?
    나: _____.

(2) 가: 진문수 씨는 어떤 사람입니까?
    나: _____.

(3) 가: 어디 아파요? 안색이 안 좋은데요.
    나: _____.

(4) 가: 저 식당 괜찮지요?
    나: _____.

(5) 가: 여행 재미있었어요?
    나: _____.

8. 주어진 단어와 단어결합들을 이용해서 다음의 문장을 완성하십시오.

> 구직자, 남다, 도구, 먹고살다, 못지않다, 바람직하다, 발휘하다, 방황하다, 보수가 좋다, 생계 수단, 임금, 자아실현, 적성에 맞다, 취직하다

(1) 칠전팔기 끝에 결국은 신문사에 (   ).
(2) 경기 불황 때문에 직장을 구하는 (   )의 수가 점점 늘고 있습니다.
(3) 성형와과 의사는 몸은 힘들지만 (   ).
(4) 법학이 (   ) 않아서 다른 전공을 찾아 보려고 합니다.
(5) 아무리 일이 힘들어도 (   ) 위해서는 열심히 일해야 합니다.
(6) 어머니와 자녀들은 유학을 가고 아버지만 한국에 (   )기러기 가족이 많습니다.
(7) 우리를 초대했으니까 한번 요리 솜씨를 (   ).
(8) 하루에 8시간 정도가 건강에 (   ) 수면 시간입니다.
(9) 저희 할머니께서는 젊은 사람 (   ) 최신 유행곡을 즐기십니다.
(10) 직업을 갖는 것은 생계 수단일 뿐 아니라 (   ) 을/를 위해 필요합니다.
(11) 청소년기에는 누구나 한번쯤 사회에 적응하지 못하고 (   ) 때가 있습니다.

(12) 최근 물가에 비해 (　　　　　) 의 상승률이 높습니다.

(13) 폭설로 비닐하우스가 많이 무너져 (　　　　　) 을/를 잃은 농민이 많습니다.

9. 다음 중국어를 한국어로 번역하십시오.

1. — 那部新上映的电影怎么样啊?
   — 有人说故事情节不够生动,有人说演员的演技不怎么样,反正只有自己看了才知道。

   (-는 다느니 -는다느니 하다)

2. 两口子吵个架算什么呀? 你怎么能这么多天都不回家呢? 难道你真打算和他离婚?

   (-기로 작정을 했나?)

3. — 你再不听话我就去告诉老师。
   — 你以为提到老师谁就会害怕吗? 告诉你吧,我从小就是天不怕地不怕!

   (-누가 -(이)라면 -ㄹ 줄 알아요?)

4. — 我真的是有急用,就再借点儿钱给我吧,就一次!
   — 你记住,这可是我最后一次借钱给你了。

   (-ㄹ 테니 그리 알아)

5. 常言道,家家有本难念的经,其中一本就叫"婆媳经"。婆媳关系可以说是中国家庭内部人际关系中的一个传统难题。在漫长的封建社会中,婆媳关系是一种不平等的人际关系,媳妇必须俯首听命于婆婆,没有独立、平等的人格。

10. 다음의 한국어를 중국어로 번역하십시오.

'맞벌이 가족'은 바로 이러한 사회적 변화 속에서 출현한 산업 사회적인 개념이다. 농업 사회에선 가정과 일터의 분리가 없었고 굳이 생계 유지의 책임을 한쪽만이 맡을 필요가 없었다. 그러나 산업화 도시화가 가속화되면서 남성은 생계 유지를 위한 노동을 하였고 여성은 무보수의 가사 노동을 전담하게 된 것이다. 이러한 기혼 여성의 노동은 인력 활용의 측면에선 아주 적당한 방향이다. 하지만, 과거 한국의 가부장적 가족의 개념에선 이러한 여성의 노동은 이롭지 못한 가족의 형태로 받아들일 수 있다. 문제는 맞벌이 가족이 전근대적 이데올로기를 청산하거나 거부하지 못한 상태에서 가족의 경제 수준만을 향상시키려는 목적을 앞세운 가족의 형태이기 때문이다. 부부가 함께 경제 활동을 하게 되면 그에 따른 가족의 내부적인 생활 패턴의 변화, 그리고 가족의 역할 분담이나 민주화된 가족의식 근대적인 성역할 태도 및 수행, 동등한 의사 결정, 평등한 동반자적 관계 등이 주어져야 하는 반면 현재의 실태는 그렇지 못하다는 것이다. 부인이 취업한 경우라도 미취업 부인이 수행하고 있는 가사 노동을 똑같이 수행하는 불합리함, 여성 역시 가족의 부양자로서 당당한 몫을 하고 있음에도 불구하고 남편과 동등한 공동 부양자로 인식하기보단 보조자로 인식하는 폐쇄적 개념이 문제가 되는 것이다.

课外阅读

오늘의 가족제도

우리 사회가 현대 산업사회로 발전하면서 가족제도 또한 전통적인 대가족 제도에서 핵가족 제도로 바뀌게 되었다. 핵가족 제도라 함은 가장인 남편, 가정을 지키는 아내, 그리고 소수의 자녀로 구성되어 있는 것을 말한다. 전통적인 가족이라고 생각해 온 3대 이상이 함께 사는 가족은 점차 그 수가 적어져서 열 가구 중 한 가구 정도에 그치고 한 세대 또는 두 세대 가족이 급격히 늘어나고 있다. 또 앞으로 21세기에는 가족의 형태가 어떻게 바뀔지 누구도 예측할 수 없다. 이렇게 가족제도가 바뀌어 오면서 몇 가지 두드러진 현상이 나타났다.

그 하나는 어른을 모시고 사는 가족이 줄어들고 있다는 사실이다. 옛날엔 장남이 으레 부모를 모시고 사는 것으로 되어 있었으나, 요즘은 장남이라 해도 이런 저런 구실로 분가하여 살고 있다. 얼마 전 여론 조사에 나타난 결과에 의하면, 노부모의 부양 책임을 묻는 질문에 장남에게 책임이 있다는 대답이 22.1%, 아들 모두에게 있다는 대답이 21.7%, 아들, 딸 모두에게 있다는 대답이 27%로 나타났다. 그리고 주목할 만한 것은 노부모 스스로가 자립해야 한다는 의견도 20.5%나 있었다는 점이다.

다른 하나는 교육받은 여성들의 사회참여로 가족관계에 변화가 생겼다는 사실이다. 한국여성개발원의 보고서에 따르면, 여성의 대학 진학율이 80년대의 21.8%에서 90년대에는 32.9%로 크게 늘어났을 뿐만 아니라, 교육을 받은 여성들의 사회활동도 10년동안에 무려 4% 이상 늘어났고 그 수도 800만명을 웃돌고 있다고 한다. 이같은 변화에 따라 남자의 권위가 떨어지고 남자와 여자의 권위가 동등하게 인정되면서, 여성만의 책임으로 여겨졌던 집안일이나 자녀교육이 남녀 공동의 책임이 되거나 사회기능으로 돌려지게 되었다.

补充词汇

핵가족 [核家族]	[名]	小家庭,核心家庭
점차 [漸次]	[副]	渐渐地
급격히 [急激-]	[副]	急剧,猛烈
형태 [形態]	[名]	形态,样子
두드러지다	[形]	显著,突出
으레	[副]	应当,照例
장남 [長男]	[名]	长子
분가하다 [分家-]	[动]	分家
여론 [輿論]	[名]	民意,舆论
부양 [扶養]	[名]	赡养
자립하다 [自立-]	[动]	自立
웃돌다	[动]	高于,多于
권위 [權威]	[名]	权威
무려 [無慮]	[副]	足(有)

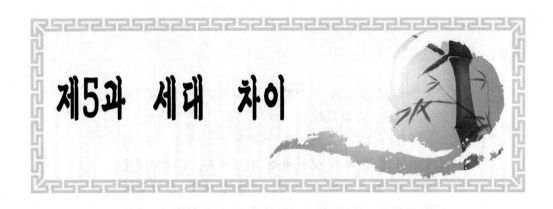

제5과 세대 차이

重点语法
1. 마침/막 -(으)려던 참이다
2. 与 '얼굴' 相关的惯用表达
3. -지 그랬어(요)
4. -(으)면 좋을 것 같다
5. -에 비해서
6. -아/어/여 가면서

课 文

(1)

알렉스는 점심을 같이 먹으려고 준영을 찾고 있다. 준영은 흡연실에서 담배를 피우고 있다.

알렉스: 준영 씨! 여기 있었네요? 한참 찾아 다녔어요.

준　영: 왜요? 무슨 일이 있어요?

알렉스: 막 점심을 먹으려던 참인데, 같이 안 가실래요?

준　영: 입맛이 없어서 밥 먹고 싶은 생각도 없어요.

알렉스: 무슨 고민이 있어요? 얼굴이 어두워 보여요.

준　영: 사실은 아내와 어머니 때문에 걱정이에요.

알렉스: 혹시 준영 씨네도 고부 갈등이 있나요? 가정에 따라 고부 갈등이 있는 가정도 있다면서요?

준　영: 고부 갈등까지는 아니에요. 그렇지만 아내는 쇼핑하는 것을 좋아하는데, 저희 어머니는 아내가 너무 낭비를 한다고 야단을 치세요.

알렉스: 부인이 쇼핑을 아주 많이 하나요?

준　영: 그런 건 아니에요. 그렇지만 알뜰하게 사신 어머니 눈에는 낭비로 보이시나 봐요.

알렉스: 가치관이 달라서 문제가 생기는 거군요.

준　영: 맞아요. 그래서 아내를 나무랄 수도 없고, 어머니께 이해하시라고 말하기도 어려워요.

알렉스: 고부 갈등 때문에 여성들만 힘들 거라고 생각했는데, 그 사이에 있는 남자도 상당히 피곤하군요.

준　영: 그래요. 아내는 아내대로, 어머니는 어머니대로 화가 나 있어서 골치가 아파요.

알렉스: 평소에 두 사람이 사이좋게 지내도록 다리 역할을 잘 하지 그랬어요.

준　영: 그게 말처럼 쉽지 않아요.

알렉스: 서로 이해할 수 있는 계기가 생기면 좋을 것 같아요.

준　영: 두 사람을 화해시킬 좋은 방법이 없을까요?

(2) 세대 차이

　　사람은 누구든지 언젠가는 기성 세대가 되기 마련이다. 아직 기성 세대가 아닌 사람들이 나중에 기성 세대가 되면 기존의 기성 세대들과 관념의 차이가 생기게 된다. 가정이나 사회에서, 부자지간이나 사제지간 또는 선후배 사이에서 자주 세대 차이를 느끼게 되는 것이 오늘의 현실이다. 사람들이 어디를 가나 어떤 경우에나 쉽게 세대 차이를 경험하게 되는 것은 우리 사회의 급격한 변화와 밀접한 관련이 있다.

　　세계는 국제화의 물결을 타고 가정에서나 사회에서나, 끝임없는 변화를 겪고 있다. 이러한 변화속에는 바람직한 변화도 있겠지만 또 바람직하지 못한 변화도 있다. 따라서 너무 빨리 변하는 것을 싫어하는 기성 세대와 하루라도 빨리 새롭게 변하고 싶어하는 젊은 세대간의 마찰도 생기게 된다.

기성 세대와 젊은 세대는 그들이 살아온 시대적 환경이 서로 다르다. 비교적 보수적인 환경에서 살아온 기성 세대는 그들 나름대로 옳다고 생각하는 규범과 예절이 있다. 기성 세대는 젊은 세대에 비해서 정적이며 지적이다. 경험에 의해 가치관을 세우고 그에 따라 살려고 한다. 젊은 세대는 어떤가? 젊은이들은 경험보다는 자발적이고 모험적인 행동을 좋아한다. 기성 세대에 비해서 동적이며 감정적이다. 젊은이들에게는 용기와 결단력과 추진력이 있으며 꿈과 이상이 있다. 기성 세대는 과거의 추억 속에서 살고 젊은이는 현재의 유혹과 꿈 속에서 산다.

일반적으로 기성 세대가 사회의 규범이나 제도를 중요시하는가 하면, 젊은 세대는 이런 것에 구애받지 않는 새로운 이상과 가치를 실현하고자 한다. 이런 면에서 기성 세대는 젊은 세대를 가리켜 버릇이 없고 깊이 있는 사고를 못한다고 비난한다.

그러나 기성 세대가 살아온 과거가 아무리 시대적으로 뒤떨어지고 제도에 얽매여 힘들게 살았다고 해도 모두가 잊을 수 없는 시간들이다. 옛날 텔레비전이나 인터넷이 없던 시절에 아이들은 으레 할아버지, 할머니를 졸라서 조상들의 이야기며 할머니가 시집오시던 이야기나 아버지, 어머니의 어린 시절 이야기를 듣곤 했다. 그럴 때마다 식구들은 한자리에 모여 즐겁게 떠들며 웃곤 했다. 바로 그 속에 대화와 사랑과 웃음이 있었다. 그러나 이런 일들은 옛날 애기가 되어 버렸다. 혹여 기성 세대들이 이런 이야기들을 꺼내기만 하면 젊은 세대들은 들어주기는커녕 '호랑이 담배 먹을 적' 일이라며 핀잔부터 주려고 한다. 그리고 적지 않은 젊은 세대들은 아예 관심도 없다.

어쨌든 두 세대간의 갈등과 충돌이 우리 사회에 심심찮게 일어나 가정이나 사회의 문제가 되고 있다. 이런 문제를 해결하는 길은 무엇일까? 두 세대간의 격차를 없애고 서로의 장점을 살리고 단점을 보완해 가면서 사회 발전에 기여할 수 있는 방법은 없을까? 그렇게만 된다면 사회의 발전은 한걸음 더 빨라질 것이다.

词 汇

흡연실 [吸煙室]	[名]	吸烟室
피우다	[动]	抽，吸
찾아다니다	[动]	到处寻找
얼굴이 어둡다	[惯用]	脸色黑，脸色难看
고부 갈등 [姑婦葛藤]	[词组]	婆媳矛盾
낭비 [浪費]	[名]	浪费
야단을 치다	[词组]	骂，责备
알뜰하다	[形]	勤俭，精打细算
가치관 [價値觀]	[名]	价值观
나무라다	[动]	责怪，奚落
상당히 [相當-]	[副]	相当地，很
계기 [契機]	[名]	契机
화해시키다 [和解-]	[动]	劝解，使和解
기성 세대 [旣成世代]	[名]	成年人
꺼내다	[动]	掏出，拿出
사제지간 [師弟之間]	[名]	师徒之间
급격하다 [急激-]	[形]	急剧，激剧
타다	[动]	趁（机）
감정적 [感情的]	[名]	感情上的
마찰 [摩擦]	[名]	摩擦
규범 [規範]	[名]	规范
모험적 [冒險的]	[名]	冒险的
결단력 [決斷力]	[名]	决断力
추진력 [推進力]	[名]	推进力
구애받다 [拘碍-]	[动]	受到限制
지적 [知的]	[名]	理性的，智慧的
버릇	[名]	习惯，礼貌
가리키다	[动]	指出，指向
비난받다 [非難-]	[动]	受指责，受嘲讽
얽매다	[动]	捆扎，缠绕
시절 [時節]	[名]	时节，时光
떠들다	[动]	喧哗，喧闹

뒤떨어지다	[动]	落后,赶不上
조르다	[动]	纠缠
시집오다 [媤-]	[动]	进门,嫁人
혹시 [或是]	[副]	或,或许
호랑이 담배 먹을 적	[俗语]	很久很久以前
핀잔	[名]	斥责,谴责
충돌 [衝突]	[名]	冲突,冲撞
심심찮다	[形]	频繁
격차 [隔差]	[名]	差距,差别
없애다	[动]	消灭,清除
세대간 [世代間]	[名]	世代之间
살리다	[动]	活,救,发挥
단점 [短點]	[名]	短处,缺点
보완하다 [補完-]	[动]	补充,弥补
기여하다 [寄與-]	[动]	贡献

语 法

1. 마침/막 -(으)려던 참이다

惯用形。表示正(恰巧)要去做某事的时候。相当于汉语的"正要……"。

<보기>

(1) 가: 이렇게 멋진 양복을 챙겨 입으시고 어디 나가시는 겁니까?

나: 마침 친구를 만나러 가려던 참이에요.

(2) 가: 지금이 몇 시인데, 아직도 주무시세요?

나: 지금 막 일어나려던 참이에요.

(3) 가: 이번 학기에는 등록하지 않을 거예요?

나: 아니에요. 막 등록하러 가려던 참이에요.

(4) 가: 여보세요. 은정 씨 댁이지요?

나: 오, 수미구나. 너한테 막 전화를 걸려던 참이었는데 무슨 일이지?

(5) 가: 어제 산 옷이 조금 작아 보이는데요.

나: 그래서 지금 막 교환하러 가려던 참이에요.

2. 与"얼굴"相关的惯用表达

얼굴이 어둡다 / 얼굴이 밝다 /얼굴이 뜨겁다/얼굴이 홍당무가 되다
/얼굴이 반반하다

<보기>

(1) 가: 얼굴이 어두운 걸 보니 남편하고 또 싸웠구나?

나: 어떻게 알았어?

(2) 가: 무슨 좋은 일 있어요? 얼굴이 밝아 보여요.

나: 네. 입사시험에 합격했거든요.

(3) 가: 요즘 무슨 일 있어요? 얼굴이 어두워 보여요.

나: 부모님께서 많이 편찮으셔서 병원에 입원하셨어요.

(4) 가: 왜 그렇게 당황해 했지?

나: 남들 앞에서 갑자기 나를 사랑한다고 말하는 바람에 얼굴이 뜨거워서
혼났어요.

(5) 가: 얼굴이 밝은 걸 보니 부모님이 승낙하셨나 봐.

나: 예. 부모님께서 유학을 가도 좋다고 하셨어요.

(6) 가: 그 남자는 유명한 바람둥이라던데요.

나: 그래요. 동네 얼굴이 반반한 여자들은 다 집적거렸대요.

3. -지 그랬어(요)

口语惯用形。接在动词后,表示已发生的事实与说话者的愿望相悖而感到不满
或埋怨。相当于汉语的"你怎么不……呢?"

<보기>

(1) 가: 배가 너무 많이 고파요.

나: 엄마가 밥 차려 놓았는데 먹지 그랬어.

(2) 가: 졸려서 일어날 수가 없어요.

나: 어제 일찍 자지 그랬어요.

(3) 가: 이번에 시험을 못 봐서 속상해요.

나: 그렇게 평소에 공부를 좀 더 열심히 하지 그랬어요.

(4) 가: 왜 지금 가면 늦어?

　　나: 나 좀 빨리 깨우지 그랬어요. 오늘은 일찍 나가야 하는데…

(5) 가: 정작 카메라가 없으니 불편해요.

　　나: 그러게 지난번 돈이 생겼을 때 구입하지 그랬어요.

4. -(으)면 좋을 것 같다

是"-(으)면"和"-을 것 같다"的复合形式,用于动词之后,可翻译成"如果……的话,好像好一些"。

<보기>

(1) 회의에서 적극적으로 발언을 하면 좋을 것 같아요.

(2) 저녁파티에 이 옷을 입으면 좋을 것 같아요.

(3) 당신 먼저 그 분을 찾아뵈면 좋을 것 같아요.

(4) 내일 일찍 가게에 나와서 어머니를 도와 드리면 좋을 것 같아요.

(5) 아버지의 말씀대로 그 회사에 취직하면 좋을 것 같아요.

5. -에 비해서

惯用形,跟在名词或者代词后面,表示比较,相当于汉语的"与……相比"。

<보기>

(1) 가: 시골에 가보니 어땠어요?

　　나: 시골은 도시에 비해서 공기가 훨씬 좋았어요.

(2) 가: 이 곳의 아파트 시세가 어떻습니까?

　　나: 다른 동네에 비해서 좀 싼 편이에요.

(3) 가: 이 물건의 품질에 대해서 어떻게 생각합니까?

　　나: 값에 비해서 질이 별로 안 좋아요.

(4) 가: 정호 씨 회사는 대우가 어때요?

　　나: 다른 회사에 비해서 대우가 좋은 편이에요.

(5) 가: 배보다 배꼽이 크다는 말은 어떤 경우에 쓰는 건가요?

　　나: 예를 들어 선물의 값에 비해서 포장지의 값이 더 비쌀 경우에 쓰지요.

6. -아/어/여 가면서

惯用形,是"-아/어/여 가다"与"-면서"的复合形式,用在动词词干后,表示在前一句动作进行的同时做后一动作。

<보기>

(1) 가: 모르는 단어가 있으면 어떻게 하세요?

　　나: 사전을 찾아 가면서 공부해요.

(2) 가: 이렇게 도와 주셔서 감사합니다.

　　나: 서로 도와 가면서 살아야죠.

(3) 가: 소금을 더 넣어야겠어요.

　　나: 맛을 봐 가면서 넣으십시오.

(4) 가: 다 외우지 못했어요.

　　나: 그럼 써 온 것을 봐 가면서 얘기하십시오.

(5) 가: 외국친구와 같은 기숙사에서 사는 게 힘들지요?

　　나: 네. 생활습관이 달라서 서로 맞춰 가면서 사는 게 여간 힘든 것이 아니에요.

练 习

1. 본문을 읽고 다음의 질문에 대답하십시오.

　(1) 준영 씨는 요새 무슨 고민이 있습니까?

　(2) 준영의 아내와 어머니간에 무슨 갈등이 있습니까?

　(3) 오늘날 어떤 점에 있어서 자주 세대차이를 느낄 수 있습니까?

　(4) 기성 세대와 젊은 세대간의 마찰은 왜 생겼습니까?

　(5) 기성 세대와 젊은 세대가 어떤 면에서 차이가 있습니까?

2. '-(으)려던 참이다'를 이용해서 다음의 대화를 완성하십시오.

　(1) 가: 지금이 몇 시인데, 아직도 안 출발하셨어요?

　　　나: 지금 막 _____.(공항)

(2) 가: 어제 산 휴대폰이 고장 났다면서?

　　나: 네. 그래서 ＿＿＿＿＿＿＿＿＿＿＿＿＿＿＿＿.(새것으로 바꾸다)

(3) 가: 요즘 건강이 안 좋으시다더니?

　　나: 오늘 오전에 ＿＿＿＿＿＿＿＿＿＿＿＿＿＿.(병원에 가서 검

　　사받다)

(4) 가: 평생 혼자 살 수는 없잖아요. 언제쯤 결혼할 거예요?

　　나: 네. 올해쯤 ＿＿＿＿＿＿＿＿＿＿＿＿.(결혼하다)

(5) 가: 오늘 약속은 못 지킬 것 같은데 미안해서 어쩌죠?

　　나: 괜찮아요. 저도 갑자기 일이 생겨서 ＿＿＿＿＿＿＿＿＿＿.(전

　　화하다)

3. 다음 대화 중의 ＿＿＿＿ 에 들어갈 말을 보기에서 골라 넣어 보십시오.

> <보기> 얼굴이 어둡다 / 얼굴이 밝다 / 얼굴이 뜨겁다/얼굴이 홍당무가
> 되다/얼굴이 반반하다

(1) 가: 영수 씨, 유난히 ＿＿＿＿＿＿＿＿.무슨 기쁜 일이 있어요?

　　나: 그럼요. 어제 일등 장학금을 받았거든요.

(2) 가: 요즘 무슨 일 있어요? ＿＿＿＿＿＿＿＿＿＿＿.

　　나: 가까운 친구하고 말다툼이 있었어요.

(3) 가: ＿＿＿＿＿＿＿＿＿ 여자 친구가 생겼나 봐.

　　나: 귀신같이 아시네요.

(4) 가: ＿＿＿＿＿＿＿＿＿ 부모님이 반대하시나 봐.

　　나: 그 여자와는 절대로 결혼할 수 없대요.

(5) 가: 새색시가 부끄럼을 잘 타나 봐요.

　　나: 글쎄말이에요, ＿＿＿＿＿＿＿＿＿.

4. (　　　) 안의 말과 ‘-지 그랬어(요)’를 이용해서 보기와 같이 대화를
완성하십시오.

> <보기> 가: 운전을 학고 나왔다가 차가 밀리는 바람에 지각을 했어요.
> 　　나: 지하철을 타지 그랬어요. (지하철을 타다)

(1) 가: 오늘 서두르는 바람에 우산을 안 갖고 나왔어요.

　　나: ＿＿＿＿＿＿＿＿＿＿. (미리 챙기다)

(2) 가: 어제 너무 늦게 자는 바람에 오늘 오전에 학교에 못 나갔어요.

　　나: ＿＿＿＿＿＿＿＿＿＿＿＿＿＿＿. (저녁에 일찍 자다)

(3) 가: 친구들이 저만 빼놓고 놀러 갔어요.

　　나: 평소에 ＿＿＿＿＿＿＿＿＿＿＿＿＿＿. (친구들에게 잘해주다)

(4) 가: 전 그때는 어떤 학교에 지원해야 할지 몰랐어요.

　　나: 어떤 학교가 좋은 학교인지 ＿＿＿＿＿＿＿＿＿. (담임선생님께 여쭤보다)

(5) 가: 이제 보니 색깔이 마음에 안 들어요.

　　나: 그럼 그때 당장 ＿＿＿＿＿＿＿＿＿. (다른 걸로 바꾸다)

5. ‘-(으)면 좋을 것 같다’를 이용해서 보기와 같이 다음의 대화를 완성하십시오.

> <보기> 가: 독서를 할 때 어떤 태도를 취해야 해요?
> 　　　　나: 독서를 할 때에는 능동적인 자세로 읽으면 좋을 것 같아요. (능동적인 자세)

(1) 가: 언제 우체국에 가요?

　　나: ＿＿＿＿＿＿＿＿＿＿＿＿＿＿. (내일 수업이 끝난 후)

(2) 가: 김 선생님에게 전화를 했어요?

　　나: 아니요, 아직 안 했어요. ＿＿＿＿＿＿＿＿. (저녁에 전화를 걸)

(3) 가: 그 빨간색 치마가 아주 예쁠 것 같은데 왜 안 사죠?

　　나: 제가 입어 봤는데 좀 커요. ＿＿＿＿＿＿＿＿. (좀 더 작은 것을 사다)

(4) 가: 정수 씨 생각에는 제가 어느 대학교에 지원하면 좋아요?

　　나: 제가 보기에는 ＿＿＿＿＿＿＿＿＿＿＿＿＿. (서울대학교에 지원하다)

(5) 가: 그 곳은 비슷한 곳이 많아서 좀만 주의하지 않으면 길을 잃어버리기 쉬워요.

　　나: ＿＿＿＿＿＿＿＿＿＿＿＿＿＿. (지도를 가지고 가다)

6. ' -에 비해서'를 이용해서 보기와 같이 다음의 대화를 완성해 보십시오.

> <보기> 가: 어제 산 옷이 어때요?
> 　　　나: 값이 비싼 것에 비해서 디자인이 그다지 예쁘지 않아요.

(1) 가: 어제 산 쟈켓이 마음에 안 들어요?

　　나: ＿＿＿＿＿＿＿＿＿＿＿＿＿＿.(값/질이 별로 좋지 않다)

(2) 가: 정호 씨는 벚꽃보다 개나리를 더 좋아한다고 하셨죠.

　　나: 그래요, 개인적으로는 ＿＿＿＿＿＿＿＿＿＿＿＿.(벚꽃 /개나
　　리가 한결 산뜻한 감이 있다고 보다)

(3) 가: 최 교수님 부인이 꽤 젊어 보여요.

　　나: 그래요. ＿＿＿＿＿＿＿＿＿＿＿＿.(나이/젊어 보이다)

(4) 가: 요즘 물가가 어떻습니까?

　　나: ＿＿＿＿＿＿＿＿＿＿＿＿. (전 /많이 비싼 편이다)

(5) 가: 요즘 한국어공부가 어때요?

　　나: ＿＿＿＿＿＿＿＿＿＿＿＿.(말하기/쓰기가 부족한 편이다)

7. '-아/어/여 가면서'를 이용하여 다음의 대화를 완성하십시오.

(1) 가: 한국 풍습에 익숙하지 않아서 당황할 때가 많아요.

　　나: ＿＿＿＿＿＿＿＿＿＿＿＿＿＿.

(2) 가: 처음이라서 어떻게 해야 할지 모르겠어요.

　　나: ＿＿＿＿＿＿＿＿＿＿＿＿＿＿.

(3) 가: 뭘 그렇게 열심히 하십니까? 좀 쉬어 가면서 하시지요.

　　나: ＿＿＿＿＿＿＿＿＿＿＿＿＿＿.

(4) 가: 아직도 그 사람이 그리워요?

　　나: ＿＿＿＿＿＿＿＿＿＿＿＿＿＿.

(5) 가: 민수는 어렸을 때 아무도 안 닮았었는데 지금은 아버지를 쏙 빼닮
　　았군요.

　　나: ＿＿＿＿＿＿＿＿＿＿＿＿＿＿.

8. 다음의 중국어를 한국어로 번역하십시오.

1. — 不是说下午和朋友有约吗？怎么还不走？
   — 我这不正准备要出门嘛。(-려던 참이다)

2. — 这次驾照考试我又没通过。
   — 你平时怎么不好好练习呢？(-지 그랬어)

3. — 听说你上周去北京出差了，怎么样？还是大城市好吧？
   — 北京和威海相比，别的都好，就是空气太差了，雾霾太严重了。(-에 비해서)

4. — 无论做什么事情，如果能在事前做好充分的准备的话会更好一些。

   (-면 좋을 것 같다)

5. — 统计数字表明，以核心家庭为主体的两代户类型占中国现有家庭总数的
   比例为59.25%，也就是说，核心家庭已成为主流的家庭模式。

9. 다음의 한국어를 중국어로 번역하십시오.

   그러나 기성 세대가 살아온 과거가 아무리 시대적으로 뒤떨어지고 제도에 얽매여 힘들게 살았다고 해도 모두가 잊을 수 없는 시간들이다. 옛날 텔레비전이나 인터넷이 없던 시절에 아이들은 으레 할아버지, 할머니를 졸라서 조상들의 이야기며 할머니가 시집오시던 이야기나 아버지, 어머니의 어린 시절 이야기를 듣곤 했다. 그럴 때마다 식구들은 한자리에 모여 즐겁게 떠들며 웃곤 했다. 바로 그 속에 대화와 사랑과 웃음이 있었다. 그러나 이런 일들은 옛날 얘기가 되어 버렸다. 혹여 기성 세대들이 이런 이야기들을 꺼내기만 하면 젊은 세대들은 들어주기는커녕 '호랑이 담배 먹을 적' 일이라며 핀잔부터 주려고 한다. 그리고 적지 않은 젊은 세대들은 아예 관심도 없다.

課外閱讀

가족간의 사랑

가정이랑 부부를 핵으로 한 가족 공동체이다. 애정에 의하여 부부가 맺어지고, 아이를 낳아 애정이 발전되고, 부모와 자녀와 형제 자매 사이의 관계에서 가족간의 사랑이 생겨난다. 가정에 있어서의 사랑은 다른 사회에서는 맛볼 수 없는 독특한 사랑이다. 부부와 자식, 그리고 형제간의 사랑은 서로 통제하고 제약하나 이에 대하여 불편하다든가 부당하다든가 하는 생각을 하지 않는다. 부모는 자녀를 양육하고 교육시킬 의무가 있지만, 이것을 의무로 하기보다는 사랑으로 하므로 어떤 불편도 느끼지 않고 자녀는 부모에게 복종하고 그 부모를 돌보아야 하나 그것이 부당하다고는 생각하지 않는다.

가족 간의 사랑은 타산적이 아니다. 서로 의지하므로 정신적이든 물질적이든 무엇이든 주기를 아까워하지 않는다. 부모는 무엇이나 자녀에게 주고 싶어하고 형제간에는 서로 네 것 내 것 구별하지 않는다. 또 가족간에는 비합리적으로 행동해도 이해가 된다. 밖에서는 이치를 따지며 사는 사람도 가정에서는 별로 그런 것에 신경 쓰지 않는다. 가족간의 친함이 그런 합리성을 생각하지 않게 함이리라.

가정은 이렇게 다른 어느 집단에서도 찾을 수 없는 사랑이 바탕이 되고 있기 때문에 건전하게 발전될 수도 있지만 잘못하다가는 그릇된 방향으로 나가기도 쉽다. 만일 가족 중의 한 사람이 정의감이나 진실성이 없다면, 더구나 그것이 그 가정에 영향력이 있는 가장이라면, 그 가족 전체는 그릇된 방향으로 나갈 위험도 있다. 가족이 서로 믿고 사랑하다가 보면 경우에 따라서 해야 할 정당한 비판 능력을 잃을 때도 있기 때문이다.

补充词汇

공동체 [共同體]	[名]	共同体
통제하다 [統制-]	[动]	管束, 控制
제약하다 [制約-]	[动]	制约, 限制
부당하다 [不黨-]	[形]	不正当, 不妥当, 无理
복종하다 [服從-]	[动]	服从

타산적 [打算的]	[名]	斤斤计较的, 唯利是图的
의지하다 [依支-]	[动]	依靠
이치 [理致]	[名]	道理
따지다	[动]	追究, 算计
친함 [親-]	[名]	亲切
건전하다 [健全-]	[形]	健全, 健康
그릇되다	[动]	错误
정의감 [正義感]	[名]	正义感
정당하다 [正當-]	[形]	正当
비판능력 [批判能力]	[名]	批判能力
잃다	[动]	失去, 丧失

제6과 건강과 생활

重点语法
1. -지
2. -지 않더라도
3. 얼마나 -느냐 하는 데에 있다
4. -(으)니/니까 -어쩔 수 없다
5. -ㄴ/는 것만으로도
6. -만하다

课 文

（1）

민　정: 나오코 씨, 요즘 왜 그렇게 안색이 안 좋아요?

나오코: 저도 모르겠어요. 낮에는 계속 졸리고, 밤에는 잠이 오지 않아요.

민　정: 정말 무척 피곤해 보이네요. 집에서 쉬지 왜 도서관에 나와 있어요?

나오코: 이번 주까지 내야 될 보고서도 있고 해서 나왔어요.

민　정: 잠을 못 잔 데다가 보고서까지 쓰려면 힘들겠네요. 저도 전에 불면증에 걸려서 고생한 적이 있거든요.

나오코: 그래요? 어떻게 고쳤어요?

민　정:　잠깐만요. 제 수첩에 불면증을 이기는 방법을 적어 놓
　　　　은 것이 있어요. 이걸 좀 읽어 봐요.

나오코:　아, 잠이 안 오는데 억지로 자려고 하는 게 내 문제인
　　　　것 같아요.

민　정:　자기 전에 운동을 좀 하면 잠이 잘 올 거예요.

나오코:　저도 그러고 싶지만 대학원 수업 때문에 운동할 시간
　　　　이 별로 없어요.

민　정:　바쁠수록 건강에 더 신경을 써야 돼요. 건강만큼 소중
　　　　한 게 어디 있겠어요?

나오코:　맞아요. 오늘부터 당장 운동을 시작해야겠네요.

(2) 건강

　오늘은 여러분께 살찌지 않는 식사법에 대해서 말씀을 드리겠습
니다. 지금부터 제가 말씀 드리고자 하는 것은 뭐, 그리 대단한 비
결은 아닙니다. 당장 오늘부터 바로 실천할 수 있는 간단한 것들입
니다. 이대로만 따라한다면 거창한 계획을 세워서 다이어트를 하
지 않더라도 한 달에 최소한 1kg은 빠질 것입니다. 문제는 얼마나
꼼꼼하느냐 하는 데에 있습니다. 실천력에 따라 결과는 상당히 달
라집니다. 그러니까 이대로 열심히 실천해 보시기 바랍니다.

　첫 번째, 무슨 일이 있어도 절대 밤참은 드시지 마십시오.

　저녁을 먹고 몇 시간이 지나면 배가 출출해집니다. 그래서 밤참
을 만들어 먹게 되는데요. 다이어트를 한다면 절대로 밤참은 드시
면 안 됩니다. 우리 몸은 저녁에 지방을 만드는 활동이 아주 활발해
집니다. 그러니까 칼로리가 높지 않은 음식을 먹더라도 틀림없이
살이 찌게 되어 있습니다. 아무리 먹고 싶고, 먹음직스러운 음식이
앞에 놓여 있더라도 참을 수 있는 의지력, 이것이 다이어트 성공 요
인 중 하나입니다. 또, 꼭 밤참이 아니라도 저녁 식사를 너무 늦게
하는 것이 좋지 않습니다. 일이 많아서 어쩔 수 없이 식사 시간이
늦어진다면 식사량을 줄이십시오. 가령, 저녁 식사 전에 미리 식이
섬유 정도로 요기를 해 두면 저녁 식사를 늦게 하더라도 과식을 하
지 않게 되어 어느 정도 살이 찌는 것을 막을 수 있습니다.

다음으로, 밥은 거르지 말고 꼭 드십시오.

식사량을 줄이기 위해서 밥을 남기는 사람이 있습니다. 그러나 이것은 오히려 다이어트에 역효과를 가져옵니다. 적어도 한 번 식사에 자신의 주먹만한 양의 밥이나 빵을 먹어야 합니다. 우리 뇌에 필요한 당질(糖質)을 매 끼니마다 최소량이라도 섭취해야 하기 때문입니다. 당질은 뇌를 움직이는 에너지입니다. 뇌에서 배가 꽉 찼다는 느낌을 갖게 되면 많이 먹지 않게 됩니다.

마지막으로, 무슨 음식이든지 꼭 씹어 천천히 먹는 습관을 기르십시오. 짧은 시간에 많이 먹는 것을 자랑으로 여기는 사람들이 있는데, 그런 사람들은 틀림없이 뚱뚱한 사람들일 겁니다. 우리 뇌는 음식을 먹기 시작한 후 20분쯤 지나서 그만 먹으라는 명령을 내리게 된다고 합니다. 그런데 너무 빨리 먹어 버리면 뇌가 명령을 내리기 전에 식사가 끝나 버리므로 식사량을 조절할 수 없게 됩니다. 따라서 빨리 먹는 습관을 고치는 것만으로도 다이어트에 상당한 효과를 볼 수 있다고 합니다. 이런 습관이 고쳐지지 않는다면 다음과 같은 규칙을 지켜보도록 하십시오. 많은 학자들이 적극 권장하는 방법입니다.

첫째, 입 안에 있는 음식을 완전히 삼킨 다음, 음식을 집는다.

둘째, 식사 시간에 잠깐씩 먹는 것을 멈추고 잠시 그냥 앉아 있는다.

셋째, 음식을 최소한 20번씩은 씹은 후 삼킨다.

지금까지 말씀드린 내용은 아주 간단히 실천할 수 있는 것들입니다. 물론, 습관으로 굳어진 식사 법을 고치는 것이 쉽지는 않겠지만 간단한 일부터 하나 하나 실천해 가는 것이 다이어트 성공의 열쇠입니다.

词汇

안색 [顔色]	[名]	脸色
졸리다	[动]	困, 犯困
불면증 [不眠症]	[名]	失眠

당장 [當場]	[名]	立刻,就地
살찌다	[动]	长肉,长胖
거창하다 [巨創-]	[形]	宏伟
다이어트 [diet]	[外]	节食
빠지다	[动]	掉,脱落
밤참	[名]	夜宵
지방 [脂肪]	[名]	脂肪,油脂
활발하다 [活潑-]	[形]	活泼,活跃
의지력 [意志力]	[名]	意志力
출출하다	[形]	有点饿
칼로리 [calorie]	[外]	卡路里,热量
식사량 [食事量]	[名]	饭量,食量
가령 [假令]	[副]	即使,即便,假如
식이 [食餌]	[名]	食物
섬유 [纖維]	[名]	纤维
요기 [療飢]	[名]	充饥,垫饥
과식하다 [过食-]	[动]	吃得过多
거르다	[动]	隔,间隔
역효과 [逆效果]	[名]	反作用
에너지 [energy]	[名]	能量
틀림없이	[副]	肯定,准是
조절하다 [調節-]	[动]	调节,调剂
당질 [糖質]	[名]	糖质
끼니	[名]	饭,餐,顿
섭취하다 [摄取-]	[动]	摄取,汲取
뚱뚱하다	[形]	胖
권장하다 [勸奬-]	[动]	劝勉
지켜보다	[动]	观察,照看
삼키다	[动]	吞
실천 [實踐]	[名]	实践,履行,实施
굳어지다	[动]	变硬,变坚固
멈추다	[动]	停,停止,停息
자랑으로 여기다	[惯用]	引以为豪
성공의 열쇠 [成功-]	[惯用]	成功的钥匙 /关键

语 法

1. -지

接续词尾,用于谓词词干、体词谓词形以及"-았/었/였""-겠"后,表示前后对照。

<보기>

(1) 여기가 서울이지 뉴욕이에요?

(2) 바쁘면 가지 지금까지 기다렸어요?

(3) 마음에 들면 사지 뭘 망설이세요?

(4) 콩 심은 데 콩 나지 팥이 나겠어요?

(5) 네가 젊었지 늙었어?

2. -지 않더라도

是表示否定的 "-지 않다"和表示让步的"더라도"的复合形式,表示条件关系,相当于"即使不……"。

<보기>

(1) 여자는 얼굴이 별로 예쁘지 않더라도 마음만 고우면 남자들의 마음을 잡을 수 있어요.

(2) 네가 직접 가지 않더라도 선생님의 주소만 알려주면 내가 찾아갈 수 있어.

(3) 부모님께서 허락하시지 않더라도 저는 꼭 그 사람이랑 결혼을 할 거예요.

(4) 겨울이기 때문에 춥지 않더라도 좀 두터운 옷을 입으세요.

(5) 강의는 듣지 않더라도 조용히 앉아서 다른 책을 읽으면 돼요.

3. 얼마나 -느냐 하는 데에 있다

表示为了得到某种结果,前面的内容发挥着决定性的作用,即"取决于多么……"。

<보기>

(1) 성공여부는 얼마나 열심히 노력하느냐 하는 데에 있어요.

(2) 이 기계의 수명은 이것을 다루는 사람이 얼마나 잘 쓰느냐 하는 데에 있습니다.

(3) 요리의 맛은 얼마나 정성껏 만드느냐 하는 데에 있습니다.

(4) 결승에 올라가는 것은 모든 팀원들이 얼마나 단합하느냐 하는 데에 있습니다.

(5) 이번 일의 결과는 얼마나 충분하게 대비하느냐 하는 데에 있다.

4. -(으)니/니까 -어쩔 수 없다

是"-(으)니/니까"和"-어쩔 수 없다"的复合形式,表示因某种原因不得不做某事。可译为"因为……不得不……"。

<보기>

(1) 일이 벌써 이렇게 되었으니 어쩔 수 없네.

(2) 그 사람이 벌써 떠났으니까 이젠 어쩔 수 없습니다.

(3) 가: 왜 딸이 하는 부탁을 무조건 들어주나요?

　　나: 아이가 귀여우니 어쩔 수 없어요.

(4) 가: 이번 기계 고장은 제가 부주의한 탓입니다.

　　나: 이미 고장이 났으니 어쩔 수 없군요. 다음부터 조심하십시오.

(5) 가: 가방을 잃어버리셨다면서요? 괜찮으세요?

　　나: 제 잘못으로 잃어버렸으니까 잃어버렸으니까 어쩔 수 없어요. 새 것으로 사야죠.

5. -ㄴ/는 것만으로도

用于谓词词干后,表示条件,意为"仅靠……就……"。形容词词干后加"-ㄴ/은 것만으로도",现在时中动词词干后加"-는 것만으로도",过去时时动词词干后加"-ㄴ/은 것만으로도"。

<보기>

(1) 그때 저를 찾아와서 위로해 주신 것만으로도 저에겐 큰 힘이 됐어요.

(2) 먹을 것이 있는 것만으로도 고맙게 생각해라.

(3) 지금까지 번 것만으로도 앞으로 수십년동안 걱정없이 잘 살아갈 수 있다.

(4) 우리가 없는 동안 애를 보살펴 주신 것만으로도 대단히 감사하게 생각해야 돼.

(5) 저에게 돈을 빌려준 것만으로도 대단히 고맙게 생각해요.

6. -만하다

后缀,接在部分体词后,表示大小或程度与其前面的人或事物相似的意思。

<보기>

(1) 가: 진홍 씨 방은 얼마나 커요?

　　나: 이 교실 반만해요.

(2) 가: 시장에 다녀오셨어요?

　　나: 네, 그런데 웬 물가가 그렇게 올랐어요? 손바닥만한 게 한 마리가 만 원이나 하는 거 있지요.

(3) 가: 성호씨 동생도 성호 씨만큼 키가 커요?

　　나: 네, 저만해요.

(4) 가: 이 선생님께서 병원에 입원하셨다는 소식을 들었는데요. 어디가 안 좋 으신 겁니까?

　　나: 뱃 속에 주먹만한 혹이 생겼답니다.

(5) 가: 부인께서 다음 달에 아기를 낳으실 거라면서요?

　　나: 네, 그래서 지금 배가 남산만합니다.

练 习

1. 본문을 읽고 다음의 질문에 대답하십시오.

(1) 나오코 씨는 왜 도서관에 나와 있습니까?

(2) 나오코 씨의 문제는 무엇입니까?

(3) 다이어트에 성공한 식사법은 어떤 것이 있습니까?

(4) 왜 밥을 남기는 것은 오히려 다이어트에 역효과를 가져온다고 했습니까?

(5) 다이어트를 하려면 왜 빨리 먹는 습관을 고쳐야 한다고 했습니까?

2. 다음의 보기에서 알맞은 단어와 관용구를 골라 써 놓으십시오.

부작용, 보기 좋다, 대접하다, 관심의 대상, 살이 오르다, 선호하다

(1) 그 옷이 참 잘 어울려서 (   ).
(2) 십 대 청소년들이 (   ) 책과 성인들이 즐겨보는 책은 차이가 많습
   니다.
(3) 아기가 우유를 많이 먹어서 통통하게 (   ).
(4) 연예인들은 어디에 가도 (   )이/가 됩니다.
(5) 지난번에 오셨을 땐 제대로 (   ) 못 해 드려서 죄송했어요.
(6) 화장품이 피부와 맞지 않아서 (   )이/가 생겼어요.

3. '-지'를 이용해서 보기와 같이 다음의 대화를 완성하십시오.

<보기> 가: 오후에도 하세요?
        나: 오전에만 하지 오후에는 하지 않아요. (오전만 하다)

(1) 가: 예습을 하세요?
    나: _____. (숙제만 하다)
(2) 가: 열심히 공부해요?
    나: _____. (놀기만 하다)
(3) 가: 쉬는 시간에 한국말로 얘기해요?
    나: _____. (영어로만 하다)
(4) 나: 그 학생은 대답을 잘 해요?
    나: _____. (웃기만 하다)
(5) 가: 부모님을 자주 찾아 뵈세요?
    나: _____. (전화만 드리다)

4. '-지 않더라도'를 이용해서 보기와 같이 다음의 문장을 완성하십시오.

<보기> 힘들지 않더라도 집에서 푹 쉬세요. (힘들다)

(1) _____ 할 말은 해야 하는 게 아닌가요. (체벌을 주다)
(2) _____ 포기하지 말고 끝까지 해 보세요. (문제가 쉽다)
(3) _____ 스스로 자기단속을 잘 해야 한다. (시험 통과 기준이 높다)

(4) _____ 지 않더라도 운전은 언제나 조심스럽게 하는 게 안전해요. (길이 붐비다)

(5) _____ 거주 여건만은 만족시켜 줘야 해요. (다른 조건 고려하다)

5. '얼마나 -느냐 하는 데에 있다'를 활용하여 아래 문장을 완성하십시오.

(1) 이번 실험의 성공여부는 우리가 _____ 에 있다.(준비하다)

(2) 초급단계 한국어능력의 향상여부는 학생 스스로가 _____ 에 달려 있다.(노력하다)

(3) 이번 경기의 승패는 선수들이 _____ 에 있다.(정신력을 갖다)

(4) 관리직에 취직할 수 있느냐 없느냐는 본인이 _____ 에 달려있다.(경력을 쌓다)

(5) 이번 학기 장학금 수혜여부는 필수과목의 성적을 _____ 에 있다.(맞다)

6. '-(으)니/니까 -어쩔 수 없다'를 이용하여 다음의 대화를 완성하십시오.

(1) 가: 가방을 잃어버리셨다면서요? 괜찮으세요?
    나: _____

(2) 가: 이번 시험에도 미역국을 먹었다면서요?
    나: _____

(3) 가: 그 회사에 취직하는 것을 포기한다면서요?
    나: _____.

(4) 가: 그 옷을 그렇게 좋아하면서 왜 안 샀어요?
    나: _____

(5) 가: 친구의 생일 파티에 왜 참석하지 않았어?
    나: _____

7. '-ㄴ/은/는 것만으로도'를 이용해서 보기와 같이 다음의 문장을 완성하십시오.

> <보기> <u>외국어를 잘 하는 것만으로도</u> 좋은 일자리를 구할 수 있어요.
> (외국어를 잘 하다)

(1) _____ 감사하게 생각해야 합니다.(이 세상에 살아 있다)
(2) _____ 부모님에 대한 효도를 나타낼 수 있어요. (자주 찾아뵙다)
(3) _____ 사장님께 감사하게 생각해요. (차를 보내주다)
(4) _____ 사람에게 좋은 인상을 준다. (친절하게 대하다)
(5) _____ 행운이라고 생각해요.(선생노릇을 할 수 있게 되다)

8. 다음의 크기나 넓이를 '-만하다'를 이용해 다른 것과 비교해 설명해 보십시오.

(1) 자신의 방의 크기
(2) 가족 중 키가 제일 큰 사람의 키
(3) 지금까지 본 개 중에 제일 작은 개
(4) 자신의 마음의 넓이
(5) 정원의 크기

9. 다음의 중국어를 한국어로 번역하십시오.

(1) 成民可小心眼儿了，心眼儿小的只有针鼻儿那么大。(-만 하다)

_____

(2) "师傅领进门，修行在个人"，成功与否主要取决于个人的努力。

_____

(3) 仅靠这些雕虫小技是不能笑到最后的。

_____

(4) 他硬要拿鸡蛋碰石头，我们也没办法。

_____

(5) 即使不能彻底解决，至少也该先想个权宜之计出来。

_____

　　최근 들어 야채가 우리의 건강을 지켜주는 중요한 먹거리로 인식되면서 야채에 대한 사람들의 관심도는 날로 높아지고 있다. 그런데 야채의 대량 생산과 더불어 화학비료의 과도한 사용 등으로말미암아 우리가 매일 식탁에서 만나는 야채는 결코 안전하지 못하다. 그래서 사람들이 선호하는 것이 바로 유기농야채이다.

　　요즘 슈퍼나 쇼핑몰 야채매장에 가면 쉽게 눈에 띄우는 것이 바로 유기농산물이다. 유기농산물은 유기농법에 의해 생산되는 채소나 과일을 가리키는 데 유기농법이란 점에서 일반 야채나 과일과는 큰 가격차이를 보인다. 유기농법이란 토양의 오염, 화학비료농법에 대한 반성으로 등장한 농법으로서 합성화학물질을 일체사용하지 않고 유기물·미생물 등을 이용하여 자연적으로 만들어낸 자재로 작물을 재배하는 농법을 말한다. 자연 본래의 생활력을 중시하고 자연의 생태적 균형을 존중하며 미생물 식물 동물 등의 공존을 지향하는 것이유기농법의 가장 큰 특징이다. 이와 같이 친환경적이고 오염이 없는 방법으로 생산한 과일과 채소는두 말 할 것도 없이 우리건강에 십분 좋은 영양소가 될 것이다.

　　사람마다 건강을 제일로 생각하는 오늘, 너도나도 유기농산물에 각별한 관심을 갖는 것은 당연한 일이다.

스트레스

课外阅读

　　오늘 날처럼 빠르게 변화하는 환경에서는 스트레스를 피할 수 없다. 스트레스는 이미 만병의 근원으로 각종 질병을 유발시키는 무서운 존재가 되어 버렸다. 스트레스는 대체로 직장, 가정, 의식 및 생활환경 등에서 받는 심리적 압박감과 긴장감이라 할 수 있다. 스트레스의 증상은 우선 몸으로 느끼게 되는 긴장감, 소화불량이나 위장장애, 기운이 없고 가슴이 답답함 등에서 그리고 안절부절과 조그만 일에 깜짝 놀람, 의욕이 없음 등으로 나타난다.

다음으로는 행동변화에서 괜한 눈물과 자기학대, 분노, 무기력증, 예민하고 신경질적, 과음과 폭식, 흡연 등으로 나타난다. 마지막으로 정신적 변화인데 자신감, 분별력 부족, 현실 회피, 근심걱정과 모든 비논리적인 것에 대한 부정적 생각 등에서 나타난다.

스트레스가 쌓이는 원인을 없앨 수 있다면 좋겠지만, 스트레스를 받지 않고 생활한다는 것은 불가능에 가깝다.

그러므로 스트레스의 원인을 찾는 것보다 스트레스를 해소하는 방법을 찾는 것이 더 중요한 문제가 되기도 한다. 최근 스트레스를 어떻게 푸는가 하는 조사에 의하면 음주, 흡연, 폭식의 방법으로 스트레스를 푼다는 대답이 32.8%에 달했다. 음주와 흡연, 폭식은 건강에 해로울 뿐만 아니라 그것이 다시 스트레스의 원인이 되므로 피해야 할 방법이다.

건강에 해롭지 않으면서도 효과적인 스트레스 해소법에는 운동과 명상, 춤, 노래, 웃음 등이 있다. 요즘은 스트레스를 이기는 데 가장 좋은 약으로 웃음이라는 견해도 있다. 좀 더 적극적인 방법은 스트레스를 주는 원인에 대해 사람들과 신나게 수다를 떠는 것이다. 스트레스 받는 일을 가슴에만 담아 두면 우울증이 되기 쉽다. 나쁜 일일지라도 드러내 놓고 이야기하다 보면 상황을 좀 더 객관적으로 바라볼 여유가 생기고, 스트레스를 이겨낼 좋은 방법이 떠오르게 되는 법이다.

补充词汇

만병 [萬病]	[名]	百病,各种疾病
유발시키다 [誘發-]	[动]	诱发,引起
압박감 [壓迫感]	[名]	压迫感,感到压抑
소화불량 [消化不良]	[名]	消化不良
위장장애 [胃腸障碍]	[名]	胃肠障碍

안절부절	[副]	坐立不安,惴惴不安
학대 [虐待]	[名]	虐待,摧残
예민하다 [鋭敏]	[形]	敏感,聪明伶俐
과음 [過飮]	[名]	过度饮酒,酗酒
폭식 [暴食]	[名]	暴食
회피 [回避]	[名]	回避,避讳
명상 [冥想]	[名]	冥想
신나다	[动]	兴致勃勃,高兴
수다를 떨다	[词组]	唠叨
떠오르다	[动]	想起来,升
드러내다	[动]	露出,显出

제7과 고령화 사회

重点语法

1. -(으)ㄹ 리(가) 있다/없다
2. -도 그렇고, -도 그렇고, -다
3. -만의 문제가 아니다
4. -(으)ㄹ 것으로 예상되다
5. 단적으로 말해서…

课文

(1)

수미: 정수 씨, 노인문제에 대해 생각해 본 적이 있어요?

정수: 그럼요. 저도 늙으신 부모님을 모시고 있으니까요. 그런데 왜 갑자기 그런 질문을 하시죠?

수미: 다름이 아니고, 어제 사회복지학과 교수님의 특강을 들었는데 우리 나라 노인문제가 너무 심각한 것 같더군요.

정수: 심각하고 말고요. 우리 나라는 벌써 2000년에 노령화 사회로 들어섰다잖아요. 학자들에 의하면 우리 나라 노령인구가 2010년에 가면 9% 이상에 달할 거라고 해요.

수미: 전 특강을 듣고 놀랐어요. 이대로 가다가는 나중에 우리 주변에 온통 노인들 뿐이겠네요. 더구나 그에 따른 여러 가지 심각한 사회적 문제들이 나타날 것이라니, 참 걱정이네요.

그런데 정수 씨는 노인인구가 급증한 원인이 뭔지 아세요?

정수: 그럼요. 인류학을 전공한 제가 모를 리 없지요. 과학이 발달하면서 사람들의 평균 수명이 길어진 게 주요한 원인이고요. 그리고 또 출산이 줄어든 것도 원인이 될 수가 있죠. 그러니까 농담이지만 수미 씨도 빨리 결혼하셔야지요.

수미: 글쎄요. 물론 저도 요즘은 빨리 결혼해야겠다는 생각을 해요. 그런데 이건 저같은 젊은이들만의 문제가 아니라 사회적인 문제인 것 같아요.

정수: 그렇지요. 우리 젊은이들도 적극 동참을 해야 할 뿐만 아니라, 또 우리 사회가 다 같이 노력을 해야죠. 특히 노인복지 문제도 그렇고, 출산율 저하 문제도 그렇고, 다 국가차원에서 시급히 대책을 마련하여 해결해야 할 과제지요.

수미: 참 맞는 말씀인 것 같아요.

(2) 고령화 사회

인류의 숙원이었던 생명 연장의 꿈이 실현되어 가고 있다. 이는 분명히 환영할 만한 일이다. 그러나 수명 연장이 출산율 저하와 동시에 진행되면서 여러 국가에서 인구 구조의 변동이 일어나고 있다. 전체 인구 중 노령 인구가 차지하는 비율이 폭발적으로 증가되는 것이다.

특히 한국은 전 세계에서 가장 빠른 고령화를 경험할 것으로 예상된다.

65세 이상의 노령 인구가 차지하는 비율이 7% 이상이라면 고령화 사회라고 하는데, 한국은 이미 2000년에 고령화 사회에 접어들었다. 한국의 노령 인구는 현재 지역마다 다르나 약 9% 정도로서, 한국의 노령화 속도는 선진국의 3배 정도에 달한다. 인구 학자들은 한국의 65세 이상 인구가 차지하는 비율이 2010년에 9.9%, 2020년에는 13.2%에 이를 것으로 전망한다. 2020년경이 되면 한국은 노인 인구 비율이 가장 높은 유럽의 평균보다 더 높아질 것으로 예상되고 있다.

고령화 사회가 문제가 되는 이유는 무엇인가? 단적으로 말해서 고령화 사회는 노동 시장, 복지 정책, 금융 제도 등 거의 모든 분야에서 커다란 변화를 가져올 것이기 때문이다.

고령화로 인한 사회적 문제는 우선 젊은 근로 세대가 지게 될 경제적 부담이 심각하다는 점이다. 노령 인구의 증가율에 비해 출산율이 낮기 때문에, 일할 수 있는 젊은 인구층은 줄어드는 반면 부양해야 할 노령 인구층은 늘어나게 된다. 고령화 현상은 2010년 이후로 20년간 급격히 심화될 것이고, 근로자와 은퇴자 수의 불균형은 더욱 심각해질 것이다. 독일의 경우 은퇴자들이 노동 인구층에게 주는 부담이 지난 30년간 노동 인구 4명당 부양 노인이 1명 정도였으나 2035년이 되면서 두 명의 노동 인구가 65세 이상 된 노년층 한 명을 부양하게 될 것이라고 한다.

연금 제도의 위기도 심각하게 우려된다. 연금을 납입하는 세대는 줄어들고 받는 세대는 늘어나기 때문이다. 이미 고령 사회에 접어든 유럽의 경우 앞으로 25년 안에 전체 인구의 3분의 1이 연금을 받는 세대가 된다고 한다. 연금 제도를 개혁하지 않는다면 미래의 노인들 중 상당수는 부족한 연금 재정으로 인해 약속된 연금을 못 받을 가능성도 있다.

또 하나의 사회적 문제는 금융계의 격변이다. 현재 40, 50년대 이른 베이비 붐 세대들이 은퇴를 앞두고 노후 자금을 마련하기 위해 주식과 채권을 현금화하는 2010년경이 되면 주식 시장은 역사상 가장 심각하고 장기적인 침체를 맞게 될 것으로 예측된다.

고령화 사회의 문제는 전 세계로 확산되고 있다. 인류는 새로운 시대에 적응하기 위해 힘들고 고통스러운 개혁을 시행해야 한다. 무엇보다도 근로 관행을 과감하게 바꿀 필요가 있다. 출산과 양육은 미래에 대한 사회 투자라고 볼 수 있으므로 여성과 남성이 좀 더 유연하게 자녀 양육과 일을 병행할 수 있게 해 주어야 한다. 또 과거에 비해 수명이 연장되었으므로 근로 기간을 현실에 맞게 연장해 주어야 한다. 고령화 사회라는 복잡한 상황에 대처하기 위해서는 사회, 경제적으로 대대적인 개혁이 필요하다.

词 汇

복지학과 [福祉學科]	[名]	社会福利学系
특강 [特講]	[名]	讲座
노령화 [老齡化]	[名]	老龄化
급증하다 [急增-]	[动]	剧增
인류학 [人類學]	[名]	人类学
출산 [出産]	[名]	出生
줄어들다	[动]	减少
동참하다 [同參-]	[动]	共同参与
시급히 [時急-]	[副]	紧急地
대책 [對策]	[名]	对策
과제 [課題]	[名]	课题
숙원 [宿愿]	[名]	夙愿, 心愿
수명 [壽命]	[名]	寿命
차지하다	[动]	占有, 占据
폭발적이다 [爆發的-]	[形]	爆发的
전망하다 [展望-]	[动]	瞭望, 眺望; 展望前途
금융 [金融]	[名]	金融
부양하다 [扶養-]	[动]	赡养, 抚养
근로자 [勤勞者]	[名]	劳动者
은퇴자 [隱退者]	[名]	退休人员
연금 [年金]	[名]	退休金
우려되다 [優廬-]	[动]	担心, 忧虑
납입하다 [納入-]	[动]	缴付, 缴纳
개혁하다 [改革-]	[动]	改革
격변 [激變]	[名]	突变, 骤变, 剧变
주식 [株式]	[名]	股票
채권 [債券]	[名]	债券
베이비 붐 [Baby Boom]	[名]	婴儿潮
확산되다 [擴散-]	[动]	被扩散
고통스럽다 [苦痛-]	[形]	痛苦, 难受
관행 [慣行]	[名]	常规, 惯例
과감하다 [果敢-]	[动]	果断, 勇敢
병행하다 [幷行-]	[动]	并行

语 法

1. -(으)ㄹ 리(가) 있다/없다

惯用形,由定语语尾"-(으)ㄹ"加不完全名词"리"加谓词"있다/없다"构成,附加在谓词词干后,表示"绝无(哪有)……的道理"的意思。

<보기>

(1) 정성이 들어간 음식은 맛이 없을 리가 없다.

(2) 그는 매우 정확한 사람인데 약속을 잊을 리가 있겠어요?

(3) 그 가게는 물건을 아주 싸게 팔아요, 그렇게 비쌀 리가 없어요.

(4) 성준은 이번 시험에 대비해 많이 준비했으니까 떨어질 리가 없다.

(5) 그 애가 그런 거짓말을 했을 리가 있겠어요?

2. -도 그렇고, -도 그렇고, -다

"-도 그렇고, -도 그렇고"表示前后两句并列,"다"是"都"的意思。合在一起相当于汉语的"……也是那样,……也是那样""都……"。

<보기>

(1) 공부도 그렇고, 외국 생활도 그렇고, 유학생들에게는 다 힘든 일이에요.

(2) 동생이랑 싸웠는데 엄마도 그러시고, 아빠도 그러시고, 다 동생편이에요.

(3) 이 도시는 환경도 그렇고, 문화적 분위기도 그렇고, 다 제 마음에 들어서 좋아요.

(4) 중학교도 그렇고, 고등학교도 그렇고, 다 3월1일에 개학합니다.

(5) 진영 씨도 그렇고, 수미 씨도 그렇고, 다 중국음식을 좋아해요.

3. -만의 문제가 아니다

用在名词或代词后面,相当于汉语的"不只是……的问题"。

<보기>

(1) 현재까지 연구가 추진되지 못한 것은 돈만의 문제가 아니라 인재가 부족한 게 가장 큰 문제였다.

(2) 이번 사고는 학생들만의 문제가 아니라 학교 측의 안전조치에도 문제가 있다.

(3) 그 환자의 병은 심장만의 문제가 아니라 기타 다른 기관의 상태와도 관련이 있어요.

(4) 이번 금융위기는 우리 나라만의 문제가 아니에요.

(5) 공사일정이늦어진 것은 돈만의 문제가 아니라 관리가 허술했기 때문이에요.

4. -(으)/ㄹ 것으로 예상되다

"예상되다"意为"被预想""被预料""被预测", "-(으)로"表示"作为", 合在一起可以译为"被预测为……""被预料会……"。

<보기>

(1) 국내시장은 전망이 좋을 것으로 예상된다.

(2) 이 영화는 인기가 많아서 극장마다 매진일 것으로 예상된다.

(3) 올해 겨울에 눈이 많이 내려서 내년에는 풍년이 들 것으로 예상된다.

(4) 크리스마스 이브라서 청계천에 사람이 붐빌 것으로 예상돼요.

(5) 세계적인 경제 위기 때문에 내년에 실업률이 더 높아질 것으로 예상된다.

5. 단적으로 말해서…

惯用语, "단적으로"相当于"정말로""분명히""확실히", 可译为"直截了当地说……""坦率地说……"。

<보기>

(1) 회사가 문을 닫게 된 주요원인은 단적으로 말해서 제품의 불량문제이다.

(2) 환경오염 문제의 근분적인 원인은 단적으로 말하면 경제의 발전이다.

(3) 둘이 헤어진 이유는 단적으로 말해서 서로 사랑하지 않기 때문이다.

(4) 그가 갑자기 쓰러진 것은 단적으로 말해서 너무 큰 충격을 받았기 때문이다.

(5) 과도한 교육열의 원인은 단적으로 말해서 사회 경쟁이 심각하기 때문이다.

练习

1. 본문을 읽고 다음의 질문에 대답하십시오.

(1) 수미 씨는 어제 무엇에 관한 특강을 들었습니까?

(2) 노인인구가 급증한 원인이 뭡니까?

(3) 고령화 사회가 문제가 되는 이유는 무엇입니까?

(4) 고령화로 인한 사회적 문제는 뭐가 있습니까?

(5) 고령화 사회의 문제를 어떻게 해결해야 합니까?

2. 보기와 같이 다음의 문장을 바꾸십시오

> <보기> 야채를 많이 먹으면 건강에 좋다.
> →야채를 많이 먹으면 건강에 안 좋을 리가 없다.

(1) 적절한 운동은 다이어트에 도움이 된다.

→ _____

(2) 방학이니까 학생들은 바쁘지 않다.

→ _____

(3) 그만큼 노력했으니까 일이 잘 될 겁니다.

→ _____

(4) 약속 시간을 여러 번 말했으니까 잊어버리지 않을 거예요.

→ _____

(5) 미국에서 3년 동안 살았으니까 영어를 잘 할 거예요.

→ _____

3. 주어진 문법을 이용하여 문장을 만들어 보십시오.

(1) -(으)ㄹ 리가 있다/없다

(2) -도 그렇고, -도 그렇고, -다

(3) -만의 문제가 아니다

(4) -(으)로 예상되다

(5) 단적으로 말해서…

4. '-도 그렇고, -도 그렇고, -다'를 이용하여 다음의 대화를 완성해 보십시오.

   (1) 가: 수미 씨가 참 예뻐요.

        나: 맞아요. _____ (눈/코) 예뻐요.

   (2) 가: 그 학생이 보기에 참 좋지요?

        나: 그럼요. _____ (공부/인품) 마음에 들어요.

   (3) 가: 산에 갔다왔으니까 기분이 좋지요?

        나: 네. _____ (공기/ 경치) 좋았어요.

   (4) 가: 친구들이 다 여행갔어요?

        나: 네. _____ (수미 씨/ 성준 씨) 갔어요.

   (5) 가: 감기에 걸려서 그런지 안색이 별로 안 좋네요.

        나: 네. _____ (머리/ 목) 아파요.

5. '-만의 문제가 아니다'를 이용하여 보기와 같이 다음의 문장을 완성해 보십시오.

> <보기> 외국으로 유학을 가는 것은 성적이나 능력만의 문제가 아니라 돈도 큰 문제이다. (성적이나 능력/돈).

   (1) 음식을 맛있게 만들 수 있는 것은 _____ (솜씨/정성).

   (2) 실천 중에 성과를 낼 수 있느냐 없느냐는 _____ (지식/창의적 노력)

   (3) 그 사람이 인재인지 아닌지를 평가하는 것은 _____ (능력/인품)

   (4) 교통체증문제는 _____ (도로 상황/대중교통의식)

   (5) 오해가 생기는 것은 _____ (상대방/자신)

6. '-(으)/ㄹ 것으로 예상되다' 이용하여 다음 문장을 완성해 보십시오.

   (1) 국가 경제가 좋아져서 취업률도 _____ (높아지다).

   (2) 이 정책은 국민들의 이익을 최대한 배려했기 때문에 _____ (환영하다).

(3) 소나기라서 금방_____(멈추다).

(4) 산이 높아서 정상에 올라가면 _____(춥다).

(5) 남자다운 남자를 좋아하니까 그 사람을 만나 보면 _____
_____ (마음에 들다).

7. **다음의 중국어를 한국어로 번역해 보십시오.**

1. —朋友借了我的钱到现在都不还，怎么办呢？
   —哪有借钱不还的道理？明天我去帮你要。(-ㄹ 리가 있다/없다)

2. 去韩国留学也好，直接工作也好，都需要做很多准备的。
   (-도 그렇고-도-그렇고 --다)

3. —听说他们两人离婚了，不知是谁的原因。
   —我觉得离婚肯定不是一个人的问题，两个人应该都有责任。
   (-만의 문제가 아니다)

4. —他之所以两次都没被选为班长，坦率地说就是因为他太自私了。
   (단적으로 말해서)

5. —据联合国有关规定，一个国家65岁以上的老年人在总人口中所占比例超过7%，或60岁以上的人口超过10%，便被称为"老龄化"国家。

8. **다음의 한국어를 중국어로 번역해 보십시오.**

한국 여성들의 출산율은 2005년 1.08%로 세계최저를 기록했다. 여성들이 아기를 많이 낳지 않는 이유는 다양하지만 가장 큰 것은 경제적인 것이다. 하나 둘만 낳으니 투자도 많이 해야 한다. 사회적인 보육망도 충분하지 않다. 옛날에는 조부모들이 아기들을 많이 키워 줬는데 지금은 핵가족화가 되면서 달라졌다. 마지막으로 가치관이 변했다. 옛날에는 결혼하면 아이들을 몇 명씩 낳는 것이 필수적이었는데 지금은 필수가 아닌 선택이 됐다. 또 1990년대말 국제통화기금(IMF) 외환위기를 거치면서 청년 실업률이 상당히 높아져 결혼적령기의 남녀들이 결혼을 미루고 출산을 미루는 사태가 벌어졌다. 그 효과는 2000년대 초반까지 나타났는데, 아직도 그 후유증에서 크게 벗어나지 못하고 있다.

노인 인구 문제

이미 오래 전부터 세계 선진국들이 노인인구의 증가에 따른 사회현상을 보이고 있다. 한국도 예외없이 노인인구가 급증하고 있고 대책없이 노년을 맞은 사람들은 가정적으로나 사회적으로 어려움에 부딪치게 됐다. 누구나 사회적인 일로부터 은퇴해 20~30년간 잘 살아가야 한다는 것은 개인의 큰 과제일 뿐 아니라, 국가사회가 풀어가야할 과제가 되고 있다. 개인차가 있겠지만 노년기가 평균적으로 30년 전보다 20년 정도 길어졌다고 가정해 볼 때, 노년기에 대해 더 젊은 나이에 다각적인 준비를 시작해야 할 것이다.

한국의 노인인구는 현재 지역마다 다르나 약 10%전후 정도인데, 한국의 노령화 속도는 선진국의 3~4배에 달해 2010년에는 60세 이상이 전체 인구의 약 14%(약 700만명)가 넘을 것으로 추산하고 있다. 일본은 2015년이면 인구 4명중 1명이 노인이 되리라 예상하고 현재 일본의 노인들은 소비만 하는 노인이 아니라 창업과 재취업에 도전하는 '신인류 노인들'으로서 세계에서 가장 빠르게 진행된 '고령사회'의 충격을 흡수하고 미래지향적인 노인문화를 건설해 나가고 있다.

미국의 경우, 1946~1964년에 태어난 베이비 붐 세대들이 직장에서 55세 정년퇴직을 맞기 시작해 20년 안에 직장에서 나가게 된다. 그들의 예상 평균수명은 83세이므로 은퇴이후 20년 이상을 살아가게 됨으로써 레저를 즐기고 새로운 일을 찾아 제2의 인생을 시작하겠다는 의지를 보이고 있다.

일본이나 미국의 예를 보면, 한국의 노년기를 예측해 볼 수 있다. 개인의 신체적·심리적 젊음은 연장되고 노년은 멀었는데, 사회적 노년기는 더 빨라지는 경향이다. 직장에서 55세로부터 58세, 60세, 62세, 65세가 정년인 경우가 많으나 실제로는 더 앞당겨지고 있고 최근에는 정년이 되기 전 직업에서 퇴출되는 경우도 증가하는 추세이다. 정년이 좀 빠르건 늦건 간에 누구나 맞게 되는 후반기 인생에 대한 신체적, 경제적, 심리적 준비와 더불어 젊을 때부터 인생의 동반자와 함께 생활에 동참하면서 더욱 행복하게 살아갈 수 있는 준비가 필요하다.

补充词汇

선진국 [先進國]	[名]	发达国家
예외없다 [例外-]	[词组]	毫无例外,无一例外
맞다	[动]	迎来
은퇴하다 [隱退-]	[动]	隐退,退出
년간 [年間]	[名]	年(的时间)
풀어가다	[动]	解决
개인차 [個人差]	[名]	个人差别
노년기 [老年期]	[名]	老年时期
가정하다 [假定-]	[动]	假设,假定
다각적이다 [多角的-]	[形]	多角度的,多边的
평균적 [平均的]	[形]	平均的
추산하다 [推算-]	[动]	推算,估算
창업 [創業]	[名]	创业
재취업 [再就業]	[名]	再就业
신인류 [新人類]	[名]	新人类
고령사회 [高齡社會]	[名]	高龄化社会
충격 [沖擊]	[名]	刺激,冲击
흡수하다 [吸收-]	[动]	吸收,接受
미래지향적 [未來指向的]	[形]	面向未来的
정년퇴직 [停年退職]	[名]	退休
레저 [leisure]	[名]	休闲
연장되다 [延長-]	[动]	延长
경향 [傾向]	[名]	倾向
앞당기다	[动]	提前,提早
퇴출되다 [退出-]	[动]	退出
준비가 필요하다 [準備- 必要-]	[词组]	需要做准备

제8과 환경 문제

重点语法
1. -까지만 해도
2. -다가는
3. -데
4. -마저
5. -지 않으면 -ㄹ/을 것 같다

课文

（1）

미정: 잠깐 슈퍼에 들러서 생수 한 병 사가지고 가자.

지영: 몇 년 전까지만 해도 물을 사 먹는 것이 남의 나라 얘긴 줄만 알았는데…

미정: 글쎄 말이야. 이러다가는 공기까지 사 마셔야 되는 날이 올 것 같아.

지영: 그래도 지금이라도 환경보호 운동을 시작해서 그나마 다행이야. 요즘은 자동차 매연이 너무 심해서 시내에서는 걸어다니기도 힘들어. 옷은 하루만 입어도 까맣게 때가 묻고…

미정: 오늘은 날씨가 흐려서 그런지 스모그 현상이 더 심한 것 같다. 저것 좀 봐. 가까이 있는 건물도 뿌옇게 보이잖아.

지영: 뉴스에서 보니까 공해 때문에 호흡기질환 환자들도 많다고
한데.
미정: 아무튼 우리 모두 환경을 보호하지 않으면 가까운 장래에
방독면을 쓰고 다닐 날이 올지도 몰라.

(2)

　오늘날 공해 문제만큼 심각한 문제도 없을 것이다. 공해 문제는
한국만의 문제가 아니다. 이는 세계적인 문제이다.
　오늘날 과학 기술의 발달로 인류는 그 어느 때보다도 편안한 생
활을 하고 있다. 그러나 과학 기술의 발달은 인간의 생활 환경을 파
괴하고, 건강을 해치는 공해라는 달갑지 않은 선물을 인류에게 안
겨 주었다. 나날이 썩어가는 하천, 독가스화되는 대기, 지구는 매
일 매일 눈에 보이지 않게 병들어 가고 있다. 이처럼 우리가 알지
못하는 사이에 지구를 병들게 하고 있는 대기 오염, 수질 오염, 소
음 등등의 각종 공해는 오늘날 인류의 제3의 적으로 등장하고 있
다. 특히, 인구가 집중되어 있고, 공장이 밀집되어 있는 대도시에서
는 공해가 매우 심각한 문제가 되어 있다.
　도시의 각종 차량과 공장 굴뚝에서 쏟아져 나오는 시커먼 매연
은 대기를 오염시켰고, 대기 오염은 어느 새 우리의 푸른 하늘과 맑
은 공기를 빼앗아 갔다. 언제나 시뿌연 하늘은 우리에게 우울감을
주고, 탁한 공기는 호흡기 등의 질환을 일으키고, 새들의 맑은 울음
소리마저 그치게 했다. 언제인가 어느 동물학자가 신문에 발표한
글을 읽어보니까, 서울의 남산과 창경궁 등지에 있는 새들은 대기
오염으로 해서 목소리가 쉬어 이상한 소리로 운다고 한다. 만약 새
들이 말을 한다면, 그 쉰 목소리로 뭐라고 할까? 그 뿐만이 아니
다. 대기 오염은 동식물의 성장에도 많은 피해를 주고 있다.
　그런가 하면, 각 가정의 하수도에서 흘러나오는 더러운 물과 공
장에서 쏟아져 나오는 폐수, 폐유는 강과 바다를 오염시키고 있다.
서울의 경우, 서울에서 가까운 한강 물이 오염이 되어, 우리가 날마
다 마시는 수돗물을 요즘은 한강 상류에서 끌어오고 있다. 그리고
한강에서 잡은 물고기는 기름 냄새가 나서 먹을 수가 없다고 하며,

공장 지대에 인접해 있는 강이나 바다에서 잡히는 물고기도 마찬가지라고 한다. 뿐만 아니라, 심한 곳에서는 물고기들이 떼죽음을 당하고 기형이 되기도 한다고 한다. 그리고 공장 지대가 가까이 있는 곳에서는 바닷물이 점점 흐려지고 있다고 한다. 따라서 이 상태가 계속된다면 우리는 더운 여름을 시원하게 보낼 수 있는 해수욕장마저 잃어버릴지도 모른다. 수질 오염은 이처럼 수산자원에 많은 손실을 줄 뿐만 아니라, 오염된 물은 공업용수나 농업용수로 쓸 수 없기 때문에 대기 오염과 더불어 우리에게 경제적으로 많은 손해를 주고 있다.

한편, 교통이 발달하고, 기계가 대형화되고, 각종 공장이 주택가나 또는 주택가 가까이 있어 그 소음이 또 하나의 심각한 문제로 대두되고 있다.

시끄러운 소음은 난청을 일으키고, 수면 부족, 불쾌감, 소화 불량을 일으켜 신체적, 정신적 악영향을 미치며, 작업 능률을 떨어뜨린다. 또, 다른 사람과의 대화를 방해하고, 동물에게 해를 주기도 한다.

한밤중 모두가 잠 든 시간에 근처에 있는 공장에서 시끄럽게 돌아가는 기계 소리를 한 번 생각해 보자. 공장 주인이야 그 기계 소리가 즐겁게 들릴지 몰라도, 인근 주민들은 미칠 노릇이 아닐 수 없을 것이다.

우리에게 직접적으로, 간접적으로 피해를 주는 공해는 이밖에도 무수히 많은데 예를 들면 악취, 농약 공해, 약품 공해, 교육 공해, 텔레비전 공해 등과 같은 것들이다.

나날이 지구를 뒤덮어 가고 있는 이런 공해는 인류뿐만 아니라, 모든 생물의 생존을 위협하고 있다. 따라서, 날로 심각해 가는 공해 문제를 이대로 방치해 두게 되면, 이 지구상의 모든 인류와 생물은 결국 비참한 종말을 보게 되고 말 것이다.

인간은 누구나 건강하게 오래 오래 살기를 바라지만, 우리 주위에는 이처럼 우리의 건강을 해치는 것들이 너무나 많다. 그러므로 인류 전체가 건강하게 살기 위해 여러 가지 공해 방지, 질병 예방 등에 온 힘을 기울여야 할 것이다.

词 汇

생수 [生水]	[名]	矿泉水
그나마	[副]	就连……也；总算
매연 [煤煙]	[名]	煤烟
걸어다니다	[动]	走
까맣다	[形]	乌黑，漆黑
때	[名]	污垢
묻다	[动]	附着
스모그 현상 [smog現象]	[名]	烟雾现象
뿌옇다	[形]	灰蒙蒙
호흡기질환 [呼吸器疾患]	[名]	呼吸系统疾病
방독면 [防毒面]	[名]	防毒面具
독가스화 [毒gas化]	[名]	毒气化
병들다 [病-]	[动]	生病
집중되다 [集中-]	[动]	集中
밀집되다 [密集-]	[动]	密集，集结
굴뚝	[名]	烟囱
시커멓다	[形]	漆黑
시뿌옇다	[形]	灰白
우울감 [憂鬱感]	[名]	抑郁感
탁하다 [濁-]	[形]	浑浊
그치다	[动]	停止，停息
창경궁 [昌慶宮]	[名]	昌庆宫
쉬다	[动]	发哑
폐수 [廢水]	[名]	废水
폐유 [廢油]	[名]	废油
수돗물 [水道-]	[名]	自来水
한강 [漢江]	[名]	汉江
상유 [上游]	[名]	上游
공장지대 [工場地帶]	[名]	工厂地区
인접하다 [隣接-]	[动]	邻近，毗邻
떼죽음	[名]	成群的死亡

당하다 [當-]	[动]	蒙受,遭遇
기형 [畸形]	[名]	畸形
수산자원 [水産資源]	[名]	水产资源
공업용수 [工業用水]	[名]	工业用水
주택가 [住宅街]	[名]	住宅区
시끄럽다	[形]	吵闹
난청 [難聽]	[名]	听觉障碍
일으키다	[动]	引起,发生
수면 [睡眠]	[名]	睡眠
악영향 [惡影響]	[名]	坏影响
작업능률 [作業能率]	[名]	作业效率,工作效率
해를 주다 [害-]	[词组]	有害
방해하다 [妨害-]	[动]	妨碍,扰乱
노릇	[名]	工作,事情
무수하다 [無數-]	[形]	无数
뒤덮다	[动]	笼罩,密布
위협하다 [威脅-]	[动]	威胁
방치하다 [放置-]	[动]	不管,搁置
비참하다 [悲慘-]	[形]	悲惨
종말 [終末]	[名]	结局
전체 [全體]	[名]	全体,整体
기울이다	[动]	花费,倾注,斜,歪

语 法

1. -까지만 해도

惯用形,用于表示时间的词后,相当于汉语"仅在……之前还……",指出前后变化很大。

　　<보기>

(1) 가: 눈이 그쳤네요.

　　나: 조금 전까지만 해도 눈이 펑펑 쏟아지더니 언제 그쳤어요?

(2) 가: 아기가 많이 나았다면서요?

나: 네. 어제까지만 해도 열이 심해서 병원에 입원시킬까 생각했생각했었는데…

(3) 가: 성미 씨 어디 갔어요?

나: 5분 전까지만 해도 여기 있었는데, 어디 갔지요?

(4) 가: 거리 모습이 많이 바뀌었지요?

나: 그렇네요. 몇 년 전까지만 해도 여기에 이런 건물들이 없었는데요.

(5) 가: 지난 번에 만났을 때만 해도 이렇게 마르지 않았는데, 그 동안 아팠어요?

나: 네, 좀 아팠어요.

2. -다가는

用于动词、形容词后, 表示"告诫", 如果持续前面的动作会产生不好的结果。

<보기>

(1) 그렇게 공부를 안 하다가는 시험에 떨어진다.

(2) 그렇게 마셔 대다가는 필름 끊어지겠다.

(3) 이렇게 어두운 곳에서 책을 보다가는 눈이 나빠져요.

(4) 오늘은 날씨가 무척 추워요. 그런 옷차림으로 밖에 나갔다가는 쉽게 감기 걸려요.

(5) 어른들한테 그런 식으로 말했다가는 큰 코 다쳐요.

3. -데

"하게"体终结语尾。表示说话者回忆陈述过去所见所闻所感, 可接尊敬阶语尾和时态语尾。

<보기>

(1) 가: 선영이한데 몇 번씩이나 전화를 해 봤는데 전화를 안 받더라.

나: 어디 여행 갔나 봐요. 나도 며칠 전부터 전화했는데 안 받데.

(2) 가: 요즘 과일 값이 많이 내린 것 같더라고.

나: 그러게 말야, 오래만에 시장에 가 봤더니 과일값이 많이 떨어졌데.

(3) 가: 빈 맥주병을 슈퍼에 갖다줬더니 50원을 주데.

나: 그래? 우리 집에도 몇 개 있는데 슈퍼에 가져가야지.

(4) 가: 집에 웬 세제가 이렇게 많아?

　　나: 집들이하는 날 오는 사람마다 세제를 사가지고 왔데.

(5) 가: 어제 올라올 땐 길이 막히지 않았어?

　　나: 아니. 주말인데도 고속도로는 한산하데.

4. -마저

表示包含，也带有强调情况不利的意思，相当于汉语的"(甚至)连……也(都)"。

<보기>

(1) 막내마저 출가를 시켰으니 마음이 허전해요.

(2) 어렸을 때 아버지가 돌아가셨는데 몇 년 전에 어머니마저 저 세상으로 가셨어요.

(3) 바쁜 날은 자동차마저 말썽을 부린다고요.

(4) 하나 밖에 안 남았는데 그것마저 가져 가다니!

(5) 남동생은 어렸을 때도 나를 귀찮게 하더니 커서마저 귀찮게 굴어요.

5. -지 않으면 -ㄹ/을 것 같다

是否定形"-지 않다"和表示假设条件的"(으)면"，以及推测的"-ㄹ/을 것 같다"组成的复合语法结构，可翻译成"如果不……的话，好像……"。

<보기>

(1) 저는 점심 후에 커피를 마시지 않으면 정신을 못 차릴 것 같아요.

(2) 교장 선생님이 오시지 않으면 수업을 시작할 수가 없을 것 같아요.

(3) 특별한 일 없으면 이번 음악회에 꼭 올 것 같아요.

(4) 용돈마저 주지 않으면 그 아이가 끊임없이 조를 것 같아요.

(5) 며칠 된 감기라서 쉬지 않으면 쉽게 낫지 않을 것 같아요.

练 习

1. 본문을 읽고 다음의 질문에 대답하십시오.

    (1) 오늘날 흔히 볼 수 있는 공해에는 어떤 것들이 있습니까?
    (2) 대기오염은 어떤 피해가 있습니까?
    (3) 수질오염은 어떤 피해가 있습니까?
    (4) 소음오염은 어떤 악영향이 있습니까?
    (5) 환경오염에 대한 자신의 생각을 말해 보십시오.

2. 알맞은 단어를 찾아 문장을 완성하십시오.

    > 극복하다, 기여하다, 등산, 마비되다, 불치, 선입견,
    > 획기적, 불가능, 희망

    (1) 그 단체는 어린이의 복지를 위해 많은 분야에 (   ).
    (2) 그 사람의 (   ) 발명으로 많은 도움을 받을 수 있다.
    (3) 박 대장이 드디어 에베레스트 (   ) 에 성공했습니다.
    (4) 아무리 어려운 일일지라도 (   ) 은/는 없다.
    (5) 아직도 의료계에서 고치지 못하는 (   ) 의 질병이 있다.
    (6) 근거없이 상대편에게 (   ) 을/를 갖는 것은 바람직하지 않다.
    (7) 우리 아버지께서는 교통사고를 당한 뒤, 다리가 (   ).
    (8) 헬렌 켈러는 장애를 (   ) 훌륭한 인물이 되었습니다.
    (9) 힘든 일이 있어도 (   ) 을/를 버리지 않는다면 성공할 수 있다.

3. 요즘은 과거와 상당히 달라졌습니다. '-까지만 해도'를 이용해서 과거에는 어땠는지 설명해 보십시오.

    (1) 요즘은 전자제품을 많이 이용하면서 가사일이 쉬워졌습니다.
    (2) 저는 요즘 몸이 무척 건강해졌습니다.
    (3) 요즘 상해의 도심이 무척 번화합니다.
    (4) 요즘은 젊은이들의 옷차림이 자유롭고 개방적입니다.
    (5) 요즘은 수질오염이 심해서 물을 사 먹어야 할 지경입니다.

4. 여러분은 어떤 사람의 행동을 보고, 계속 그렇게 하면 나쁜 결과가 생길 것이라고 생각합니까? '-다가는'을 이용하여 보기와 같이 충고해 보십시오.

<보기> 텔레비전을 아주 가까이서 보는 아이에게
→ 텔레비전을 그렇게 가까이서 보다가는 눈을 버려. 좀 떨어져서 봐.

(1) 무단횡단을 하는 사람에게
→＿＿＿＿＿＿＿＿＿＿＿＿＿＿＿＿＿.

(2) 공부는 하지 않고 놀기만 하는 친구에게
→＿＿＿＿＿＿＿＿＿＿＿＿＿＿＿＿＿.

(3) 돈을 물쓰듯이 쓰는 친구에게
→＿＿＿＿＿＿＿＿＿＿＿＿＿＿＿＿＿.

(4) 매일 밤 술을 마시는 후배에게
→＿＿＿＿＿＿＿＿＿＿＿＿＿＿＿＿＿.

(5) 쓰레기를 함부로 버리는 사람에게
→＿＿＿＿＿＿＿＿＿＿＿＿＿＿＿＿＿.

5. 제시한 말을 이용해서 보기와 같이 다음의 문장을 완성하십시오.

<보기> 다음 주말까지 등록하지 않으면 자격이 취소될 것 같아요. (자격이 취소되다)

(1) 오늘 중으로 출발하지 않으면 ＿＿＿＿＿＿＿＿. (입국이 어렵다)

(2) 아버지께서 허락하지 않으면 ＿＿＿＿＿＿＿＿. (주말에 나가기가 힘들다)

(3) 지금 바로 주문을 받지 않으면 ＿＿＿＿＿＿＿＿. (다음 달에 물량이 크게 줄다)

(4) 대인관계를 잘 처리하지 않으면 ＿＿＿＿＿＿＿. (앞으로 사업하기가 어렵다)

(5) 지금 결혼하지 않으면 ＿＿＿＿＿＿＿＿. (나중에 꼭 후회하다)

6. '-데'를 이용해서 보기와 같이 다음의 대화를 완성하십시오.

<보기> 가: 수영은 노인들보다 젊은이들이 선호하는 운동이잖아.
　　　 나: 아니. 그런데 어제 수영장에 갔었는데 노인들도 아주 많데.

(1) 가: 학교 정문 쪽에 옷가게가 하나 생겼다더라.
　　 나: ＿＿＿＿＿＿＿＿＿＿＿.(생각보다 값이 싸다)
(2) 가: 왕강 씨는 한국에 나온 지 한 달밖에 안 되었는데 어떻게 해서 한국
　　　　말 실력이 이렇게 늘었어요?
　　 나: ＿＿＿＿＿＿＿＿＿＿＿.(한국말 실력이 웬만한 수준이 아니다)
(3) 가: 민수, 너 엊그제 고향에 다녀왔다면서?
　　 나: ＿＿＿＿＿＿＿＿＿＿＿.(3년 만에 갔는데 하나도 변하지 않았다)
(4) 가: 어제 성우 씨와 만났다니 인상이 어때?
　　 나: ＿＿＿＿＿＿＿＿＿＿＿.(생각보다 말을 아주 잘하다)
(5) 가: ＿＿＿＿＿＿＿＿＿＿＿.(전람남도엔 개나리가 다 피다)
　　 나:그럼요, 그 지방은 워낙 겨울 날씨가 따뜻하니까요.

7. 제시한 말을 이용해서 보기와 같이 다음의 대화를 완성하십시오.

<보기> 가: 저 이제 갈게요.
　　　 나: 너마저 가면 나 혼자 어떻게 해?(너)

(1) 가: ' Out of sight, Out of mind ' 라는 말을 한국어로 뭐라고 합니까?
　　 나: ' 눈에서 멀어지면＿＿＿＿멀어진다 ' 라고 표현할 수 있어요.(마음)
(2) 가: 파티에는 손님이 많이 왔어요?
　　 나: 아니요, 꼭 오겠다고 하던＿＿＿＿오지 않았어요.(회사동료들)
(3) 가: 부산에 가신다고 하시더니 왜 다시 돌아오셨어요?
　　 나: 마지막으로 떠나는＿＿＿＿놓쳐버려 못 갔어요.(기차)
(4) 가: 어머니 수술비는 준비되셨어요?
　　 나: 아니요, ＿＿＿＿ 사정이 생겨서 돈을 못 빌려 준다고 해서 걱정이에
　　　　요.(믿고 있던 친구)
(5) 가: 저도 이제 그만 퇴근해야겠습니다.
　　 나: 남은 사람은 나하고 박 대리뿐인데, ＿＿＿＿가면 나 혼자 이 많은
　　　　일을 어떻게 하라고요?(박 대리)

8. 다음의 중국어를 한국어로 번역하십시오.

1. — 听说成民的奶奶昨天去世了。

   — 是啊, 到上个周为止一直都很健康的, 因为心肌梗塞突然去世了。

   (-까지만 해도)

2. 你如果对父母不孝顺的话, 将来孩子也不会孝敬你。(-다가는)

3. 你如果不认真准备的话, 这次考试好像不会取得好成绩的。

   (-지 않으면-ㄹ 것 같다)

4. 我觉得离婚肯定不是一个人的问题, 两个人应该都有责任。

   (-만의 문제가 아니다)

5. 中国不仅是世界电子产品的制造大国, 也是电子产品的消费大国, 如果按照产品生产周期的理论, 意味着在现在和不远的将来, 中国也会变成电子垃圾的集散地。

9. 다음의 한국어를 중국어로 번역하십시오.

　　오늘날 과학 기술의 발달로 인류는 그 어느 때보다도 편안한 생활을 하고 있다. 그러나 과학 기술의 발달은 인간의 생활 환경을 파괴하고, 건강을 해치는 공해라는 달갑지 않은 선물을 인류에게 안겨 주었다. 나날이 썩어가는 하천, 심각하게 오염되고 있는 대기, 지구는 매일 매일 눈에 보이지 않게 병들어 가고 있다. 이처럼 우리가 알지 못하는 사이에 지구를 병들게 하고 있는 대기 오염, 수질 오염, 소음 등등의 각종 공해는 오늘날 인류의 제3의 적으로 등장하고 있다. 특히, 인구가 집중되어 있고, 공장이 밀집되어 있는 대도시에서는 공해가 매우 심각한 문제가 되고 있다.

10. 환경오염의 심각성을 고발하고, 이를 해결할 수 있는 방법을 제시하는 글을 써 보십시오.

건강과 공해

과학 기술의 발전이 우리 삶을 편리하게 해 준 것은 사실이다. 예를 들어 자동차가 없던 시절에 사람들은 누구나 먼 거리를 걸어다녀야 했다. 하지만 자동차가 발명된 이후에는 그러한 불편이 사라졌다. 또 편의점이나 패스트푸드점에 가면 언제든지 끼니를 간단하게 해결할 수 있다. 시간이나 노력은 물론 쓰레기 처리를 어떻게 해야 할지 걱정할 필요도 없다. 그야말로 '일석이조'라 할 만하다.

그러나 중요한 사실은 우리의 생활이 편리해질수록 환경 오염도 심각해진다는 점이다. 실제로 자동차의 배기가스는 대기 오염의 주요한 원인 중 하나이다. 또 우리가 아무 생각없이 쓰고 버리는 일회용품이나 비닐 등은 오랜 시간이 지나도 썩지 않기 때문에 자원의 낭비뿐만 아니라 땅을 병들게 한다. 먹다 남아서 그냥 버리는 국물, 음료 따위도 물을 오염시키는 원인이 된다.

그렇다면 환경 오염을 줄이기 위해서는 어떻게 해야 할까. 요즘 세계 각국에서는 환경 보호를 위한 다양한 캠페인을 적극 벌이고 있다. 그러나 어떤 큰 일을 계획하기보다는 우선 자신이 할 수 있는 작은 일부터 찾아서 실천하는 자세가 중요하다. 대중 교통 이용하기, 승용차 10부제 참여하기, 일회용품 안 쓰기, 음식물 안 남기기 등 할 수 있는 일은 많다. 그리고 높은 환경의식으로 환경보호에 앞장서야 한다. 생활 쓰레기들의 분리수거와 자원 재활용을 환경 보호의 일환으로 생각하고 좀 불편함이 있더라도 참고 실천해야 한다. 환경을 지키는 일은 결코 우리 세대만을 위한 일이 아니다. 그것은 우리의 후손과 지구의 미래를 위한 것이다. 환경 파괴로 인한 피해는 결국 인간에게 돌아온다는 사실을 분명히 인식하고 우리 모두 '나 하나쯤이야' 하는 생각을 버리고 환경 보호를 위한 작은 일부터 실천해야겠다. 이는 우리가 마땅히 해야 할 의무이며 책임이다.

补充词汇

공해 [公害]	[名]	公害,污染
패스트푸드점 [fast food 店]	[名]	快餐厅,速食店
일석이조 [一石二鳥]	[名]	一石二鸟,一箭双雕
따위	[名]	之类,什么的
결코 [决-]	[副]	决,万万(接否定)
배기가스 [排氣 gas]	[名]	排出的瓦斯,废气
참여하다 [参與-]	[动]	参与,参加
일회용품 [一回用品]	[名]	一次性用品
썩다	[动]	腐烂,发霉,腐败
캠페인 [campaign]	[名]	战役,运动
벌이다	[动]	搞,展开,做
앞장서다	[动]	率先,创先
분리수거 [分離收去]	[名]	分离回收
재활용 [再活用]	[名]	再利用,再使用
일환 [一環]	[名]	一个部分
착실하다 [着實-]	[形]	着实,扎实
후손 [後孫]	[名]	后代,儿孙
피해 [被害]	[名]	受损害
쯤	[副]	这个程度
돌아오다	[动]	转过来,返回,归
분명 [分明]	[动]	分明,清楚
의무 [義務]	[名]	义务
책임 [責任]	[名]	责任

제9과 민속놀이

重点语法

1. -ㄴ/는 것 보다는 역시
2. -(이)랑 -(이)랑
3. -는/(으)ㄴ/(으)ㄹ/던 것 같다
4. -게 되면
5. -기도 하고 -기도 하다

课 文

(1) 민속촌에서

하나꼬: 그네 타는 사진을 부모님이 보시면 여기가 어딘가 하고 궁금해 하시겠어요.

빌　리: 전 가는 곳마다 사진을 열심히 찍어서 부모님께 보내 드리고 있지요. 한국이란 나라를 글로 알려드리는 것보다는 역시 사진으로 보여드리는 것이 낫겠다고 생각해서 말이에요.

하나꼬: 그거 참 좋은 생각이에요, 빌리 씨. 이 민속촌은 서울 근처에 있어서 관광하는데 매우 편리한 것 같아요. 우리 저기 가서 신랑, 신부 옷도 입어 봐요.

빌　리: 아니 그럼, 남들이 우리가 결혼한 부부인 줄 알겠네요. 오해받아도 괜찮아요?

하나꼬: 뭐, 상관없어요. 여긴 초가집과 기와집이 한 데 모여 있어서 양반과 서민계층의 사회상을 비롯해서 생활 양식도 한 눈에 볼 수 있고 또 서로 비교가 잘 되지요?

빌　리: 정말 그런 것 같아요. 이제 집구경은 그만하고 저쪽에 사람 많은 곳으로 갑시다. 아마 농악 놀이를 하는 모양인데 우리도 한판 어울려 봅시다.

하나꼬: 그래요. 빨리 가요.

(2)

한국에는 옛날부터 전해 오는 많은 민속놀이가 있는데 그중 몇 가지를 소개하려 한다.

윷놀이

윷놀이는 남녀노소 누구나가 즐기는 놀이이다.

윷놀이에는 윷과 말판, 그리고 말이 필요하다. 윷은 둥근 나무를 두 개로 쪼개서 만들고 말판은 종이에 그리면 된다. 윷말은 일상생활에서 쉽게 구할 수 있는 소재를 사용하는데 예전에는 돌이나 나뭇조각,콩 등을 이용하였으나 요즈음에는 바둑알이나 동전을 이용한다.

놀이 방법은 두 사람 이상이 편을 나누어 하는데 윷을 던져서 나타난 수대로 말판에서 말을 전진시킨다. 말 네 개가 먼저 말판을 돌아 나오는 편이 이긴다.

윷을 던져서 네 개가 젖혀지면 윷, 네 개가 엎어지면 모라고 하는데 말판에서 도는 한 발, 개는 두 발, 걸은 세 발, 윷은 네 발, 모는 다섯 발을 앞으로 나간다. 말은 두개 이상이 겹쳐서 앞으로 나갈 수도 있으며 도중에 상대편의 말을 잡을 수도 있다. 그리고 윷이나 모가 났을 때와 상대편 말을 잡았을 때는 한 사람이 계속해서 윷을 놀 수 있다.

윷놀이는 집 안팎 어디서든지 할 수 있는 놀이로서 윷가락이 멀리 가지 않게 하기 위해서 방안에서는 담요나 돗자리, 집 밖에서는 가마니나 멍석을 깔고 한다.

연날리기

연날리기는 청소년들의 놀이인데 정초에 많이 한다. 어떤 지방에서는 12월 중순부터 연날리기를 시작한다. 대개 설날에서 대보름 사이에 가장 많이 한다.

연은 창호지나 백지 혹은 대나무로 만드는데 연을 아름답게 하기 위해서 연에 예쁜 색을 칠하거나 그림을 그리기도 한다. 또 종이로 길게 꼬리를 달기도 한다. 따라서 연은 색깔과 모양에 따라서 방패연, 꼬리연 등의 여러 가지 이름으로 불린다.

연은 날릴 때 연 싸움을 하기도 하는데 서로 연실을 감아 실이 끊어지는 쪽이 진다. 따라서 연 싸움에서 이기기 위하여 유리나 사기를 빻아 만든 가루를 연실에 바르기도 한다.

정초에 날리던 연은 정월 대보름에 날려보내는데 그렇게 하면 액운이 사라지고 복이 찾아온다고 믿은 데서 그러한 풍습이 생긴 것이다.

그네뛰기

오월 단오를 전후해서 여자들은 그네를 뛴다.

그네는 짚으로 만든 밧줄로 동네 어귀 등에 서 있는 큰 나무의 가로로 뻗은 굵은 가지에 맨다.

그네는 혼자 뛰기도 하고 두 사람이 마주 서서 같이 뛰기도 하는데 처음에는 그네를 다른 사람이 앞으로 밀어 주거나 뒤로 잡아당겼다가 놓아준다.

녹음이 우거진 오월의 큰 나무 아래서 아름다운 한복을 입은 여자들이 치맛자락을 바람에 날리며 그네를 뛰는 모습은 한 폭의 그림을 보는 것 같이 아름답다.

줄다리기

줄다리기는 주로 남부 지방에서 대보름날을 전후해서 많이 하는데 마을과 마을이 동과 서, 또는 남과 북으로 나뉘어서 한다.

정초부터 각 마을에서는 집집마다 돌아다니며 짚을 모아다가 굵고 튼튼한 줄을 만드는데 큰 것은 직경이 30~60cm, 길이가 100m

가 될 때도 있다.

　두 마을의 줄은 줄다리기를 하는 날 농악대를 앞세우고 시합 장소로 가지고 가서 하나로 연결한다.

　줄다리기의 승부는 기를 꽂아 놓은 곳에서 한쪽이 끌려가면 결정된다. 즉 끌려 간 편이 지는 것이다.

　줄다리기에는 나이 많은 노인과 어린 아이, 그리고 여자들은 응원만 하고 직접 참가하지 않는다. 위험할 뿐만 아니라 힘이 들기 때문이다. 그러나 때때로 신바람이 나거나 자기편이 끌려가게 되면 구경하던 사람들이 뛰어들어 줄을 당기기도 하고, 여자들은 앞치마에 돌을 가득히 담아 가지고 줄에 매달리기도 한다.

　시합이 끝나면 줄다리기를 하던 줄은 이긴 편이 가지고 가는데 줄다리기에서 이긴 마을은 풍년이 들고 진 마을은 흉년이 든다고 한다.

　이 줄다리기는 여러 사람의 단결이 필요한 것이기 때문에 협동심을 기르는 데 적합한 운동이라 하겠다.

　이상에서 소개한 것들 외에도 여러 가지 민속놀이가 있다. 그러나 이러한 민속놀이들은 요즘 점점 사라져 가고 있으며 어떤 것은 민속 예술제 같은 데서만 볼 수 있다.

词汇

궁금하다	[动]	想知道,挂念
오해받다 [誤解-]	[动]	受到误解
초가집 [草家-]	[名]	茅草房
기와집	[名]	瓦房
양반 시대 [兩班時代]	[名]	两班时代
사회상 [社會相]	[名]	社会面貌
생활양식 [生活樣式]	[名]	生活方式
민속놀이 [民俗-]	[名]	民俗游戏
한판	[名]	一场,一局

윷놀이	[名]	尤茨游戏(掷骰游戏的一种)
남녀노소 [男女老少]	[名]	男女老少
말판	[名]	棋盘
말	[名]	(棋,掷骰游戏中的)棋子
둥글다	[形]	圆
쪼개다	[动]	劈开
조각	[名]	片儿,块儿
편 [便]	[名]	(相对的)一边,派
전진시키다 [前進-]	[动]	使前进
젖혀지다	[动]	翻开,掀开
엎어지다	[动]	扑,翻倒,摔倒
모	[名]	(韩国尤茨游戏的)五分
도	[名]	(韩国尤茨游戏的)一分
발	[名]	象棋、尤茨等游戏中的一步
개	[名]	(韩国尤茨游戏的)两分
걸	[名]	(韩国尤茨游戏的)三分
겹치다	[动]	摞,叠
윷가락	[名]	玩尤茨时丢掷的半圆短木块
멀리 가다	[惯用]	走得远
담요 [毯-]	[名]	毯子,毛毯
가마니	[名]	草袋,草包
멍석	[名]	草席,晒席
돗자리	[名]	凉席,草席
연날리기	[名]	放风筝
정초 [正初]	[名]	正月初
대보름 [大-]	[名]	正月十五,元宵节
연 [鳶]	[名]	风筝
창호지 [窓戶紙]	[名]	窗户纸
백지 [白紙]	[名]	白纸
대나무	[名]	竹子
칠하다 [漆-]	[动]	漆,油饰,粉刷
꼬리	[名]	尾巴
달다	[动]	带,挂,安

방패연 [防牌鳶]	[名]	方形风筝
꼬리연	[名]	长尾风筝
연실 [鳶-]	[名]	风筝线
감다	[动]	缠,绕
실	[名]	线
사기 [沙器·砂器]	[名]	瓷器
빻다	[动]	磨(面)
바르다	[动]	涂抹,敷,糊
액운 [厄運]	[名]	厄运
그네뛰기	[名]	荡秋千
전후하다 [前後-]	[动]	先后,前后
밧줄	[名]	绳,粗绳
어귀	[名]	(村)口,(路)口
매다	[动]	系,拴,扎
잡아당기다	[动]	拽,拉
녹음 [綠蔭]	[名]	绿阴
우거지다	[动]	茂盛,茂密
폭	[名]	幅
줄다리기	[名]	拔河
주로 [主-]	[副]	主要地
남부 [南部]	[名]	南部
튼튼하다	[形]	结实,健康
줄	[名]	绳子
직경 [直徑]	[名]	直径
농악대 [農樂隊]	[名]	农乐队
시합 [試合]	[名]	比赛
연결하다 [連結-]	[动]	连接,联系
승부 [勝負]	[名]	胜负
기	[名]	旗
응원 [應援]	[名]	助威,声援
때때로	[副]	有时,间或
신바람	[名]	兴致,兴高采烈
뛰어들다	[动]	插手,闯进

가득히	[副]	满满地
매달다	[动]	系,挂,吊
풍년 [丰年]	[名]	丰收年
흉년 [凶年]	[名]	荒年
들다	[动]	遇上(丰收年、荒年)
단결 [團結]	[名]	团结
협동심 [協同心]	[名]	协作心,协力精神
예술제 [藝術祭]	[名]	艺术节

语 法

1. -ㄴ/는 것 보다는 역시

惯用形,表示比较前后情况之后,认可后面情况的正当性。相当于汉语的"比起……还是……"。

<보기>

(1) 버스를 타고 가는 것 보다는 역시 지하철로 가는 것이 빠릅니다.

(2) 학교에서 밥 먹는 것 보다는 역시 집에서 먹는게 더 맛있어요.

(3) 여름에는 산에 가는 것 보다는 역시 바다에 가는 것이 낫습니다.

(4) 살을 빼려면 밥을 먹지 않는 것 보다는 역시 운동을 하는 것이 더 효과적입니다.

(5) 회의에서 자기 말을 하는 것 보다는 역시 다른 사람의 말을 잘 듣는 것이 더 중요합니다.

2. -(이)랑 -(이)랑

做接续助词,表示两个以上的列举对象。其中 "-(이)랑"单独使用时,仍具有列举的意思,即除了所说到的那个人或事物以外,还包括其他人或事物。

<보기>

(1) 옷이랑 세면 도구랑 카메라랑 다 가방에 넣었어요.

(2) 백화점에 가서 구두랑 모자랑 원피스를 샀어요.

(3) 오늘 나는 영희랑 철수랑 준호를 우리 집에 초대했어요.

(4) 아침에 수미랑 어디 갔었니?

(5) 제가 도착하기 전에 박 선생님이랑 벌써 떠났어요.

3. -는/(으)ㄴ/(으)ㄹ/던 것 같다

用于谓词词干之后,表示说话人的推测或者不确定性,相当于"好像""恰似""宛如"。

<보기>

(1) 나는 금방 부자가 된 것 같았어요.

(2) 나는 음악에 소질이 없는 것 같아요.

(3) 하늘을 보니 오후에는 비가 그칠 것 같아요.

(4) 방에 불이 켜 있는 것을 보니 아직 안 자는 것 같아요.

(5) 내 기억에는 언니보다 동생이 더 늘씬했던 것 같아요.

4. -게 되면

用于动词词干之后,由表示结果的"-게 되다"与表假设的"-면"组合而成,表示假设。

<보기>

(1) 다음에 또 오시게 되면 먼저 전화를 하고 오십시오.

(2) 한국에 유학가게 되면 한국 친구부터 많이 사귈 거예요.

(3) 합격 통지서를 받게 되면 한 턱 낼 거예요.

(4) 너 이런 짓 또 하게 되면 퇴학당할 줄 알아.

(5) 내가 자리에 눕게 되면 저 아이들은 누가 돌봐 주겠어요.

5. -기도 하고 -기도 하다

惯用形,用于列举表示两种以上行为或者状态的罗列。相当于汉语"既……又……",或者"又……又……""是……又是……"。

<보기>

(1) 가: 휴일에는 보통 뭘 하세요?

　　나: 산에 가기도 하고 친구를 만나기도 해요.

(2) 가: 학원에 다녀 보기도 하고 혼자 공부해 보기도 했는데 한국어 실력이
　　　 잘 안 느네요.

나: 그럼 한국 친구를 사귀어 보지 그래요?

(3) 가: 아침에는 밥을 드세요?

나: 밥을 먹기도 하고 빵을 먹기도 하고 그래요.

(4) 가: 외국 여행을 간다니 기분이 어때요?

나: 처음이라서 그런지 기쁘기도 하고 두렵기도 해요.

(5) 가: 주말에는 주로 뭘 하세요?

나: 주말에는 집에서 책을 읽기도 하고 낮잠을 자기도 해요.

练 习

1. 본문을 읽고 질문에 답하십시오.

(1) 민속촌에서 무엇을 통해서 조선시대 양반과 서민계층의 사회상을 볼 수 있어요?

(2) 윷놀이의 방법은 어떻습니까?

(3) 연날리기 풍습은 어떻게 생겼습니까?

(4) 그네뛰기의 방법에 대해 말해 보십시요?

(5) 줄다리기는 언제 어디서 많이 했던 민속놀이 입니까?

2. '-ㄴ/는 것보다는 역시'를 이용하여 문장을 완성하십시오.

<보기> 가: 졸업 후에 어떤 직업을 택해야 할지 모르겠어요.

나: 혼자서 고민하는 것보다는 역시 부모님과 상의해서 결정하는 게 좋아요.

(혼자서 고민하다/부모님과 상의해서 결정하다)

(1) 가: 의사선생님께서 아버님더러 수술을 받을 것인지 안 받을 것인지를 결정 지으시랍니다.

나: _____.

(아파서 평생 고생하다/ 수술해서 완전히 고치다)

(2) 가: 이 구두는 좀 작긴 하지만 무척 예쁘지 않습니까?

나: 그래도 _____.

(작아서 불편하다/좀 넉넉하다)

(3) 가: 관상용 화초로는 월계수가 어때요?

　　나: 그래도 저는 ＿＿＿＿＿＿＿＿＿＿＿＿＿＿＿.

　　　　(월계수를 기르다/군자란을 기르다)

(4) 가: 감기에 걸렸을 땐 바로 병원에 가는 게 좋지 않아요?

　　나: 제 경험으로는 무작정 ＿＿＿＿＿＿＿＿＿＿＿.

　　　　(병원에 가다/집에 있는 감기약을 먹고 푹 쉬다)

(5) 가: 잠실 야구장에 갔다가 주차를 못해서 고생했어요.

　　나: 그런 곳에 갈 때는 ＿＿＿＿＿＿＿＿＿＿＿＿.

　　　　(자가용을 가지고 가다/ 대중 교통을 이용하다)

3. 아래의 문장을 보기와 같이 고치십시오.

> <보기> 내일 바람이 불다.
>
> 　　　→ 내일 바람이 불 것 같다.

(1) 올해 들어 아파트 가격이 크게 하락하다.

　　→ ＿＿＿＿＿＿＿＿＿＿＿＿＿＿＿＿＿.

(2) 집 안에 아무도 없다.

　　→ ＿＿＿＿＿＿＿＿＿＿＿＿＿＿＿＿＿.

(3) 오늘은 웬지 좋은 일이 생기다.

　　→ ＿＿＿＿＿＿＿＿＿＿＿＿＿＿＿＿＿.

(4) 박선생은 학생들한테 인기가 있다.

　　→ ＿＿＿＿＿＿＿＿＿＿＿＿＿＿＿＿＿.

(5) 어제는 내가 술에 많이 취했었다.

　　→ ＿＿＿＿＿＿＿＿＿＿＿＿＿＿＿＿＿.

4. 보기와 같이 문장을 만드십시오.

> <보기> 이제 한국에 가다/저한테 전화 주다.
>
> 　　　→이제 한국에 가게 되면 저한테 전화 주세요.

(1) 대학에 입학하다/반드시 공부하다.

　　→ ＿＿＿＿＿＿＿＿＿＿＿＿＿＿＿＿＿.

(2) 대학을 졸업하다/일단 취직하다.

   → _____.

(3) 고향에 가다/부모님께 안부 전해 주다.

   → _____.

(4) 이러다가 병이 안 낫다/병원 신세를 지다.

   → _____.

(5) 내 꿈을 실현하다/꼭 보답하다.

   → _____.

5. '-기도 하고 -기도 하다'를 이용하여 다음의 문장을 완성하십시오.

> <보기> 가: 졸업하고 나니 기분이 어떠세요?
>
>   나: 졸업을 하고 나니 시원하기도 하고 섭섭하기도 하네요.
>
>   (시원하다/섭섭하다)

(1) 가: 이 회사는 생산만 하는 회사입니까?

   나: 아니에요. 저희 회사는 _____.

   (제품을 생산하다/판매하다)

(2) 가: 영호 씨는 저녁 식사는 주로 어떻게 해요?

   나: _____.

   (기숙사에서 만들어 먹다/밖에서 사 먹다)

(3) 가: 민수 씨가 어떤 사람이라고 생각해요?

   나: 내가 보기에는 민수 씨는 _____.

   (자상하다/ 통이 크다)

(4) 가: 옆 집 할아버지가 너를 굉장히 귀여워하시더구나.

   나: 그래요. 저를 보면 늘 _____.

   (손을 잡아 주다/ 등을 토닥여 주다)

(5) 가: 한국에서는 설이 되면 어른들이 아이들에게 뭘 주세요?

   나: 보통 _____.

   (세뱃돈을 주다/덕담을 해 주다)

6. 다음의 문법으로 문장을 지어 보십시오.

(1) -것 보다는 역시
(2) -이랑 -이랑
(3) -ㄴ/는 것 같다
(4) -게 되면
(5) -기도 하고 -기도 하다

7. 다음의 중국어를 한국어로 번역하십시오.

1. 一 要想取得好成绩,与考试前的突击准备相比,平时认真学习才是最好的办法。(-는 것보다는 역시)
2. 如果你能考上重点大学,妈妈就给你买一台笔记本电脑。(-게 되면)
3. 民俗游戏不仅是人民群众的智慧结晶和创造,同时还供人们享受和利用。剥离附着在民俗上厚重的文化、历史等社会积淀,我们会发现传承于民间的大部分民俗活动都带有浓厚的娱乐性质,即便是一些比较隆重严肃的宗教习俗和祭祀、丧葬习俗中,也不能排除娱乐的成分。

8. 다음의 한국어를 중국어로 번역하십시오.

한국의 민속놀이는 한국의 전통적인 놀이로, 예로부터 주로 서민층에서 명절이나 혹은 특별한 일이 있을 경우에 예식의 하나로서 여흥을 돋구고자 생겨났다. 언제 이와 같은 놀이가 생겼는지는 오늘날까지 명확하지 않다. 민속놀이는 남녀노소가 함께 즐길 수 있는 놀이가 있는가 하면, 어른들만이 하는 놀이, 소년, 소녀들끼리 하는 놀이, 남녀를 구분하여 하는 놀이가 있다. 놀이의 성격을 벗어나 힘과 기술을 겨루는 스포츠로 발전한 것으로는 씨름을 손꼽을 수 있다.

한국 민속

　　어느 나라나 다 고유한 문화가 있고 풍습이 있듯이, 한국도 철에 따라 즐기는 명절과 옛부터 내려오는 행사가 많다.

　　오늘날까지 전해지는 한국의 민속 예술 중에서 가장 손꼽을 만한 것을 예로 들라고 하면 그것은 판소리일 것이다. 판소리는 조선조 후기에 크게 발달을 보여 상하 각 계층에 널리 청중을 가졌을 뿐만 아니라, 현대에 와서도 독특한 예술로써 그 가치를 새로이 평가받고 있다. 다채로운 장단, 섬세한 음악적 표현, 구수한 재담, 알맞은 몸짓, 흥미로운 이야기 등, 여러 가지 특징은 판소리가 종합 예술이라고 할 만큼 그 요소가 다양하다. 판소리 작품에 늘 등장하는 서민적 인간형의 여러 모습들을 소박하면서도 여유가 있는 한국형 인간의 참 모습이라 하겠다.

　　판소리 못지 않게 한국인이 신바람이 나서 즐기던 탈춤은 일명 가면극 또는 마당극이라고도 불린다. 탈춤은 앉아서 구경하는 사람이나 서있는 사람이 둥글게 울타리를 만들어 그 판이 저절로 무대가 되고 또 극장이 되어 한데 어울린다. 신나게 한 판 어울어지는 이 탈춤은 인공적인 냄새가 전혀 없는 것이 그 특색이다. 탈을 쓰고 풍악과 소리에 맞춰 짜임새 있는 춤과 몸짓을 한다. 평민들의 처지에서 권력있는 양반이나 중을 풍자와 익살로 야유하고 꼬집는다. 그 장면에서 그들이 평소에 억눌리고 천대받던 감정을 풀었다. 또 사랑의 몸짓을 하면서 생명력에 대한 다짐을 하고, 생리적인 체증도 뚫었다고 할 수 있다.

补充词汇

고유하다 [固有-]	[形]	固有
풍습 [風習]	[名]	风俗, 习俗
철	[名]	季节

행사 [行事]	[名]	活动,典礼
손꼽다	[动]	屈指可数,数一数二
독특하다 [獨特-]	[形]	出格,别致
장단 [長短]	[名]	长短
섬세하다 [纖細-]	[形]	周到;纤细,工巧
재담 [才談]	[名]	相声,趣话
몸짓	[名]	姿态,态度
서민적 [庶民的]	[名]	平民的
탈춤	[名]	假面舞
가면극 [假面劇]	[名]	假面剧
마당극 [-劇]	[名]	韩国传统剧的一种,唱和白结在一起表演。
불리다	[动]	被叫做,被称为
울타리	[名]	篱笆,栅栏
판 [板]	[名]	板
저절로	[副]	自动,自行
한데	[名]	一起,一处
전혀 [全-]	[副]	全然,根本
풍악 [風樂]	[名]	风乐
짜임새	[名]	结构,格局
풍자 [諷刺]	[名]	讽刺,讥讽
익살	[名]	滑稽,诙谐
야유하다 [揶揄-]	[动]	嘲讽,打逗
꼬집다	[动]	拧,掐,揭短
억눌리다	[动]	受压迫
천대 [賤待]	[名]	蔑视,轻视
감정을 풀다	[词组]	解开,消除
생리적 [生理的]	[名]	生理的
체증 [滯症]	[名]	积食,停食
뚫다	[动]	穿,透,捅开

제10과 한국의 사계절

重点语法
1. -는/(으)ㄴ/(으)ㄹ 걸(요)
2. -던 때가 엊그제 같은데
3. -ㄹ/을 겸
4. -(이)건 -(이)건 할 것 없이 다

课文

(1) 계절

성준: 동복 입기엔 아직 좀 이르지 않아요?

지은: 아침 저녁으로는 제법 쌀쌀한 걸요.

성준: 며칠 전만 해도 땀을 뻘뻘 흘렸는데…

지은: 그래요? 전 남들보다 유난히 더위와 추위를 타나 봐요.

성준: 벌써 추석도 지났으니 슬슬 겨울 준비 할 때도 되었지요.

지은: 그럼요, 낮의 길이가 얼마나 짧아졌다고요.

성준: 개나리, 진달래가 활짝 피었던 때가 엊그제 같은데 세월이 참 빠르지요?

지은: 춘하추동이 너무 분명해서 시간이 더 빨리 지나가는 것 같아요.

(2) 봄, 여름, 가을, 겨울

한국은 봄, 여름, 가을, 겨울의 사계절 변화가 뚜렷하다. 그리고 계절마다 비교적 선명한 특징들이 있다.

한국은 3월에서 5월까지는 봄인데 이 계절에는 겨울의 추위가 풀려서 날씨가 따뜻해진다. 아울러 나무에 싹이 트고 꽃이 피기 시작한다. 들판에서는 겨울 동안 꽁꽁 얼었던 땅이 녹으면서 생기는 아지랑이도 볼 수 있다. 봄이 되면 나른해지고 자꾸 졸리기도 한다. 이런 현상을 춘곤증이라 부른다. 이 계절에는 전통명절인 단오가 있다. 단오날에는 여자들이 창포물에 머리를 감고, 그네뛰기, 널뛰기를 하며 남자들은 씨름과 같은 놀이를 한다.

또 봄에는 모래 바람이 불어오는 황사 현상이 일어난다. 겨우내 얼었던 땅이 녹으면서 수증기가 하늘로 올라가는데 이때 강한 바람이 대륙의 흙과 먼지를 함께 가지고 올라간다. 이른 봄부터 뿌연 먼지가 하늘을 뒤덮는데, 이것이 바로 황사이다.

한국의 여름은 6월부터 시작되는데 날씨가 덥고 비가 많이 온다. 특히, 6월 말에서 7월 초까지는 많은 비가 집중적으로 내리는 장마이다. 장마가 지나면 본격적인 무더위가 시작되어 평균 기온이 35도~36도에 이른다. 그래서 관공서나 기업들의 여름휴가가 시작되고 학교도 여름 방학을 맞는다. 한국 사람들은 휴가와 방학을 이용해 더위도 피하고 여행도 할 겸 시원한 바다나 산으로 놀러간다. 이것을 피서라고 한다.

9월부터는 가을이 시작된다. 가을은 시원하고 쾌적한 바람으로 시작된다. 한국의 가을은 시원한 바람과 함께 높고 짙푸른 하늘에서 느낄 수 있다. 책을 읽기도 좋아 '가을은 독서의 계절' 이라는 말까지 있다. 또한 '천고마비(天高馬肥: 하늘은 높고 말은 살찐다)' 라고 하여 여름 동안에 잃었던 식욕이 살아나는 계절이기도 하다. 또한 가을은 수확과 추수의 계절이다.

가을에는 설날과 함께 한국의 가장 큰 명절인 추석이 있다. 추석에는 새로 수확한 햇곡식과 햇과일로 조상님께 제사를 지내고 가족들이 모여 즐거운 시간을 보낸다.

한국의 가을은 단풍에서도 느낄 수 있다. 단풍이 산과 들을 곱게 물들이면 사람들은 내장산, 설악산 등으로 단풍놀이를 가기도 한다.

　겨울은 11월에서 다음해 2월까지이다. 겨울에는 시베리아에서 강한 바람이 불어 춥고 건조하다. 한국에서는 겨울 기후를 가리켜 삼한사온(三寒四溫)이라고 한다. 이것은 사흘은 춥고 나흘은 따뜻하기 때문이다. 예전에는 겨울이 되면 아이들이 강에서 썰매를 타기도 하고 강한 겨울바람을 이용해 연을 날리기도 하였다. 그러나 요즘은 이런 놀이를 잘 즐기지 않는다. 그 대신에 스케이트를 타거나 가족과 함께 스키를 타러 간다. 더구나 이 계절에는 가장 큰 명절 중의 하나인 설이 있어 어른이건 아이들이건 할 것 없이 다 기다려지는 계절이다.

词汇

동복 [冬服]	[名]	冬装
제법	[副]	相当
으스스하다	[形]	凉飕飕的
뻘뻘	[副]	淋漓, 涔涔
개나리	[名]	迎春花, 连翘
진달래	[名]	金达莱, 杜鹃, 满山红
활짝	[副]	盛开
엊그제	[名]	前些日子
춘하추동 [春夏秋冬]	[名]	春夏秋冬, 四季
사계절 [四季節]	[名]	四季
뚜렷하다	[形]	分明的, 明显
풀리다	[动]	解冻, 暖和起来, 化解
싹이 트다	[词组]	发芽
들판	[名]	田野, 原野
아지랑이	[名]	游丝, 野马(喻春日田野里冒出的水蒸汽)
나른해지다	[动]	疲倦, 无力

춘곤증 [春困症]	[名]	春乏症
창포물 [菖蒲-]	[名]	菖蒲水
대륙 [大陸]	[名]	大陆
모래바람	[名]	飞沙,风沙
황사현상 [黃沙現象]	[名]	黄沙现象
장마	[名]	霪雨,梅雨
본격적 [本格的]	[名]	正式的,正规的
평균 [平均]	[名]	平均
관공서 [官公署]	[名]	政府机构
피서 [避暑]	[名]	避暑
쾌적하다 [快適-]	[形]	舒畅,爽快,舒服
짙푸르다	[形]	葱郁,绿油油的
천고마비 [天高馬飛]	[形]	秋高气爽
식욕 [食慾]	[名]	食欲
수확 [收穫]	[名]	收获
추수 [秋收]	[名]	秋收
햇-	[前缀]	用于名词前,表示"当年的""今年新出的"
물들이다	[动]	染色,渍染
단풍놀이 [丹枫-]	[名]	赏枫叶
썰매	[名]	雪橇
스키 타다	[词组]	滑雪

语 法

1. -는/(으)ㄴ/(으)ㄹ 걸(요)

尊敬阶陈述式终结语尾,是惯用形"-는/(으)ㄴ/(으)ㄹ 것을요"缩略构成的,用于谓词词干之后,表示对动作、状态自己的想法或者感受及判断。动词后用"-(으)ㄴ/는 걸(요)",形容词后用"-(으)ㄴ 걸(요)","이다"后接"-ㄴ 걸(요)"。

词性	现在、进行	过去、完了	(过去)推断	未来推测
动词	는 걸요	았(었/였)는걸요 (으)ㄴ 걸요	았(었/였)을 걸요	-겠는 걸요 -(으)ㄹ 걸요
形容词	(으)ㄴ 걸요	았(었/였)는걸요	았(었/였)을 걸요	(으)ㄹ 걸요
"이다"动词	ㄴ 걸요	었는 걸요	았(었/였)을 걸요	ㄹ 걸요

<보기>

(1) 가: 여행 경비가 부족하지 않아요?

　　나: 이 정도면 충분한 걸요.

(2) 가: 그건 비밀인데 얘기하면 어떻게 해요?

　　나: 벌써 다 알려진 일인 걸요.

(3) 가: 전화로 주문하지 왜 직접 가려고 해요?

　　나: 전화가 고장난 걸요.

(4) 가: 컴퓨터가 고장이 났는데 좀 봐 주실래요.

　　나: 죄송합니다만 저는 컴퓨터에 대해서는 기본 지식도 없는 걸요.

(5) 가: 바쁘실 텐데 이렇게 도와 주셔서 고맙습니다.

　　나: 천만에요.저도 그동안 도움을 많이 받은 걸요.

2. -던 때가 엊그제 같은데

惯用形,为定语性语尾"던"与"은/는데"复合语法,形容时间过得快,相当于汉语"就像昨天一样"。

<보기>

(1) 가: 한국에 오신지 오래 되셨지요?

　　나: 1급에서 공부했던 때가 엊그제 같은데 벌써 4급이에요.

(2) 가: 영미 씨는 요즘 어떻게 지낸대요?

　　나: 결혼한다고 우리집에 인사 왔던 때가 엊그제 같은데 벌써 애가 돌이래요.

(3) 가: 벌써 졸업반이시군요.

　　나: 대학에 입학해서 기뻐했던 때가 엊그제 같은데 벌써 취직 걱정을 하고 있어요.

(4) 가: 정년퇴직이 2년쯤 남았지요?

나: 입사시험을 치렀던 때가 엊그제 같은데 벌써 정년퇴직이 얼마 안 남았군요.

(5) 가: 아직 집 뒤에 그 느티나무를 기억해요?

나: 그럼요. 그 나무 밑에서 술래잡기를 했던 때가 엊그제 같은데 벌써 십여 년이 지났군요.

3. -ㄹ/을 겸

惯用形, 前半句中表示并列的"고""도"与表示兼有的"겸"连用, 相当于汉语的"去做……顺便也……"。

<보기>

(1) 가: 동해 바다에는 왜 갑니까?

나: 더위도 피하고 여행도 할 겸 갑니다.

(2) 가: 어제 대학로에는 왜 갔어요?

나: 데이트도 하고 연극 구경도 할 겸 갔어요.

(3) 가: 오전에 전화했었는데 안 받던데요?

나: 과일도 사고 야채도 살 겸 시장에 갔다 왔어요.

(4) 가: 이번 방학에는 뭘 할 거예요?

나: 부모님도 뵙고 대학원 입학서류도 준비할 겸 중국에 갈 거예요.

(5) 가: 3일 동안 연휴인데 어떤 계획이 있나요?

나: 밀린 집안일도 하고 쉴 겸 그냥 집에 있을 거예요.

4. -(이)건 -(이)건 할 것 없이 다

用于名词后, 与表示让步选择的"(이)건"和表示无条件包括的"할 것 없이"连接使用, 相当于汉语的"不管……还是……都……"。

<보기>

(1) 이곳은 한국에서 유명한 등산 코스로서 한국인이건 외국인이건 할 것 없이 다 좋아하는 코스입니다.

(2) 남자건 여자건 할 것 없이 다 실기능력 시험과 면접을 봐야 해요.

(3) 이 노래는 매우 쉬워서 아이건 어른이건 할 것 없이 다 따라 부를 수 있어요.

(4) 일본 사람이건 중국 사람이건 할 것 없이 다 그 배우를 좋아해요.

(5) 젊은이건 늙은이건 할 것 없이 다 이 제품을 선호해요.

练 习

1. 본문을 읽고 다음의 질문에 대답하십시오.

  (1) 한국의 날씨는 어떤 특징이 있습니까?
  (2) 황사는 어떻게 생깁니까?
  (3) 한국의 여름은 어떤 특징이 있습니까?
  (4) 한국의 가을은 어떤 특징이 있습니까?
  (5) 삼한사온이란 무슨 뜻입니까?

2. 알맞은 단어를 찾아 다음의 문장을 완성하십시오.

  > 푸짐하다, 양력, 쇠다, 가을걷이, 조상, 풍습, 교통 체증, 넉넉하다,
  > 무치다, 부치다, 농한기, 평안, 풍요, 기원하다

  (1) 가을이 되니 다들 (   ) 때문에 바쁘십니다.
  (2) 겨울은 (   )(이)라서 한가롭습니다.
  (3) 명절을 (   ) 위해 고향에 내려갔어요.
  (4) 설날에는 연을 날리는 (   )이/가 있어요.
  (5) 올해도 몸 건강하고 행복하시기를 (   ).
  (6) 요즘에는 음력보다 (   )을/를 지내는 가정이 많아요.
  (7) 우리 큰어머니께서는 (   ) 항상 친척들을 돌보아 주십니다.
  (8) 주말에 오빠가 내려온다고 어머니께서 나물을 (   ) 전도
      (   ) 상을 푸짐하게 차리셨어요.
  (9) 집들이에 차린 음식이 정말 먹음직스럽고 (   )
  (10) 추석에는 (   )을/를 기리고 친척들이 서로 풍요로움을 나눕니
      다.

(11) 추석에는 조상의 은덕을 기리고 후손들의 (   )과/와
    (   )을/를 기원합니다.
(12) 출퇴근 시간에는 늘 (   )이/가 심합니다.

3. '-는/(으)ㄴ/(으)ㄹ 걸요'를 이용해서 다음의 대화을 완성하십시오.

> <보기> 가: 이 약을 한 알만 먹을까요? (한 알만 먹으면 효과가 없다)
>   나: 한 알만 먹으면 효과가 없을 걸요.

(1) 가: 공기가 나쁜데 창문을 열까요? (창문을 열면 춥다)
    나: _____
(2) 가: 내일까지 그 일을 끝낼 수 있어?
    나: _____ (그 일을 끝내기는 무리겠다)
(3) 가: 그녀는 대학생이에요?
    나: _____ (내가 알기로는 대학생이 아니다)
(4) 가: 날씨가 더워서 매일 에어콘을 켭니다.(에어콘을 매일 켜면 전기료
       가 많이 나오다)
    나: _____
(5) 가: 제 차로 갑시다. (대중교통을 이용하는 게 더 좋다.)
    나: _____

4. "-던 때가 엊그제 같은데"를 이용해서 문장을 답하십시오.

(1) 가: 이 회사에서 근무한지가 10년이 넘었지요?
    나: 네, _____(입사하다)
(2) 가: 한국어를 배운 지 4년이 됐지요?
    나: _____(자모음을 배우다)
(3) 가: _____. (대학 공부하다)
    나: 그래요. 세월이 참 빠르기도 해요. 벌써 10년이라니.
(4) 가: 영수가 벌써 결혼하다니.
    나: 글쎄요._____. (소꿉장난하다)

(5) 가: 지영 씨의 어머니가 환갑잔치래요.
　　나: _____. (시집오다)

5. '-ㄹ/을 겸'를 이용해서 다음의 대화를 완성하십시오.

(1) 가: 바다에는 왜 갑니까?
　　나: _____.
(2) 가: 어제 신촌에는 왜 갔어요?
　　나: _____.
(3) 가: 시장에는 왜 다녀왔어요?
　　나: _____.
(4) 가: 이번 휴가에는 무엇을 할 거예요?
　　나: _____.
(5) 가: 방학인데 왜 학교에 가세요?
　　나: _____.

6. 보기와 같이 대답하십시오.

> <보기> 그 가수는 인기가 많다. (어른, 아이)
> 　　→ 어른이건 아이건 할 것 없이 다 그 가수를 좋아한다.

(1) 불고기는 모두 좋아하다. (한국인, 외국인)
　　→ _____
(2) 이 꽃은 누구나 좋아하다? (남자, 여자)
　　→ _____
(3) 모든 사람이 다 이 노래를 따라 부르다.(중국 사람, 일본 사람)
　　→ _____
(4) 다 놀이공원에 놀러 가다(어른, 아이)
　　→ _____
(5) 도서관에는 항상 빈 자리가 없어요. (평일, 주말)
　　→ _____

7. 다음의 문법으로 문장을 지어 보십시오.

(1) -는/(으)ㄴ/(으)ㄹ 걸요
(2) -ㄴ/는 때가 엊그제 같은데
(3) -ㄹ/을 겸
(4) -(이)건- (이)건 할 것 없이

8. 다음의 중국어를 한국어로 번역하십시오

　　一年四季的气候变化,是自然界的正常规律,亦是一切生物生长发育的基本条件,倘若违背这个规律,就要遭受灾害或疾病缠身。四季气候变化的突出表现是春温、夏热、秋凉、冬寒,生物随着这种气候变化的影响,也逐渐产生并形成了春生、夏长、秋收、冬藏的相应规律,人也不例外。这是因为人类在进化过程中,为了生存,也逐步具备了适应自然界的良好人体结构和生理上的应变能力。

9. 다음의 한국어를 중국어로 번역하십시오.

　　최근 들어 세계 곳곳에서 태풍, 허리케인, 폭우 등으로 인한 피해가 급증하고 있으며, 한국 역시 '98년과99년의 대홍수' '02년 태풍 루사' '03년 태풍 매미' '06년 집중호우' 등으로 인해 수많은 인명과 재산피해가 발생하고 있다. 수면온도와 더불어 평균기온이 상승하고 있다. 이와 같이 이미 지구온난화로 인해, 한국뿐만 아니라 전 세계의 기후변화가 시작단계를 넘어 진행단계에 접어들었다. 기후변화는 서서히 그러나 도저히 피할 수 없는 현실로 우리에게 다가온다. 이러한 기후변화에 대한 심각성을 정부도 인식하고 에너지 소비 절감대책을 세우는 등, 지구온난화의 근본적인 해결을 위해 국제적인 공조와 함께 정책을 제시하고 있다.

한국의 지리

1년 내내 얼음으로 덮여 있는 남극과 북극이 있는가 하면 눈이 오지 않는 적도 지방도 있다. 한국은 북위 37.5도에 자리잡고 있어 여러 가지 계절풍과 기단(공기의 무리), 해류의 영향으로 봄, 여름, 가을, 겨울이 뚜렷하다.

지구는 둥근 공처럼 생겼다. 공의 한가운데에 똑바로 선을 그으면 그 부분의 지름이 가장 길다. 그리고 거기에서 위쪽으로 가거나 아래쪽으로 갈수록 지름이 점점 짧아진다. 위도란 이처럼 지구의 지름이 가장 긴 부분에서 위와 아래로 나눈 선을 말한다. 지름이 가장 긴 부분은 적도로, 위도 0도며 태양과 가장 가까워서 1년 내내 무더운 날씨가 계속된다. 적도를 기준으로 위쪽을 북반구라고 하고, 북극은 북위 90도다. 적도의 아래쪽을 남반구라고 하는데, 남극이 남위 90도가 된다.

경도는 영국의 그리니치 천문대를 중심으로 해서 지구를 세로로 구분한 선으로 그리니치 천문대의 경도는 0도며 동쪽 180도, 서쪽 180도로 나누어져 있다. 한국의 경도는 수원 기준 동경 127도다.

기후에 가장 큰 영향을 미치는 것은 위도다. 하지만 위도가 같아도 바람의 영향, 기단과 해류의 흐름, 대륙의 위치에 따라 기후는 달라진다. 한국과 위도가 같아도 사계절이 뚜렷하고 기후가 좋은 나라는 드물다.

사계절이 뚜렷한 한국은 다양한 자연의 모습을 만날 수 있다. 겨울에는 눈꽃, 가을에는 단풍의 아름다움에 취하며, 여름이면 강렬한 태양 아래서 해수욕을 즐기고, 봄에는 새 생명이 움 트는 기운을 느낀다. 이렇게 아름다운 자연 환경을 갖고 있다 보니 예부터 한국 사람의 조상들은 자연을 벗 삼아 자연과 더불어 여유로운 삶을 즐겼다.

补充词汇

덮다	[动]	盖,覆盖,笼罩
남극 [南極]	[名]	南极
북극 [北極]	[名]	北极
적도 [赤道]	[名]	赤道
자리잡다	[动]	座落
계절풍 [季節風]	[名]	季风
기단 [氣團]	[名]	气团
해류 [海流]	[名]	洋流
지름	[名]	直径
위도 [緯度]	[名]	纬度
북반구 [北半球]	[名]	北半球
남반구 [南半球]	[名]	南半球
경도 [經度]	[名]	经度
그리니치 천문대 [Greenwich 天文臺]	[名]	格林威治天文台
드물다	[形]	稀少,罕有
강렬하다 [强烈-]	[形]	强烈
움 트다	[词组]	发芽
삼다	[动]	当作,当成
여유롭다 [餘裕-]	[形]	富裕

제11과 서울의 문화

重点语法
1. -스럽다
2. -통 -(으)ㄹ 수 없다/통 -지 않다(못하다)
3. -(이)라도
4. 어찌나 -던지
5. 어찌 -에 비하랴!
6. -기(가) 그지없다

课文

(1)

레이: 요즘 통 얼굴을 볼 수 없네? 여행이라도 갔다 왔어?

왕도: 요즘 서울에서 사는 재미에 폭 빠졌어.

레이: 1년이나 살았으면서 새삼스럽긴?

왕도: 그런데도 알고 보면 볼거리, 즐길 거리가 정말 많아. 시티 투어 버스를 타면 서울 구석구석을 갈 수 있는데, 어찌나 볼 거리가 많던지 감탄했다니까.

레이: 그런 버스가 있어?

왕도: 그래. 그리고 미술관 버스를 타면 서울 시내 유명한 미술관 을 모두 관람할 수 있어. 박물관이나 미술관에는 무료 공연

이나 강좌도 있으니까 조금만 부지런을 떨면 다양한 문화생
활을 즐길 수도 있어.

레이: 난 왜 그런 정보들을 몰랐을까?

왕도: 인터넷을 검색해 봐. 거의 매일 새로운 행사가 벌어지는 데
다가 다양한 강좌도 열리니까.

레이: 오늘은 어디로 갈 거야?

왕도: 오후에 민속박물관에 갈 거야.

레이: 박물관 관람하려고?

왕도: 아니, 지난달부터 민속박물관에서 도자기 만드는 법을 배우
고 있어.

레이: 도자기를 직접 만든다고?

왕도: 그렇다니까. 벌써 찻잔이랑 촛대도 만들었어.

레이: 와, 정말 재미있게 지내는구나.

왕도: 너도 집에만 있지 말고 다양한 서울의 문화를 즐겨 봐!

(2) 내 마음의 서울

서울은 한국의 정치, 경제, 문화의 중심이다. 내 인생에 있어서
서울은 각별한 의미가 있는 곳이다. 그래서 나는 항상 서울을 잊지
못한다.

내가 서울에 도착하여 제일 먼저 달려 간 곳은 남대문시장이었
다. 남대문시장은 20년 전의 모습을 지금도 그대로 간직하고 있었
다. 변한 것이 있다면 그때보다 더 많은 물건들이 쌓여 있었고 더
많은 사람들이 물건을 사고 팔고 있다는 것뿐이었다.

나는 김이 무럭무럭 나는 순대 한 접시를 사 먹었다. 그렇다. 사
람들이 꿀맛이라고 하는 바로 그런 맛이었다. 로스앤젤레스 한인촌
에도 순대는 있다. 그러나 어찌 이 남대문시장의 순대 맛에 비하랴!

그런데 남대문 시장의 순대 맛이 그렇게 좋았던 까닭은 그것이
서울 순대로 만들어진 것 때문만은 아니었다. 그것은 무엇보다도
순대장수 아주머니의 변함 없는 얼굴 표정 때문이었다. 그것은 20
년 전하고 똑 같은 표정이었다. 20년 전 그때 그대로 지금도 쭈글
쭈글한 얼굴에 삶의 고달픈 이력서가 변함없이 역력히 적혀있었
다. 그 순대장수 아주머니의 쭈글쭈글한 이마의 주름살 속에 대학

다니는 아들들의 이력서가 있지 않은가? 그리고 그 아들들의 이 전자 제품들과 자동차들이 쏟아져 나오지 않았는가?

나는 순대장수 아주머니 앞을 떠나 얼마 동안 걷다가 길거리에 있는 어떤 청년의 가게에 들어가서 가방 하나를 샀다.

'이거 얼맙니까?'

하고 물으니 만 칠천 원이라고 한다.

'그럼 저건 얼맙니까?'

하고 내가 다른 물건을 가리키며 물으니 그건 만 삼천 원이라고 한다. 내가 먼저 가리켰던 가방을 도로 집으며 '이걸로 만 삼천 원 합시다.' 하고 20년 만에 물건값을 대폭으로 깎아 보았다. 청년이 '아이, 아저씨 안 돼요. 만 오천 원 주세요.' 하고 먼저 말한 만 칠천 원에서 2천 원을 깎아준다. 그러나 나도 지지 않고 '그럼 만 사천 원 합시다.' 하고 천 원을 더 깎았다. 그러자 그 청년은 '아이, 아저씨도 참 너무 하시네요.' 하면서 물건을 싸 준다. 나는 만 사천 원을 내 주고 돌아서 나오는데 흐뭇하기 그지없었다.

아, 서울은 변하지 않았다. 사람들이 물건값을 흥정하며 사고 팔고 있는 한 서울은 아직 변하지 않은 것이다. 나는 가난 때문에 생각지도 않았던 미국 이민을 가서 9불 99전 짜리 물건을 1전 한푼도 깎아 보지 못하고 사다 쓰면서 20년을 살았다.

미국이란 어떤 곳이냐? 어떤 사람들은 '한국은 재미있는 지옥이고 미국은 재미없는 천국'이라고 한다. 그러나 나에게는 미국이란 물건을 1전 한푼 깎지 못하고 사야만 되는 여유가 전혀 없는 지옥이라면 한국은 아직도 만 칠천 원 짜리 물건을 만 사천 원에 살 수 있을 만큼 삶의 여유가 넘치는 천국이다. 어떤 사람은 이에 '그건 당신이 속은 거야. 그 물건은 실은 만 이천 원짜리였거든. 당신은 이천 원을 더 준거야. 뭐 알기나 하구 하는 소리냐?' 할지 모르지만 그래도 나는 좋다. 한국 남대문시장에서는 알면서도 속고 모르면서도 속고 사는 것이 아닌가? 한국은 누가 뭐라 해도 그렇게 여유 있게 살 줄 아는 사람들의 정의 천국이요 사랑의 천국이다.

词汇

새삼스럽다	[形]	(记忆)犹新;格外,特别
강좌 [講座]	[名]	讲座
촛대 [-臺]	[名]	烛台,灯台
흩어지다	[动]	散,解散
개설되다 [開設-]	[动]	开设,开办,举办
남대문 [南大門]	[名]	南大门
김	[名]	热气,气
무럭무럭	[副]	(烟,气等) 呼呼地,茁壮地
순대	[名]	猪血灌肠,米肠
로스앤젤레스 [Los-Angeles]	[名]	洛杉矶
한인촌 [韓人村]	[词组]	韩人街
비하다 [比-]	[动]	相比,比较
까닭	[名]	原因,理由
순대장수	[名]	卖米肠的
변함없다 [變-]	[形]	依然如故,没有变化
고달프다	[形]	疲惫,疲劳
쭈글쭈글하다	[形]	皱巴巴,皱瘪瘪
이마	[名]	额头
주름살	[名]	皱纹,皱折
진열되다 [陳列]	[动]	陈列
이력서 [履歷書]	[名]	履历表
역력히 [歷歷-]	[副]	清晰地,明显地
전자 [電子]	[名]	电子
제품 [製品]	[名]	产品
길거리	[名]	街头,大街
도로	[名]	重新,再
대폭 [大幅]	[名]	大幅度
지다	[动]	输;(花)凋谢
깎다	[动]	杀(价),减(价)
청년 [青年]	[名]	青年

그러자	[副]	—……就……
돌아서다	[动]	转身, 转(意)
흐뭇하다	[形]	心满意足, 美滋滋
그지없다	[形]	无限, 非常
흥정하다	[动]	讲价钱, 讨价还价
이민 [移民]	[名]	移民
한푼	[名]	一分, 分文
지옥 [地獄]	[名]	地狱
천국 [天國]	[名]	天国, 天堂

语 法

1. -스럽다

用于名词之后, 表示具有该名词所带有的性质、感受, 并使该名词变为形容词。

<보기>

(1) 사랑 + 스럽 + 다 → 사랑스럽다(可爱)

(2) 자랑 + 스럽 + 다 → 자랑스럽다(值得骄傲)

(3) 조심 + 스럽 + 다 → 조심스럽다(谨慎)

(4) 면구 + 스럽 + 다 → 면구스럽다(难为情)

(5) 탐욕 + 스럽 + 다 → 탐욕스럽다(贪婪)

2. -통 -(으)ㄹ 수 없다/통 -지 않다(못하다)

惯用形, 由表示"根本""完全"的"통"与表示否定的"-(으)ㄹ 수 없다/-지 않다(못하다)"组成, 意为"根本不可能"。

<보기>

(1) 가: 요즘 영수 씨는 어디 출장갔나요? 얼굴을 통 볼 수 없네요.

　　나: 글쎄요, 저도 요즘엔 한번도 만난 적이 없어요.

(2) 가: 무슨 일이 있는지 우리 아이가 밥을 통 먹지 않아요.

나: 혹시 영양 실조에 걸린 게 아닐까요?

(3) 가: 오랫동안 연락이 없던 동생이 몇 년 만에 돌아왔다면서요? 기분이 어때요?

나: 꿈인지 생신지 통 믿어지지 않습니다.

(4) 가: 천후이 (陳輝)씨는 이번 학기에 아르바이트를 하는가 봐요 .

나: 글쎄요, 요즘엔 통 보이질 않네요.

(5) 가: 영호 씨는 요즘 늘 우울한 표정을 하고 다니더군요.

나: 글쎄요. 묻는 말에도 대답을 안 하니 통 무슨 일인지 알 수가 없어요.

3. -(이)라도

补助词。用于体词词干后面,表示让步。原来希望有更好的,但因为条件限制没有,只能以现有的东西代替,即"退而求其次"的意思。类似于汉语的"那就……吧。"

<보기>

(1) 보리차가 없으면 냉수라도 한 잔 주십시오.

(2) 갈 사람이 없으면 나라도 가겠어요.

(3) 그냥 두지 말고 약이라도 바르십시오.

(4) 생일이니까 미역국이라도 끓여 줍시다.

(5) 아버지 구두라도 닦아서 용돈을 타야겠어요.

4. 어찌나 -던지

惯用形,表示把曾经看到或经历过的事情作为后面事情发生的原因和根据。相当于汉语的"不知道有多……"。

<보기>

(1) 가: 뜻밖에 남편을 잃고 너무 슬프죠.

나: 그럼요.어찌나 울었던지 눈이 통통 부었어요.

(2) 가: 어제는 몹시 피곤하셨지요?

나: 네,어찌나 피곤했던지 씻지도 못하고 그냥 잤어요.

(3) 가: 어제 교통사고가 났다면서요? 다치지 않았어요?

나: 다치지는 않았는데 어찌나 놀랐던지 정신이 하나도 없어요.

(4) 가: 듣자니 겨울철 만쩌우리(滿洲里)는 엄청 춥다던데요?

　나: 그럼요, 어찌나 추운지 밤중에 옷을 입은 체로 잤는데도 견디기 힘들었어요.

(5) 가: 홍콩으로 여행 갔었다면서요? 홍콩 여행은 어땠어요?

　나: 홍콩은 어찌나 멋있고 재미있던지 돌아오기가 싫었어요.

5. 어찌 -에 비하랴!

"어찌…랴"是副词"어찌"和终结语尾相搭配的格式, 表示反问, 带有感叹的语气。"어찌 N-에 비하랴!"可翻译成"怎么能和……比呢"。

<보기>

(1) 너희들이 아무리 운동을 잘 한다한들 어찌 운동선수에 비하랴!

(2) 아무리 경치가 좋다한들 어찌 계림의 경치에 비하랴!

(3) 타향이 좋다한들 어찌 고향에 비하랴!

(4) 아무리 관심을 줘도 어찌 부모님의 사랑에 비하랴!

(5) 아무리 요리를 잘 해도 어찌 요리사의 솜씨에 비하랴!

6. -기(가) 그지없다

名词形语尾"기"与"그지없다"结合, 用于动词、形容词之后, 表示程度, 意为"无限""无穷尽"。

<보기>

(1) 창 밖으로 보이는 바다의 경치는 아름답기가 그지없었다.

(2) 구조 대원들이 수재민에게 보낸 사랑은 따뜻하기 그지없었다.

(3) 손자를 부르는 그의 목소리는 다정하기가 그지없다.

(4) 2년 군대 생활은 지루하기 그지없었다.

(5) 아들, 딸 낳고 잘 사는 네가 부럽기가 그지없구나.

练习

1. 본문을 읽고 다음의 질문을 대답하십시오.

(1) 지난달부터 민속박물관에서 어떤 행사가 있었습니까?
(2) 내가 서울에 도착하여 제일 먼저 달려 간 곳은 어디입니까?
(3) 남대문 시장의 순대 맛이 그렇게 좋았던 까닭은 무엇입니까?
(4) 나는 가방을 산 후 왜 흐뭇하기 그지없었습니까?
(5) "내"가 말한 "미국은 지옥이고 한국은 천국"이란 말의 의미는 무엇입니까?

2. '-스럽다'를 이용하여 다음의 단어들을 형용사로 만들어 보십시오.

(1) 나는 늘 겸허한 태도로 교수님들을 대하는 우리의 학생들이 더욱 _____ _____. (사랑)
(2) 그 앤 어려서부터 _____자란 아이라서 매우 검소합니다. (고생)
(3) 우주를 정복하기 위해 밤낮으로 연구에 매진하는 과학자들이 _____ _____. (자랑)
(4) 초등학교 5학년생인 영수는 이젠 제법 _____. (어른)
(5) _____걸어가는 젊은 연인을 보노라니 어느덧 옛 시절이 그리워졌다. (다정)

3. '통 -(으)ㄹ 수 없다/-지 않다(못하다)'를 넣어 대화를 완성하십시오.

(1) 가: 영수 씨를 못 보셨어요?
   나: _____
   (어딜 갔는지 하루 종일 보이지 않다)
(2) 가: 어디가 편찮으신가요? 얼굴색이 안 좋아 보이시네요.
   나: _____
   (요즘 웬 영문이지 잠을 잘 수 없다)

(3) 가: 요즘에는 시골이 많이 변했다면서요?

　　나: _____

　　(옛날 모습이 다 바뀌어 알지 못하다)

(4) 가: 어머님께서 많이 편찮으시다면서요?

　　나: 네, _____

　　(요즘 심각해져서 가족들도 알아 보지 못하다)

(5) 가: 이번 학기 새로 오신 회화 선생님의 강의가 어때요?

　　나: _____

　　(말씀하시는 속도가 너무 빨라서 알아듣지 못하다)

4. 보기와 같이 하십시오.

> <보기> 친구 생일에 갈 수 없으면 카드를 보내다.
> → 친구 생일에 갈 수 없으면 카드라도 보내십시오.

(1) 편지를 쓸 시간이 없으면 전화를 걸다.

　　→ _____

(2) 밥이 없으면 라면을 끓여서 먹다.

　　→ _____

(3) 내가 못 가면 동생이 가다.

　　→ _____

(4) 돈이 없으면 중고차를 사다.

　　→ _____

(5) 도와 줄 사람이 없으면 내가 도와 주다.

　　→ _____

5. '어찌나 –던지'를 이용하여 문장을 답하십시오.

(1) 가: 동생이 북경대학에 입학했다면서요?

　　나: 네, 그 소식을 듣고 _____

　　(기쁘다)

(2) 가: 하얼빈 얼음축제에 가본 적이 있어요?

　　나: 네, _____

　　(그쪽 날씨가 춥다/혼나다)

(3) 가: 저번에 제가 빌려준 소설을 다 읽었어요?

나: _____

(재미있다/날 새는 줄 모르다)

(4) 가: 그 영화를 참 잘 만들었지요?

나: _____

(감동되다/눈물까지 흘리다)

(5) 가: 영진 씨가 병원에까지 찾아가서 병간호를 해주었다더군요.

나: _____

(고맙다/평생 잊지 못하다)

6. 보기와 같이 하십시오.

<보기> 아저씨의 손재주가 대단하다/우리 삼촌의 손재주가 더 좋다
  → 아저씨의 손재주가 대단하다지만 어찌 우리 삼촌에 비하랴!

(1) 지애의 머리가 총명하다/수미의 머리가 더 총명하다

→ _____

(2) 박 선생님의 지식이 풍부하다/이 선생님의 지식이 더 풍부하다

→ _____

(3) 진홍이가 농구를 잘한다/왕도가 농구를 더 잘한다

→ _____

(4) 이 산의 경치가 아름답다/황산의 경치가 더 아름답다

→ _____

(5) 진홍씨가 그림을 잘 그린다/미술선생님인 영수가 더 잘 그린다

→ _____

7. 보기와 같이 다음의 문장을 바꾸어 보십시오.

<보기> 바다가 아주 넓다.
  →바다가 넓기가 그지없습니다.

(1) 아랫 사람한테 욕을 먹고나니 아주 분하다.

→ _____

(2) 그 동안 도와준 은혜를 저버리다니 정말 <u>괘씸하다</u>.

　　→ _____

(3) 도둑이란 누명을 쓴 것이 너무나 <u>억울하다</u>.

　　→ _____

(4) 그 때의 실수를 생각하면 매우 <u>창피하다</u>.

　　→ _____

(5) 남편이 죽자 그 여자의 신세가 아주 <u>초라하다</u>.

　　→ _____

8. 다음의 중국어를 한국어로 번역하십시오

1.— 成民毕业以后去哪里了?

　　— 是啊,不知是去韩国留学了,还是回老家了,完全没有联系了。

　　　　　　　　　　　　　　　　　　　(통—ㄹ수 없다/통-지 않다)

2. 如果你不能借很多钱给我的话,至少也得借给我50元吧。(-이라도)

3. — 听说威海被评为全世界最适合人类居住的城市了。

　　— 对啊,威海的环境不知道有多整洁,每年都吸引了大量的游客。

　　　　　　　　　　　　　　　　　　　　　(어찌나--던지)

4. 韩国语讲得再怎么好,怎么能和韩国人比呢。(어찌-에 비하랴!)

5. 结婚生子之后的她现在不知道有多幸福。(-기(가) 그지없다)

9. 다음의 한국어를 중국어로 번역하십시오.

　　1960년 말에 서울은 244만 5천만 명의 인구가 생활하고 있는 대도시로 발전하게 되었다. 그리고 1960년경 이후부터 도심지에는 많은 회사와 금융기관이 집중하게 되면서 사무실이 부족하게 되고, 토지 시가가 급속하게 상승되면서 도심지의 토지이용에 큰 변화가 생겼다. 그래서 1960년경부터 명동(明洞)·서소문·퇴계로·충무로 1가·회현동 등지에는 10~20층 내외의 고층건물이 들어서서 도심지의 스카이 라인(skyline)은 높아져 갔다. 즉 서울도 근대적인 거대 도시로서의 경관을 보이게 되었다. 그 반면 도심지에 있었던 주택지는 점점 줄어들어 공동화(空洞化) 현상이 나타남으로써, 청계·종로·수송·방산·일신·서대문 초등학교가 폐교되었다. 한편 강남의 영동지구에는 신흥주택 단지, 여의도와 반포지구에는 아파트 단지가 들어서기 시작하였다. 1975년에는 강남구, 1977년에는 강서구, 1979년에는 은평구·강동구, 1980년에는 구로구·동작구가 신설되어 총 17개 구가 되었다. 이어 1988년까지 양천구·서초구·송파구·중랑구·노원구가 신설되었고 1996년 광진구·강북구·금천구가 신설됨으로써 서울특별시의 행정구역은 총 25개 구로 늘어났다.

서울특별시

課外阅读

서울은 1392년 조선왕조가 한양에 도읍을 정한 이래로 600년이 넘게 한국의 수도이자 정치, 경제, 사회, 문화의 중심으로 되어 온 역사가 깊은 도시이다. 인구는 1,200만이 넘으며 인구 밀도로는 아시아에서 열 손가락 안에 드는 대도시이다. 서울특별시는 인구로 보나 크기로 보나 세계적으로 손꼽히는 대도시임에 틀림없다.

서울특별시는 종로구, 관악구, 서초구 등의 25개 구로 나뉘어 있으며 강북에 14개, 강남에 11개의 구가 있다. 한국의 중심 도시답게 서울에는 각종 정부 기관 및 국회, 기업체, 금융기관, 교육기관, 언론기관 등이 몰려 있다. 특히 광화문과 종로, 명동, 여의도, 강남 등지가 서울의 정치, 경제, 문화의 중심 지역이다. 1970년대 이전까지만 해도 서울은 한강 이북의 동대문, 서대문, 남대문 등 4대문 안을 중심으로 발전되어 오다가 그 후로 급속한 산업화의 물결을 타고 한강 이남 지역이 개발되면서 현재는 한강을 중심으로 한 거대한 도시가 형성되었다. 그중에 강남은 점차 서울의 경제 중심으로 부상하였으며 부의 상징으로 되어있다.

서울 도심을 가로질러 동에서 서로 흐르는 한강을 사이에 두고 서울시는 강남과 강북으로 갈라져 있다. 현재 25개의 다리가 강남과 강북을 이어 주고 있으며 앞으로도 다리의 수는 계속 늘어날 것이다. 또한 서울은 지하철이 비교적 발달하여, 곳곳을 연결하는 지하철이 현재 8호선까지 운행되고 있지만 교통

문제가 점차 심각해짐에 따라 지하철 노선이 계속 늘어날 전망이다. 그 밖에 서울은 역사가 오래된 도시답게 조선시대의 고궁인 경복궁과 창덕궁을 비롯해서 많은 유적지들이 남아 있으며 민속 박물관, 전쟁 기념관 같은 박물관도 20개나 된다.

현재도 새로운 현대화 고층 빌딩이 들어서는 한편 많은 녹지 공간이 조성되는 등 서울은 계속 새로운 모습으로 나날이 발전해 가고 있다.

补充词汇

한양 [漢陽]	[名]	汉阳(首尔旧称)
도읍 [都邑]	[名]	京都,都城
인구 밀도 [人口密度]	[名]	人口密度
손꼽히다	[动]	屈指可数
국회 [國會]	[名]	国会
언론 [言論]	[名]	言论
기관 [機關]	[名]	机关
광화문 [光化門]	[名]	光化门
종로 [鐘路]	[名]	钟路
명동 [明洞]	[名]	明洞
여의도 [汝矣島]	[名]	汝矣岛
특히 [特-]	[副]	特别,尤其,尤为
급속하다 [急速]	[形]	飞速,急剧
산업화 [産業化]	[名]	产业化,工业化
물결을 타다	[词组]	趁着……的浪潮
부상하다 [浮上-]	[动]	上升,跃升为……,一跃而为……
상징 [象徵]	[名]	象征,表象
도심 [都心]	[名]	城市中心
가로지르다	[动]	横穿,贯穿
사이 두다	[词组]	隔着一定的距离
심각하다 [深刻-]	[形]	深刻,严重

전망 [展望]	[名]	展望,预测
유적지 [遺跡地]	[名]	遗址,名胜古迹
경복궁 [景福宮]	[名]	景福宫
창덕궁 [昌德宮]	[名]	昌德宫
고층 빌딩 [高層 building]	[名]	高楼
녹지 공간 [綠地空間]	[名]	绿地
조성되다 [造成-]	[动]	造成,组成
나날이	[副]	日益,日渐

제12과 한국의 명절

重点语法
1. -지 않으려고
2. -ㄴ/는다면서요?
3. -을/를 바탕으로 하여
4. -되면 누구나 다
5. -와/과 마찬가지로

课文

(1)

진 홍: 세계 어느 나라에나 명절이 있고 그 날에는 전통적인 풍속이나 놀이가 있는 것 같아요. 한국에도 독특한 설날 풍속하고 정월 놀이가 있겠지요?

선생님: 그래요. 한국도 마찬가지예요. 한국에서는 설날이 큰 명절 중의 하나예요. 오늘은 설날의 독특한 풍속과 정월 놀이에 대해서 얘기해 줄게요. 설빔이란 말 들어 봤어요.

다나카: 네, 설날에 입는 새 옷을 말하지요?

선생님: 네, 맞아요. 어른들은 새로 지은 바지저고리에 흰 두루마기를 입었고 아이들은 색동옷을 입었어요.

진 홍: 설날이 되면 누구나 다 설빔을 입었나요?

선생님: 그렇다고 할 수 있지요. 특히 아이들은 설빔을 입으려고 설날이 오기를 손꼽아 기다리곤 했대요. 그래서 가난한 집에서도 아이들을 실망시키지 않으려고 어머니들은 섣달 그믐날 밤을 새우며 새 옷을 지으셨다고 해요.

마이클: 제 친구한데 들었는데 한국에서는 설날 아침에 세배하고 세뱃돈을 받는다면서요?

올 가: 세배요?

선생님: 아, 세배는 설날 아침에 어른들께 드리는 첫인사를 말해요. 우선 아침에 음식을 차려서 조상들께 차례를 지내지요. 그리고 집안 어른들께 세배를 드리고 나서 아침 식사를 해요. 식사 후에는 이웃 어른들을 찾아다니며 세배를 드리고요.

다나카: 참 좋은 풍속이군요.

선생님: 그래요. 세배를 받은 어른은 찾아온 아이들에게 세뱃돈을 주고 어른들에게는 술과 음식을 대접하지요. 그리고 세배 온 사람에게 희망에 찬 덕담을 해요.

마이클: 잘 알겠어요.

선생님: 그러면 내일은 정월 놀이를 같이 해 볼까요?

(2)

　　오랜 옛날부터 한국 사람들은 지리적으로 사계절 변화가 뚜렷한 지역에서 농경생활을 하며 살아 왔습니다. 때문에 이들의 명절과 풍습은 이러한 생활을 바탕으로 하여 이루어진 농경문화와 깊은 관계가 있습니다.

　　한국도 중국과 마찬가지로 절기를 음력으로 나타냅니다. 음력은 일년을 스물네 절기로 나누어 날씨의 변화를 기록하고 그것을 관찰하여 만든 달력입니다. 때문에 한국 사람들의 연중 행사와 풍속은 다 음력에 의해서 이루어졌습니다. 주로 농업과 어업을 생업으로 했던 한국 사람들은 절기마다 풍년을 기원하여 제사 지내는 행사를 갖곤하였는데 이러한 세시풍속이 대대로 전해 내려 오면서 풍습이 되었습니다. 민간의 풍속을 민속이라고 합니다.

그런데 재미있는 것은 전체 180가지 민속 중에서 70가지가 정월에 들어 있다는 점입니다. 이는 한국 사람들이 옛날부터 일년 운수는 새해 첫 날부터 시작된다고 믿었던 것과 관련이 있다고 합니다. 이중에 한국 사람들이 가장 중요시하는 명절인 설이 끼어 있습니다. 그럼 한국에는 어떤 중요한 명절과 풍속들이 있을까요? 다른 건 다 제쳐놓더라도 빼놓을 수 없는 것은 바로 한국의 가장 대표적인 명절인 설과 추석입니다.

한국의 설은 음력 1월1일을 가리키는데 음력으로 새해의 첫시작을 뜻합니다. 추석은 한가위라고도 하는데 음력 8월 15일입니다. 명절이 되면 많은 사람들이 고향을 찾아갑니다. 이때 이동하는 인구는 한국 인구의 10% 정도, 즉 450만명 정도가 된다고 합니다. 그래서 한국에서는 이 특이한 현상을 '민족의 대이동'이라고 말합니다.

명절이 되면 온 친척들이 모여 음식을 만들고 조상님께 차례를 지냅니다. 설에는 새해에도 좋은 일만 있게 해 달라고 기원합니다. 추석에는 성주를 모셔놓고 햇곡식과 햇과일로 상을 차려 한 해 동안의 결실에 대해 감사를 드립니다. 그리고 설과 마찬가지로 조상들께도 정성껏 차례를 지냅니다.

설에는 웃어른께 세배를 드리고 덕담을 듣습니다. 어른들은 아이들에게 세뱃돈을 주기도 합니다. 부모들은 아이들이 명절 때 입을 새 옷을 마련합니다. 이같은 옷을 설빔이라고 합니다. 아이들은 세뱃돈도 받고, 새 옷도 입고 해서 마냥 즐거워합니다.

또 설에는 떡국을 많이 먹습니다. 한국에서는 떡국을 먹어야 나이를 한 살 더 먹는다고 합니다. 추석에는 반달 모양으로 생긴 송편이라는 떡을 먹습니다. 어른들은 여자들이 송편을 예쁘게 빚으면 예쁜 딸을 낳는다고 말합니다.

그리고 또 명절에는 연날리기, 제기차기, 팽이치기, 널뛰기, 윷놀이 등 민속놀이를 하면서 즐겁게 지냅니다. 설과 추석 연휴는 몸과 마음을 쉬게 할 수 있는 소중한 시간입니다. 또한 자주 만나지 못하는 친척들을 만나 이야기를 나눌 수 있는 반가운 시간이기도 합니다.

词 汇

정월 [正月]	[名]	正月，元月
한가위	[名]	中秋节
설빔	[名]	新年服装
저고리	[名]	韩服的上衣
두루마기	[名]	韩服的长袍
색동 [色-]	[名]	彩缎
실망시키다 [失望-]	[动]	让……失望
섣달	[名]	腊月
그믐날	[名]	阴历每月的最后一天
새우다	[动]	熬夜，通宵
차례 [茶禮]	[名]	祭礼，祭祀
세배 [歲拜]	[名]	拜年
세뱃돈 [歲拜-]	[名]	压岁钱
차다	[他]	充满，满
덕담 [德談]	[名]	祝词，祝福
절반 [折半]	[名]	一半，半
해 달라	[惯用]	给我……
기원하다 [祈愿-]	[他]	祈求，祈愿
성주	[名]	韩国民间信仰中的一种守护神
결실 [結實]	[名]	果实，成果，收获
농경생활 [農耕生活]	[名]	农耕，耕作
관찰하다 [觀察-]	[动]	观察，观测
달력 [-曆]	[名]	月历，挂历
절기 [節氣]	[名]	节气
농업 [農業]	[名]	农业
어업 [魚業]	[名]	渔业
생업 [生業]	[名]	行当
세시풍속 [歲時風俗]	[名]	岁时风俗
운수 [運數]	[名]	运气，运数
제쳐놓다	[动]	放，撇开

마냥	[副]	尽情,够,尽自
반달 [半-]	[名]	半月,半个月
송편	[名]	松饼(韩国蒸糕中的一种)
빚다	[动]	揉,捏,塑
날리다	[他]	飘飞,飞扬,放飞
제기	[名]	毽子
제기차기	[名]	踢毽子
팽이	[名]	陀螺
팽이치기	[名]	抽陀螺,打陀螺
널	[名]	跳板,木板
널뛰기	[名]	跷跷板

语 法

1. -지 않으려고

否定形式"-지 않다"和表示意愿的连接词尾"-려고"连用的一种惯用形,表示"不打算……""不想……"的意思。

\<보기\>

(1) 가: 지난 주말에 선 보러 나가셨다면서요.

　　나: 저는 만나지 않으려고 했는데 어머니가 자꾸만 만나 보라고 하시기에 어쩔 수 없이 나갔어요.

(2) 가: 술을 많이 마셨네요.

　　나: 마시지 않으려고 했었는데 오래만에 만난 친구들이 어찌나 권하는지 하는 수 없이 마신 거죠.

(3) 가: 왕도 씨는 뭐든지 다 절로 한다고 고집을 부려요.

　　나: 아마 친구들에게 신세를 지지 않으려고 그러는 거겠죠.

(4) 가: 입사시험 준비가 잘 되시나요?

　　나: 네,부모님들의 기대에 실망 드리지 않으려고 열심히 준비하고 있어요.

(5) 가: 네가 한국에 유학 간다고 들었어요.

　　나: 경제위기 때문에 지금 가지 않으려고 해요.

2. - ㄴ/는다면서요?

疑问式终结词尾,表示自己所听说的事情想得到对方的确认。"-다면서요"用于形容词词干和词尾"-았/었/였, -겠"之后;"-ㄴ/는 다면서요"用于动词词干后;"-라면서요"用于"-이다, 아니다"词干之后。

<보기>

(1) 가: 수영 씨가 K방송국 들어 간다면서요?

　　나: 네, 아마 수영 씨의 방송 실력이 대단한 것 같아요.

(2) 가: 준영 씬 내일 떠난다면서요?

　　나: 네. 저는 급히 처리할 일이 있어서 내일 떠나기로 했어요.

(3) 가: 길 건너에 있는 중화요리집은 중국 사람이 만든 것이라면서요?

　　나: 네, 맞아요. 그 집은 요리가 매우 맛있대요.

(4) 가: 수영 씨는 3개 나라의 말을 할 수 있다면서요.

　　나: 아버지가 외교관이라서 외국에서 오래 살았대요?

(5) 가: 지난 일요일에는 등산 갔다면서요?

　　나: 네. 우리 반 친구들하고 같이 갔댔어요.

3. -을/를 바탕으로 하여

"바탕"是基础、依据的意思,后接"으로 하여"表示以前面的内容为基础、为依据的意思。

<보기>

(1) 가: 이번 축구경기에서 승리하게 된 원인은 뭐라고 생각하십니까?

　　나: 정신력을 바탕으로 하여 열심히 뛴 결과라고 생각합니다.

(2) 가: 어떻게 이런 훌륭한 연구를 하셨어요?

　　나: 선배 학자들이 해 놓은 연구를 바탕으로 하여 조금 발전시켰을 뿐인데요.

(3) 가: 대학교 입학시험에 합격하게 된 비결은 무엇이라고 생각해요?

　　나: 선생님의 가르침을 바탕으로 하여 열심히 노력한 덕이지요.

(4) 가: 어떻게 젊은 사람이 큰 회사의 사장이 될 수 있었지요?

　　나: 부모님의 재산을 바탕으로 하여 사업을 시작했으니까요.

(5) 가: 이번에 거둔 성과에 만족하지 않고 더욱 분발하시기 바랍니다.

　　나: 그럼요. 꼭 이미 거둔 성과를 바탕으로 하여 보다 훌륭한 성과를 이룩하기 위해 최선을 다 하겠습니다.

4. -되면 누구나 다

动词"되다"后加表示假设或条件的连接词尾"면","누구"后加"나"表示不加选择的包括，二者连用构成惯用形，相当于汉语"如果成为/到了……(的话)，不管谁都……"

<보기>

(1) 쉬는 시간이 되면 학생들은 누구나 다 운동장으로 뛰어나가요.

(2) 밤 11시가 되면 누구나 다 기숙사에 돌아와야 합니다.

(3) 여름 방학이 되면 누구나 다 여기저기 여행을 가고 싶어해요.

(4) 중년이 되면 누구나 다 한번 쯤은 자신의 장래를 생각해 보게 된다.

(5) 시험 기간이 되면 누구나 다 밤 새워 공부하나요?

5. -와/과 마찬가지로

由连格助词"-와/과"加名词"마찬가지"，再加上"-로"构成的。它附加在体词之后，表示(和比较的对象)相同，相当于汉语的"和……一样"。

<보기>

(1) 작년과 마찬가지로 보너스 한 푼도 못 받았거든요.

(2) 지난 번과 마찬가지로 술 마시던 중에 그 사람이 먼저 가버렸어요.

(3) 한국은 중국과 마찬가지로 설날과 추석을 대표적인 명절로 지냅니다.

(4) 다음 학기도 이번 학기와 마찬가지로 열심히 공부했으면 좋겠어요.

(5) 인터넷게임도 도박과 마찬가지로 중독될 가능성이 커요.

练 习

1. 본문을 읽고 다음의 질문에 대답하십시오.

(1) 한국의 풍습은 주로 어떤 생활을 바탕으로 하여 이루어졌습니까?

(2) 한국의 민속은 왜 정월에 많이 들어있습니까?

(3) "민족 대이동"이란 말은 무슨 뜻입니까?

(4) 주로 어느 명절에 조상들께 차례를 지냅니까?

(5) 명절에는 아이들이 어떤 놀이를 즐깁니까?

2. 다음 문장에서 틀린 곳을 찾아서 고쳐보십시오.

(1) 영수는 시합에서 지려고 날마다 열심히 연습해요.

_____

(2) 남에게 신세를 지려고 애를 씁니다.

(3) 어머님은 나더러 학교에서 친구들과 사이좋게 잘 살라고 했다.

_____

(4) 이번 학기 시험도 지난 학기 시험처럼 마찬가지로 평상시성적은 30%
로 기말성적은 70%로 할 거예요.

_____

3. '-ㄴ/는다면서요'를 이용하여 다음 문장을 고쳐 보십시오.

<보기> 우리 영하가 제일 고생이 많다.
   → 우리 영하가 제일 고생이 많다면서요?

(1) 고기는 성인병을 일으킬 수 있어요.

(2) 외국에 나가서 경험의 폭을 넓히라고 그런 기회를 주고 있습니다.

_____

(3) 이번 주말까지 자료를 분석해서 다음 주 초에 결과를 발표하겠다.

_____

(4) 인삼을 많이 먹었는데도 별 효과가 없어요.

_____

(5) 이번 졸업식에서 학생들이 많이 울었대요.

_____

4. '-을/를 바탕으로 하여'를 이용하여 다음 문장을 완성하십시오.

(1) 가: 그 나라가 어떻게 짧은 기간에 선진국이 될 수 있었을까요?

나: _____온 국민이 합심해 일한 결과지요. (탄탄한 국력)

(2) 가: 이번에 성공한 원인은 뭐라고 생각하십니까?

나: _____열심히 노력한 결과라고 생각합니다. (기존의 성과)

(3) 가: 그가 출연하는 프로그램마다 시청률 대박을 터뜨리는 원인은 무엇입니까?

나: _____친절함을 가지고 출연했기 때문이 아닌가 생각합니다. (뛰어난 임기응변능력)

(4) 가: 이 신상품이 정말 인기가 좋아요.

나: 그럼요. _____ 고객의 입장에서 개발된 실용적인 상품이니까요. (품질 보증)

5. 한국은 명절이면 먹는 특별한 음식이 있습니다. 다음 음식들은 어떤 것들인지 이야기해 보십시오.

(1) 떡국: _____
(2) 팥죽: _____
(3) 오곡밥: _____
(4) 송편: _____
(5) 자기 고향의 특별한 음식: _____

6. 다음의 문장을 중국어로 번역하십시오.

추석(秋夕)은 8월 15일로 한가위 또는 가위, 가윗날이라 한다. 이 날은 설과 단오와 함께 한국의 3대 명절의 하나로 쳤다. 추석이 되면 한더위도 물러가고 서늘한 가을철로 접어든 때이다. 추석 무렵에는 넓은 들판에 오곡이 무르익어 황금 빛으로 물들며 온갖 과일이 풍성하다. 그래서 이 날에는 새 옷으로 갈아 입고 집집마다 햇곡으로 만든 술과 햅 쌀떡(송편)에 햅쌀밥을 지어 조상에 제사 지내며 선조의 산소에 성묘한다. 제사를 지내고 성묘를 끝낸 뒤 신곡주 햅쌀밥 송편 등을 먹으며 즐겁게 하루를 지내는데 이날 저녁 젊은이들이 칭칭이놀이, 강강수월래 등을 부르며 추석 달빛 아래 즐겁게 노는 풍습이 전해져오고 있다.

7. 다음의 문장을 한국어로 번역하십시오.

1. — 听说你放弃了下学期出国的机会。

   — 是的，因为不想给父母太多经济上的压力。(-지 않으려고)

2. — 听说你们班成民毕业后去了外交部? (-ㄴ/는다면서요)

   — 是啊, 成民是我们班学习最棒的一个,各方面都很优秀。

3. — 你认为中国的航天技术取得这么大发展的原因是什么?

   — 是在老一辈科学家的研究基础上,新一代的航天人刻苦钻研的成果。

   (-을/를 바탕으로 하여)

4. 如果到了青春期,每个人都会多多少少有些叛逆。(-되면 누구나 다)

课外阅读

한국의 단오(端午)

　　동서양을 막론하고 각 나라마다 전통적인 명절(festive day)이 있다. 한국에도 설, 정월대보름, 한식, 단오, 추석, 동지, 칠석 등 예로부터 내려오는 명절이 있다. 이 중에서 설날, 추석(秋夕), 한식(寒食), 단오 (端午)는 한국의 4대 명절로 불린다. 예로부터 한국인들은 각 명절마다 의미를 부여하고 고유의 풍습과 놀이, 음식 등을 즐겼다.

　　한국에서 가장 대표적인 명절이라고 할 수 있는 단오(端午)는 음력 5월 5일 즉 초닷새를 의미한다. 그래서 습관적으로 5월 단오라고 말하는 경우도 종종 있다. 1년 중 양기가 가장 강한 날인 단오(端午)는 보리타작이 끝나고 새롭게 지을 농사의 풍년을 기원하는 날이기도 해 밭농사와 밀접한 관련을 가진다.

　　실제 한국의 단오(端午)는 중국의 문화와 깊은 관계가 있다. 기록에 의하면 중국 고대 초나라 회왕 때 굴원이라는 신하가 간신들의 모함에 자신의 지조를 보이기 위해 멱라수(汨羅水)라는 강에 투신하여 죽는다. 그 뒤 민간에서는 매년 그를 위해 제사를 지내는 풍습이 생겼는데 이러한 풍습이 아주 오래 전에 조선반도에 전래되어 긴 세월 전승·변화되어 오면서 오늘과 같은 한국적인 단오가 생기게 되었다고 한다. 한국의 대표적인 단오축제로는 강원도(江源道) 강릉(江陵)에서 해마다 열리는 강릉단오제(江陵端午祭)이다. 이는 강릉 지방에서 대관령 산길의 안전통행 또는 풍작(豊作)·풍어(豊漁)등에 대한 소망을 기원하여 거행하는 동제(洞祭)로서 한국적인 특징이 농후하다.

단오(端午)는 그 명칭도 여러 가지이다. 우선 단오(端午)는 수릿날이라는 말과 흔히 통용되는데, 수릿날이라는 말에도 여러 유래가 있다. 이 날 먹는 쑥떡 모양이 수레바퀴와 같다 해서 '수리'라는 명칭이 붙어 '수릿날'이 되었다는 설도 있고, 고어로 '수리'가 '고(高)·상(上)·신(神)' 등의 의미를 지닌 신의 날, 최고의 날로 불리면서 수릿날이 되었다고도 전해진다. 또한 단오(端午)는 천중절(天中節), 중오절(重午節), 단양(端陽)이라고도 불려진다.

한국의 경우 단오 행사는 북쪽으로 갈수록 번성하고 남으로 갈수록 약해지며, 남쪽에서는 추석이 번성하다.

단오날의 풍속 행사에는 창포물에 머리감기, 부적 부치기, 단오부채 만들기, 대추나무 시집보내기, 강릉 단오제, 약초 뜯기, 단오 비녀꽂기 등이 있다. 그리고 단오 음식으로는 수리떡이 있다. 쑥으로 만든 둥근 모양의 떡인데 그 모양이 마치 수레바퀴와 같아서 '수리'라는 이름을 붙이게 되었다고 한다.

이외 대표적인 민속놀이에는 그네뛰기, 씨름, 농악놀이 등이 있다. 그네뛰기는 주로 여자들이 하고 씨름은 주로 남자들이 하였다.

补充词汇

한식 [寒食]	[名]	寒食
칠석 [七夕]	[名]	七夕, 七月七
부여하다 [賦與-]	[动]	赋予
초닷새	[名]	初五

양기 [陽氣]	[名]	阳气,活气
보리타작	[名]	大麦打场
간신 [奸臣]	[名]	奸臣
모함 [謀陷]	[名]	陷害,诬害
지조 [志操]	[名]	志气,节操
투신하다 [投身-]	[动]	跳下,跳进,献身
전래되다 [傳來-]	[动]	传下来
대관령 [大關嶺]	[名]	大关岭(位于韩国江原道溟州郡的一座山)
소망 [所望]	[名]	韩国传统祭祀的一种
쑥	[名]	艾蒿,艾草
수레바퀴	[名]	车轮
번성하다 [繁盛-]	[动]	繁盛,繁荣,旺盛
머리감기	[名]	洗头
부적 [符籍]	[名]	画符
비녀	[名]	簪子,发簪
수리떡	[名]	用艾蒿(艾草)的汁做的糕
농악놀이 [農樂-]	[名]	农乐游戏

제13과 단군신화

重点语法
1. -기/게 마련이다
2. -(으)자
3. -ㄴ/는채
4. -답다

课文

(1)

이정희: 왕도 씨, 한국의 신화에 대해서 아시는 게 있어요?

왕 도: 네, 있고 말고요. 지난 학기에 고조선 건국 신화인 '단군신화'를 배운 적이 있거든요.

이정희: 아, 그래요? 그럼 '단군신화'에 나오는 호랑이와 곰의 이야기도 생각나시겠네요?

왕 도: 물론이죠. '단군신화'를 공부할 때 가장 인상 깊었던 이야기였으니까요. 환웅의 도움으로 사람이 된 웅녀가 고조선 시조 단군을 낳았다는 이야기잖아요. 참 재미나는 이야기지요.

이정희: 그럼요. 그런데, 왕도 씨는 신화 속에 왜 이런 이야기가 들어 있는지 아세요?

왕 도: 글쎄요. 그렇게 깊이 있는 문제까지는 생각해 보지 못했지만 아마 자기 조상을 신비하게 만들려는 목적으로 이런 이야기들을 만들어냈겠지요.

이정희: 물론 그런 의도도 없다고 할 수는 없지요. 그렇지만 그보다도 고대 사람들은 대개 특정 동물들이 자기 씨족과 특별한 혈연 관계가 있다고 생각했던가 봐요. 고대 한국 조상들도 바로 이런 신앙을 갖고 있었던 거예요. 중국 사람들이 예로부터 용을 숭배해 왔던 것도 같은 현상이지요.

왕 도: 들은 바에 의하면 세상의 적지 않은 민족들이 나름대로 특별히 신봉하는 동물들이 있다고 하던데 아마 다 그런 원인에서 비롯된 것 같아요.

이정희: 그래요. 이런 현상을 학계에서는 토템 신앙이라고 하는데 현재도 해당 민족에 의해 전승되고 있대요.

왕 도: 그렇군요. 그러고 보니 단군신화에 호랑이나 곰 같은 동물들이 등장한 것도 결코 우연한 현상이 아니군요.

(2)

나라마다 건국 신화가 있기 마련이다. 그러나 한국의 건국 신화는 독특한 면이 있다. 고유한 혈통을 가진 사람들로만 만들어졌다는 단일민족사상이 그 중 하나이고 건국 신화 속에 홍익인간이라는 가르침이 들어 있다는 점도 그 중의 하나이다. 바로 이러한 사상 때문에 한국 최초의 건국 신화인 단군신화는 현재까지 줄곧 한국사람들에게 민족주체성과 긍지를 갖도록 하고 있으며 앞으로도 그럴 것이다.

옛날 하늘 나라에 환인이라는 임금이 있었는데 그에게는 환웅이라는 아들이 있었다. 그런데 환웅은 하늘을 다스리는 일보다 땅에 더 관심이 많았다. 어느날 환웅은 아버지에게 간청했다.

'땅에 내려가 사람들을 다스릴 수 있게 허락해 주십시오.'

하늘 임금 환인은 아들의 간절한 부탁을 거절하지 못하고 땅을 다스리도록 허락했다. 환인은 아들에게 하늘의 상징인 천부인 세개와 함께 비와 구름, 바람을 다스릴 수 있는 우사, 운사, 풍백을 신하로 주었다. 환웅은 하늘의 무리 3천명과 함께 태백산 꼭대기 신단수라고 하는 신성한 나무 아래로 내려왔다. 그곳을 신시라고 이름 붙이고 부락을 만들고 자리를 잡았다. 땅으로 내려온 뒤 환웅은 백성들에게 인간 세상에 있는 여러 가지 일들을 하나하나 깨우쳐 주고 그들이 이것들을 빨리 익혀 생활할 수 있도록 도와주었다. 그때로부터 이 땅의 사람들은 비로소 법을 만들고 농사를 지으면서 평화롭게 살기 시작했다.

이때 환웅이 사는 곳에서 멀지 않는 곳에 호랑이 한 마리와 곰 한 마리가 살고 있었다. 어느날, 곰과 호랑이가 환웅을 찾아왔다.

'인간이 되는 것이 소원입니다. 환웅 님의 능력으로 저희를 인간으로 만들어 주십시오.'

간절한 그들의 부탁에 환웅은 쑥 한 줌과 마늘 20개를 주며 말했다.

'이 쑥과 마늘은 더러운 것을 깨끗하게 만든다. 너희는 동굴에 들어가 햇빛을 보지 말고 이것만 먹으면서 100일 동안 지내라. 그러면 사람이 될 수 있을 것이다.'

곰과 호랑이는 기뻐하며 쑥과 마늘을 가지고 동굴 속으로 들어갔다. 그리고 환웅의 말대로 햇빛을 보지 않은 채, 쑥과 마늘만 먹으며 지내기 시작했다. 지루하고 고통스러운 날들이 계속되자 참을성 없는 호랑이는 며칠만에 굴에서 뛰쳐나가 버렸다. 그러나 곰은 괴롭고 힘든 100일을 참고 견디어 마침내 아름다운 여자가 되었다. 사람들은 그녀를 웅녀라고 불렀다.

그러나 세상에는 웅녀와 혼인해 줄 남자가 없었다. 매일 저녁 신단수 아래서 웅녀는 소원을 빌었다.

'혼인을 해서 아이를 갖게 해 주십시오.'

간절한 그녀의 기도에 감동한 환웅은 잠시 사람으로 변해 그녀와 혼인을 했다. 그 뒤로 환웅과 웅녀 사이에서 아들이 태어났는데 그 아이가 바로 단군 왕검이다. 단군은 기원전 2333년 평양을 수도로 하여 나라를 세우고 이름을 '조선' 이라 명명했다. 그때부터 단군은 종교와 정치를 모두 맡아보는 지도자가 되어 1500년 동안 나라를 다스리다 신선이 되었다 한다.

词 汇

다스리다	[动]	统治,治理,掌管
간청하다 [懇請-]	[动]	恳请,央求,祈求
허락 [許諾]	[名]	准许,允许,批准
간절하다 [懇切-]	[形]	恳切,诚恳,迫切
천부인 [天符印]	[名]	天符印
우사 [雨師]	[名]	雨神,雨师
운사 [雲師]	[名]	云师
풍백 [風伯]	[名]	风神,风伯
신하 [臣下]	[名]	臣,臣子,臣下
무리	[名]	群,伙,帮
꼭대기	[名]	顶点,尖顶
신단수 [神壇樹]	[名]	神坛树
부락 [部落]	[名]	部落
신시 [神市]	[名]	神市
자리를 잡다	[词组]	坐落,定位
비로소	[副]	才
동굴 [洞窟]	[名]	洞穴
더럽다	[形]	脏、不干净、卑鄙
참을성	[名]	耐性,耐心
뛰쳐나가다	[动]	跑出去
괴롭다	[形]	痛苦,难过
소원 [所願]	[名]	夙愿
빌다	[动]	祈求
잠시 [暫時]	[名]	暂时,一小会儿
혼인하다 [婚姻-]	[动]	结婚,联姻
감동하다 [感動-]	[动]	感动
왕검 [王儉]	[名]	王俭(古朝鲜檀君的别名)
세우다	[动]	建立
명명하다 [命名-]	[动]	命名
종교 [宗敎]	[名]	宗教
정치 [政治]	[名]	政治

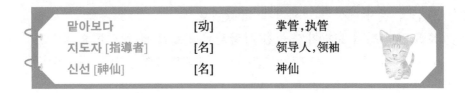

맡아보다	[动]	掌管,执管
지도자 [指導者]	[名]	领导人,领袖
신선 [神仙]	[名]	神仙

语 法

1. -기/게 마련이다

连接语尾"기"和"마려"以及体词谓词形词尾"이다"连用的一种惯用形,表示当然、理所应当的意思。也可用"-게 마련이다"来表示。

<보기>

(1) 가: 빨리 하려고 하니까 더 안 돼요.

　　나: 서두르면 실수하기 마련이에요.

(2) 가: 언제쯤 우리도 남 부럽지 않게 잘 살 수 있을까요?

　　나: 쥐구멍에도 볕 들 날이 있기 마련이니까 실망하지 마세요.

(3) 가: 이렇게 만나자마자 헤어지게 되어서 너무 섭섭하군요.

　　나: 만남이 있으면 이별이 있기 마련이고 이별이 있으면 또 만남이 있게 마련이잖아요.

(4) 가: 그 동네에서 빈집만 터는 도둑을 드디어 잡았대요.

　　나: 꼬리가 길면 잡히기 마련이라더니 정말 그렇군요.

(5) 가: 요즘 춘천 댁네 막내딸을 두고 이러고 저러고 소문이 무성해요.

　　나: 소문이란 눈덩이처럼 불에 나게 마련이잖아요.

2. -(으)자

接在动词词干后,表示前一动作一结束,紧接着发生后一动作或事实的连接词尾。相当于汉语"一……就……",但前后两句的主语不能相同。

<보기>

(1) 밤이 되자 도처에서 이상한 소리가 들려오기 시작했어요.

(2) 산에서 내려오자 날이 어두워졌어요.

(3) 문을 열자 이상한 냄새가 확 풍겼어요.

(4) 노인의 말이 도망가자 마을 사람들이 위로를 해 주었어요.

(5) 집을 막 나서자 빗방울이 떨어지기 시작했어요.

3. -ㄴ/는 채

接在动词词干后,表示保持着某种状态或行动做后面的事情。相当于汉语的
"⋯⋯着⋯⋯"

<보기>

(1) 가: 많이 피곤해 보여요.

나: 봄이라서 그런지 좀 피곤하네요. 오늘도 버스에서 선 채로 졸았어요.

(2) 가: 문을 열어 놓은 채로 나온 것 같아요.

나: 걱정 마세요. 내가 확인해 보고 나왔으니까.

(3) 가: 어제는 너무 피곤해서 집에 돌아가자마자 세수도 못 한 채 그냥 잤어요.

나: 나도 밥도 먹지 못 한 채 그냥 자 버렸어요.

(4) 가: 수영 씬 안경을 낀 채 목욕을 해요?

나: 전 눈이 너무 나빠서 안경을 안 끼면 하나도 안 보여요.

(5) 가: 어제 하도 더워서 선풍기를 틀어 놓은 채 잤더니 얼굴이 퉁퉁 부었어
요.

나: 선풍기를 틀어 놓고 자는 것이 얼마나 위험한데요. 조심하세요.

4. -답다

后缀。接在表示人的名词之后,表示具有某种资格;接在非人的名词之后,表示
具有某种性质或特点。

<보기>

(1) 학생 - 학생답다

(2) 교육자 - 교육자답다

(3) 사나이 - 사나이답다

(4) 정 - 정답다

(5) 번화가 - 번화가답다

1. 본문을 읽고 다음의 질문에 대답하십시오.

   (1) 환웅이 환인에게 무엇을 부탁했습니까?
   (2) 환웅에게 인간이 되게 해 달라고 빈 동물은 어떤 동물들입니까?
   (3) 인간이 될 수 있는 방법은 무엇입니까?
   (4) 동굴에서 끝까지 남아서 아름다운 여자가 된 동물은 무엇이며 사람이 된 후에는 어떻게 하였습니까?
   (5) 홍익인간이란 무엇을 의미합니까?

2. (   ) 안에 있는 말과 '-(으)ㄴ 채'를 이용해 대답하십시오.

   (1) 가: 어제 밤새도록 당신 방에 불이 켜 있더라고요?
       나: _____. (불을 켜 놓다 / 잠이 들었다)
   (2) 가: 이 이름이 없는 노트는 누구 거지요?
       나: 제 거예요. _____. (너무 급해서 깜빡 잊고 이름 쓰지 않다/내다)
   (3) 가: 엄마는 아빠 얼굴도 못 보고 시집을 오셨대.
       나: _____. (예전에는 얼굴도 못 보다 / 결혼하는 사람이 많았다)
   (4) 가: 오늘 왜 그렇게 기운이 없어요?
       나: _____. (늦어서 밥도 못 먹다 / 그대로 나왔다)
   (5) 가: 아니, 왜 _____. (신발 신다/ 방 안에 들어가다)
       나: 너무 급한 일이 있어서 그런 거야.

3. '-(으)자'를 이용해서 다음 문장을 완성해 보십시오.

   (1) _____ 모두들 소리를 질렀습니다. (시합이 끝나다)
   (2) _____ 비가 오기 시작하였습니다. (대문을 막 나오다)
   (3) _____ 온동네가 조용해졌습니다. (밤이 되다)
   (4) _____ 바다는 붉게 물들었습니다. (해가 솟다)
   (5) _____ 기뻐서 어쩔 줄을 몰라했습니다. (그 소식을 듣다)

4. 보기와 같이 다음의 대화를 완성해 보십시오.

   > <보기> 가: 이번 기말 시험이 정말 걱정이 되네요.
   >   나: 열심히 노력하면 좋은 성적이 나오기 마련이니까 너무 걱정
   >   하지 마세요.

   (1) 가: 어젯밤에 고향 생각이 나서 잠을 통 못 잤어요.
       나: 오랫동안 객지 생활을 하다보면 누구나 다 _____.
   (2) 가: 돈이 많은 사람은 아무 걱정도 없겠지요?
       나: 돈이 많으면 그만큼 _____ 부러워 마세요.
   (3) 가: 오늘은 눈이 많이 오는군요.
       나: 눈이 온 후에 _____ 운전 조심해야 해요.
   (4) 가: 영진 씨가 아까 화를 냈는데 너무 일이 많아서 그런가 봐요.
       나: 피곤하면_____.
   (5) 나: 욕심 때문에 일단 시작은 했다만 너무 힘들어서 포기할까 해요.
       가: 무슨 일이든 _____.

5. 다음의 글은 단군신화를 요약한 것입니다. 빈 칸을 채우십시오.

   하늘나라의 왕 환인의 아들_____이/가_____에 내려가고 싶어하
   다 가 마 침 내 허 락 을 받 았 다. _____ 은/는 환 인 으 로 부 터
   __을/를 받아 3천명의 무리를 데리고 _____에 내려와 도시를 세우
   고 그곳 사람들을 다스리기 시작했다. 그곳 사람들은_____을/를 만들
   고 _____을/를 지으면서_____살기 시작했다.

어느 날 곰과＿＿＿＿이/가 나타나＿＿＿＿고 부탁했다. ＿＿＿은/는 그들에게＿＿＿＿와/과＿＿＿＿을/를 주면서 1백 일 동안 그것들만 먹고 햇빛을 보지 않으면 소원을 이룰 수 있다고 했다. 그러나＿＿＿이/가 없는 ＿＿＿은/는 동굴을 뛰쳐나가 버렸고＿＿＿은/는＿＿＿일 만에 여자가 되었다. ＿＿＿은/는 그 웅녀와 혼인하여 아들을 낳았는데 그 아이가 바로＿＿＿이었다. ＿＿＿은/는 고조선이라는 나라를 세웠는데 평양을＿＿＿(으)로 정했다.

6. 다음의 문장 중에 '보내다'의 의미가 다른 것을 고르십시오.

(1) 학위 공부를 하느라 한국에서 5년이란 세월을 <u>보냈어요</u>.
(2) 지난 명절은 가족과 함께 <u>보냈다</u>.
(3) 저번에 <u>보낸드린</u> 선물 받으셨지요?
(4) 동생을 <u>보내서</u> 편찮으신 어머님을 간호하게 했다.
(5) 이번 주말은 함께 <u>보낼</u> 사람이 없어요.

7. 다음 문장을 중국어로 번역하십시오.

어느 나라를 막론하고 건국신화를 보면 신화적 요소가 많으며 그 내용 자체가 현실성을 가지지 못하는 게 사실이다. 하지만 이러한 현상은 고대인 자체가 무슨일이든 성스러운 차원과 관련시켜 이해하려는 특성을 가지고 있기 때문에 건국이라는 역사적 사건이 거룩한 것으로 비추어 지는 것은 당연한 일이다. 건국이라는 사실 자체뿐만이 아니라 건국시조의 신성함에 대한 강조가 신화 전반에 걸쳐 나타나는 것이 일반적이다. 한국의 건국신화에 등장하는 시조들의 특징은 신격의 유래라는 관점에서 분석해 볼 수 있다. 우선 하늘과 땅에서 직접 인간의 세계로 와서 건국시조가 된 경우를 들 수 있다. 해모수는 처음에 천제였다가 인간계로 내려와 부여를 건국하였고, 환웅은 단군이 태어나기 전에 하늘에서 내려와 인간을 다스렸다. 이와는 달리 신성한 부모에게서 태어나거나 자신의 신성성으로 말미암아 탄생하여 신격을 획득한 건국시조가 있다. 단군은 하느님의 서자인 환웅과 웅녀가 혼인하여 낳은 아들이며 나중에 산신이 되었다. 주몽은 수신의 딸 유화와 태양신 해모수가 결합하여 낳은 아들이다. 또한 혁거세·탈해·

알지·수로왕 등은 알이나 궤처럼 자신의 신성성을 상징하는 것에서 탄생한 경우이다. 이러한 시조의 성격은 건국신화가 특정한 역사적 사실을 배경으로 한다는 점에서 국가의 성립과정에 대한 역사학적인 분석에 유용한 정보를 제공하기도 하지만, 종교학적인 관점에서 볼 때 한국 민족의 신앙에 대하여 시사하는 바가 적지 않다.

8. 다음 이야기를 읽고 한국어로 이야기해 보십시오.

天地浑沌如鸡子,盘古生在其中。万八千岁,天地开辟,阳清为天,阴浊为地。盘古在其中,一日九变,神于天,圣于地。天日高一丈,地日厚一丈,盘古日长一丈。如此万八千岁。天数极高,地数极深,盘古极长,故天去地九万里。后乃有三皇,首生盘古,垂死化身。气成风云,声为雷霆;左眼为日,右眼为月;四肢五体为四极五岳,血液为江河;筋脉为地里,肌肉为田土;发为星辰,皮肤为草木,齿骨为金石,精髓为珠玉,汗流为雨泽。

课外阅读

백제의 이야기

백제의 시조는 온조다. 그의 아버지는 추모왕, 또는 주몽이라고도 한다. 주몽은 북부여에서 화난을 피해 도망해 나와 졸본부여에 이르렀다. 그 졸본주의 왕에겐 왕자는 없고 다맘 딸 셋만 있었다. 졸본 의 왕은 주몽을 보고 범상한 사람이 아님을 알고서 그의 둘째 딸을 시집 보내어 그를 사위로 맞았다.

그 뒤, 오래지 않아 졸본의 왕은 죽고 주몽이 그 자리를 계승했다. 주몽은 그 졸본주 왕녀와의 사이에 두 아들을 낳았다. 맏아들이 비류요, 둘째 아들이 온조다. 이들 비류와 온조는 나중에 태자에 옹위되지 않을 것을 우려하여 마침내 오간과 마려 등 열 명의 부하들과 함께 남쪽으로 내려왔다. 그들을 따르는 백성들이 많았다.

비류와 온조 일행은 드디어 한산에 이르렀다. 그들은 부아악에 올라가 근거지가 될만한 땅이 있는가 바라보았다. 비류는 바닷가에서 근거지를 잡으려고 했다. 열 명의 그 부하들은 비유에게 간했다. '이 하남의 땅은 북쪽으로 한수를 끼고 동쪽으로는 높은 산둥성이에 의지하고, 남쪽으로 기름진 들이 펼쳐져 있고, 그리고 서쪽은 큰 바다로 막혀 있어 그 천연으로 이룩된 요새의 이로움으로 보아 얻기가 어려운 지세이온데 이곳에서 도읍을 일으키는 것이 역시 마땅하지 아니하겠습니까.'

비류는 부하들의 의견을 듣지 않았다. 그리고 그는 따라온 백성들을 아우 온조와 나누어 미추홀(지금의 인천)로 가서 자리 잡았다. 온조는 하남 위례성에 도읍을 정하고서 그 열 명의 신하들을 그의 보익으로 하여 국호를 <십제>라 했다. 그것은 한나라 성제 15년(B.C 18)의 일이었다.

비류는 미추홀의 땅이 습하고 물이 짜기 때문에 정착할 수가 없어 되돌아왔다. 돌아와, 위례에 도읍이 바야흐로 자리 잡히고 백성들이 편안히 살고 있는 것을 보고 그는 마침내 부끄러움과 후회로 인해 죽고 말았다. 그의 신하와 백성들은 모두 위례성으로 돌아왔다. 돌아올 때 백성들이 즐거워했다고 해서 그 뒤 국호를 <백제>로 고쳤다. 백제의 세계는 고구려와 함께 다같이 부여에서 나왔으므로 <씨(氏)>를 <해(解)>라고 했다.

뒤에 성왕 연대에 이르러 도읍을 사자에 옮기니 지금의 부여군이다.

补充词汇

백제 [百濟]	[名]	百济
시조 [始祖]	[名]	始祖
온조 [溫祚]	[名]	温祚
추모 [鄒牟]	[名]	邹牟
주몽 [朱蒙]	[名]	朱蒙
북부여 [北扶餘]	[名]	北扶余
화난 [禍亂]	[名]	灾祸
졸본 [卒本]	[名]	卒本

범상하다 [凡常-]	[形]	普通，平常
사위	[名]	女婿
계승하다 [繼承-]	[动]	继承，沿承，承接
비류 [沸流]	[名]	沸流
태자 [太子]	[名]	太子
용납되다 [容納-]	[动]	容纳，容忍，容受
우려하다 [憂慮-]	[动]	忧虑，忧愁
마침내	[副]	终于，最后，到底
오간 [烏干]	[名]	乌干
마려 [馬黎]	[名]	马黎
부하 [部下]	[名]	部下
일행 [一行]	[名]	一行，同行
드디어	[副]	终于，总算
한산 [漢山]	[名]	汉山
근거지 [根据地]	[名]	根据地
간하다 [諫-]	[动]	建议
멧부리	[名]	山顶，最高峰
요새 [要塞]	[名]	要塞
이롭다	[形]	有利
지세 [地勢]	[名]	地势，地形
마땅하다	[形]	合适，适合
보익 [補翼]	[名]	辅佐，帮助
국호 [國號]	[名]	国号
부끄러움	[名]	羞，羞耻
후회 [後悔]	[名]	后悔，懊悔
안거하다 [安居-]	[动]	安居
바야흐로	[副]	此刻

제14과 생활과 속담

속담이란 인생의 지혜를 담은 짧은 말입니다. 대개 전하고자 하는 바를 직접 말하지 않고 다른 것을 빗대어 돌려 말하는 경우가 많습니다. 속담에는 그 민족의 문화가 녹아 있으며, 조상들의 지혜가 숨쉬고 있습니다. 그러므로 우리는 속담을 자주 익히면서 그 속에 담긴 조상들의 지혜를 잘 터득할 필요가 있습니다. 또 속담을 듣고 익히는 가운데 자연스럽게 기본적인 문학적 소양이 길러지기도 합니다.

영국의 프란시스 베이컨은 '그 나라 국민들의 기질과 정신은 속담에서 발견된다.'고 하였습니다. 또 한국의 유명한 국어학자이자 수필가인 이희승 선생은 '속담은 그 민족의 독특한 예지와 심리를 포함한다.'고 하여 속담의 의의를 강조한 바 있습니다. 다른 민족들과 마찬가지로 한국의 속담을 보면, 한민족의 정신 세계와 지혜, 생활과 문화를 한눈에 볼 수 있습니다.

한국의 속담 중에는 '호랑이한테 물려 가도 정신만 차리면 산다', '하늘이 무너져도 솟아날 구멍이 있다' 등이 있는데 이 속담에서는 어려운 일을 당할수록 꿋꿋하게 견디고 지혜를 모았던 조상들의 지혜가 담겨 있습니다. '백지장도 맞들면 낫다'는 속담은 협동의 정신을, '낙숫물이 댓돌을 뚫는다'는 말은 끈기 있는 자세를 각각 강조합니다. 이런 말들을 통해서 한국인들은 이 사회에서 어떻게 살아야 하는지를 저절로 배우게 됩니다.

그런가 하면 사람이 살면서 하지 말아야 할 일, 어리석은 일에 대한 경계를 담은 속담도 많습니다. 남에게 피해를 주거나 스스로 괴로움을 겪게 되므로 미리 주의하라는 뜻이 담겨 있는 말들입니다. '닭 잡아먹고 오리발 내민다'는 말은 자신이 일을 저지르고도 시치미를 떼는 사람을 가리키며, '우물가에서 숭늉 찾는다'는 말은 성격이 지나치게 급한 사람을 이르는 말입니다. '기와 한 장 아끼려다 대들보 썩힌다'라고 하면 작은 것을 아끼려다가 오히려 더 큰 실패를 당할 수 있다는 뜻이고, '호미로 막을 것을 가래로 막는다'라고 하면 초기에 작은 노력으로 막을 수 있었던 일이었으나 방비를 소홀히 하여 훨씬 더 힘을 들여야 하는 경우를 뜻합니다.

그리고 또 한국의 속담 중에는 말과 관련한 속담도 적지 않습니다. 그 중엔 '말 한마디로 천 냥 빚도 갚는다'는 말이 있는데 말이 그만큼 중요하다는 뜻으로, 말만 잘 하면 어떤 어려움도 해결할 수 있다는 의미로 쓰입니다. 또 '낮말은 새가 듣고 밤말은 쥐가 듣는다'와 '발 없는 말이 천리 간다'는 속담은 말을 조심해서 하라는 뜻으로, 흔히 다른 사람에 대해 나쁜 말이나 소문을 전할 때 아무도 듣지 않고 있다고 생각하지만, 자신도 모르는 사이에 멀리 퍼져나가 금세 모든 사람이 알게 된다는 의미입니다.

'가는 말이 고와야 오는 말이 곱다'는 속담은 상대방에게 예의 바르게 말해야 상대방도 예의를 갖추어 대해 준다는 뜻입니다. 이는 일상 언어생활에서 우리 스스로 지켜야 할 언어예절의 중요성을 경계하는 속담입니다.

속담 중에는 이와 같이 그 뜻만 알면 바로 이해가 되는 것들도 있지만, 언뜻 보아서는 그 의미를 짐작하기 어려운 것들도 많습니다. 문맥으로 미루어 어렴풋이 짐작을 할 수는 있지만, 그렇다고 언제까지나 그렇게 불확실하게만 알고 있을 수는 없는 노릇입니다. 사전을 이용하여 정확한 뜻을 알고, 상황에 맞게 자꾸 활용해 보는 노력이 필요합니다. 그렇게 하다 보면, '숭늉'처럼 한국의 독특한 문화에도 익숙해지고, 한국인의 사고 방식에도 쉽게 친숙해질 수 있습니다. '천릿길도 한 걸음부터'라고 했습니다. 한민족의 지혜와 생활이 담긴 보고(寶庫), 속담을 잘 익혀 두도록 합시다.

词汇

빗대다	[动]	影射,寓,歪曲
돌려 말하다	[词组]	婉转地说,拐弯抹角地说
녹다	[动]	融化,熔化,溶化
숨쉬다	[动]	呼吸,喘气
담기다	[动]	含,内涵,盛
터득하다 [攄得-]	[动]	领会,体会,领悟
소양 [素養]	[名]	素养
길러지다	[动]	培养,养成
프란시스 베이컨 [Francis Bacon]	[名]	弗朗西斯·培根
기질 [氣質]	[名]	气质,品质,品性,性格
발견되다 [發現-]	[动]	发现
수필가 [隨筆家]	[名]	随笔作家
이희승	[名]	李熙升(韩国的国语学者,随笔作家)
예지 [叡智]	[名]	睿智,智慧
심리 [心理]	[名]	心理
의의 [意義]	[名]	意义
물리다	[动]	被⋯⋯咬
무너지다	[动]	垮,塌,倒塌,崩溃
솟아나다	[动]	涌出,冒出,喷出,升起

구멍	[名]	孔,洞,窟窿
꿋꿋하다	[形]	坚强,倔强,坚硬
백지장 [白紙張]	[名]	白纸
맞들다	[他]	(两人)抬,协力
협동 [協同]	[名]	协同,协作
낙숫물	[名]	屋檐水,房檐水
댓돌	[名]	阶石
끈기	[名]	韧性,耐性
강조하다 [强調-]	[动]	强调
경계 [警戒]	[名]	警戒,戒备,堤防,抵制
괴로움	[名]	痛苦,难过,不舒服
잡아먹다	[他]	杀了吃,宰食
오리발	[名]	鸭蹼,鸭掌
시치미를 떼다	[惯用语]	装蒜,佯装不知,若无其事
떼다	[他]	撕下,揭下,免除
우물가	[名]	井边,井旁
이르다	[他]	称做,叫做,告诉
대들보 [大-]	[名]	横梁,大梁
아끼다	[动]	珍爱,爱惜,节俭
썩히다	[他]	使……腐烂
호미	[名]	锄头
막다	[动]	堵住,阻挡
가래	[名]	锨,铁锨,木锨
들이다	[他]	使……花费
방비 [防備]	[名]	防备,提防
소홀히 [疏忽-]	[副]	疏忽,忽略,大意
언뜻	[副]	猛然一(看,听等),乍然一(看,听等)
문맥 [文脈]	[名]	文脉,文理
어렴풋이	[副]	模糊地,隐约地
친숙하다 [親熟-]	[形]	亲密,熟识,亲睦
천릿길 [千里-]	[名]	千里路,远路

语 法

1. -(으)ㄴ/는/(으)ㄹ 바

惯用形。

1) 表示某种事情、事实，相当于汉语的"所……的"。经常以后面接助词的形式使用。此时的依存名词"-바"有"-것"或者"일"的意思及作用。"-(으)ㄴ/는/(으)ㄹ"是冠型词形语尾。

<보기>

(1) 대개 전하고자 하는 바를 직접 말하지 않고 다른 것을 빗대어 돌려 말하는 경우가 많습니다.

(2) 이희승 선생은 "속담은 그 민족의 독특한 예지와 심리를 포함한다"고 하여 속담의 의의를 강조한 바가 있습니다.

(3) 내가 들은 바에 의하면 그의 아버지는 유명한 변호사였다고 합니다.

(4) 이번 사건으로 우리는 얻은 바가 큽니다.

(5) 하고 안 하는 것은 네 문제니까 내가 알 바가 아니다.

2) 表示方法，此时表示方法的依存名词"-바"只限于用在冠型词形语尾"-(으)ㄹ"后面。其后边常与动词"모르다"搭配，与惯用型"-(으)ㄹ 줄 모르다"意义相似。

<보기>

(1) 갑작스러운 일이어서 사람들은 어찌할 바를 모르고 있다.

(2) 저를 이렇게 칭찬해 주시니 몸 둘 바를 모르겠습니다.

(3) 그는 선생님에게서 꾸중을 듣고 창피해서 어찌할 바를 몰랐다.

2. -다(가) 보면

接在动词后，表示在持续前一动词期间发生了后面的结果。

<보기>

(1) 수정 씨, 배우자를 너무 고르다 보면 결혼할 시기를 놓칠 수 있어요.

(2) 자식을 키우다 보면 부모의 마음을 이해할 수 있게 돼요.

(3) 다른 사람의 충고를 무시하며 살다 보면 자기중심적인 사람이 되어 버리겠죠.

(4) 한 평생을 살아가다 보면 즐거울 때만 있는 것은 아니에요.

(5) 해외 여행을 하거나 외국 생활을 하다 보면 자기도 모르게 애국자가 돼요.

3. -(이)자 -이다

接在名词后面,表示主语同时具有两种资格,相当于汉语的"既是……又是"。

<보기>

(1) 광복절 연휴이자 휴가철을 맞아 산과 바다에 휴가를 즐기는 피서객들이 붐비고 있습니다.

(2) 북경은 중국의 수도이자 정치, 경제, 사회, 문화의 중심지입니다.

(3) 공부를 열심히 하는 것은 학생들의 책임이자 의무입니다.

(4) 그 여자는 제 친구이자 언니와도 같은 사람이에요.

(5) 그 분은 위대한 정치가이자 교육자이십니다.

4. -(으)므로

接在动词和形容词词干后,表示前句是后句的原因。语气没有"-니까"强,主要用于书面语。

<보기>

(1) 오늘은 시간이 늦었으므로 이만 이야기를 끝냅시다.

(2) 기상상태가 나쁘므로 모든 항공기의 착륙이 늦어지겠습니다.

(3) 비행기가 연착되었으므로 2시간이상 기다려야 한답니다.

(4) 환경문제가 점점 더 심각해지므로 적극적인 대책이 필요합니다.

(5) 최선을 다했으므로 후회는 없습니다.

5. -만 -(으)ㄹ 수 없는 노릇이다

"노릇"表示某种"事情"的意思,和"만 -(으)ㄹ 수 없다"连用构成惯用形,表示"不能只(光)……"的意思。

<보기>

(1) 이제 고기 그만 먹어. 고기만 먹을 수 없는 노릇이잖아.

(2) 열심히 공부 좀 하지. 학생이 놀기만 할 수 없는 노릇이야.

(3) 좀 쉬세요. 사람은 일만 할 수 없는 노릇이에요.

(4) 돈만 생각할 수 없는 노릇이에요. 친구로서의 의리도 지켜야 지요.

(5) 속을 뒤집어 보일 수도 없는 노릇이다.

除此之外,노릇还有两个意思:一是接于表示职业或职位的名词之后,表示职业或职位。稍有贬低之意。

如: 그사람은 자식 노릇을 제대로 한다.

一是用于一些名词或代词之后,表示"应尽的职责"或"本分""作用"。

如: 그 사람은 능히 제 노릇을 할 수 있다.

6. 보충지식: 말과 관계된 한국 속담

* 호랑이도 제 말 하면 온다. → 어떤 사람에 대해 이야기하고 있는데 그 사람이 올 때 쓰는 속담.
* 발 없는 말이 천 리 간다. → 말을 조심해서 해야 한다는 속담.
* 가는 말이 고와야 오는 말이 곱다. → 다른 사람에게 듣기 좋게 말을 해야 그 사람도 나에게 듣기 좋게 말을 한다는 속담.
* 말 한 마디로 천 냥 빚을 갚는다. → 말을 잘 하면 어떤 어려움도 해결할 수 있다는 속담.
* 낮말은 새가 듣고 밤말은 쥐가 듣는다. → 비밀은 쉽게 소문이 날 수 있으므로 조심해야 한다는 속담.
* 사돈 남 말 한다. → 자기도 같은 잘못을 했으면서 다른 사람만 잘못했다고 말한다.
* 남의 말 하기는 식은 죽 먹기 → 다른 사람의 잘못을 말하는 것은 아주 쉬운 일이다.

练 习

1. 본문을 읽고 다음의 질문에 대답하십시오.

   (1) 속담이란 무엇이고 어떤 의미를 담고 있습니까?
   (2) 끈기 있는 자세를 강조하는 속담으로는 어떤 것이 있습니까?
   (3) 뜻만 알아도 바로 이해가 되는 속담도 많은데 언뜻 보아서 의미를 짐작하기 어려운 속담의 뜻을 어떤 방법으로 이해해야 합니까?

(4) 한국 속담을 배우는 것이 한국어 공부에 대해서 어떤 의미가 있습니까?

(5) 여러분이 알고 있는 다른 한국 속담에 대해서 말해 보십시오.

2. '-(이)자 -이다'를 이용하여 다음의 문장을 완성하십시오.

(1) 그 분은_____.
(2) 세종대왕은_____.
(3) 한국의 대통령은_____.
(4) 어제는_____.
(5) 공자는_____.

3. '-다(가) 보면'을 이용하여 다음의 대회를 왕성하십시오.

(1) 가: 요즘엔 일이 잘 안 돼서 스트레스를 많이 받았어요.

　　나: _____ 일이 잘 될 때도 있고 안 될 때도 있으니까 너무 걱정 하지 마세요.

(2) 가: 한국어 받침의 발음이 너무 어렵지요?

　　나: _____ 자연스러워질 거예요.

(3) 가: 무슨 좋은 방법이 없을까요?

　　나: 함께 _____ 좋은 의견이 나올 거예요.

(4) 가: 그 사람은 첫 인상이 별로 안 좋은 것 같아요.

　　나: _____ 괜찮은 사람이라는 것을 느끼게 될 거예요.

(5) 가: 외국 학생들을 가르치기가 어때요?

　　나: _____ 배우는 것도 많아요.

4. '-(으)므로'를 이용하여 다음의 두 문장을 연결하십시오.

(1) 내부 수리중입니다./ 오늘부터 2주간 쉽니다.
(2) 좋은 성적을 거두었습니다./ 규정에 따라 장학금을 드립니다.
(3) 내일은 전국에 눈이 많이 오겠습니다./ 운전에 각별히 주의하시기 바랍니다.

(4) 현재 수업중입니다./ 조용히 하시기 바랍니다.

(5) 여기는 금연 구역입니다./ 담배를 피우실 분은 흡연실을 이용하시기 바랍니다.

5. 다음의 문장에서 '노릇'의 뜻이 같은 것을 고르십시오.

가) 表职业或职位: _____

나) 表应尽的职责: _____

다) 表某种事情: _____

(1) 그 사람은 겨우 한 회사에서 관리원 노릇을 하게 됐어요.

(2) 그는 패스트 푸드점에서 점원 노릇을 한다.

(3) 며느리 노릇은 쉽고 시어머니 노릇이 힘들다.

(4) 나라고 평생 공무원 노릇이나 하라는 법이 어디 있어요?

(5) 제 허물을 보지 못하고 남만 헐뜯으니 한심한 노릇이다.

(6) 방금 여기 있던 물건이 없어졌으니 기가 찰 노릇이다.

(7) 평생 아비 노릇도 제대로 못해 부끄럽기 짝이 없다.

6. 다음의 속담과 알맞은 의미를 찾아서 연결하십시오.

| 갈수록 태산 | ① 아무도 모르게 한다는 뜻 |

| 발등에 불 끄기 | ② 주의해 듣지 않거나 누가 무슨 말을 하여도 조금도 상관 하지 않음을 말함 |

| 까마귀는 검어도 살은 희다 | ③ 주체보다 부수물이 더 클 때 사용하는 말임 |

| 마이동풍(馬耳東風) | ④ 매우 급한 일을 얼른 처리해 버린다는 말 |

| 배보다 배꼽이 더 크다 | ⑤ 일이 점차 곤경에 들어감을 이름 |

| 쥐도 새도 모르게 | ⑥ 겉만 보고 내용까지 판단하지는 못한다는 말 |

7. 다음의 문장을 중국어로 번역하십시오.

(1) 열거한 자료에서 볼 수 있는 바와 같이 시대 및 저자의 학문적 경향에 따라 단군신화 속에 묘사된 명칭이나 신화의 시발점은 약간의 차이를 나타내고 있습니다.

_____.

(2) 사람이 분수에 맞지 않는 생활을 계속 한다보면 패가망신하기가 쉽다.

_____.

(3) 한국의 유명한 국어학자이자 수필가인 이희승 선생은 "속담은 그 민족의 독특한 예지와 심리를 포함한다." 고 하여 속담의 의의를 강조한 바 있습니다.

_____.

(4) 속담은 민중이 삶의 과정에서 겪은 갖가지 체험을 통해 얻어낸 생활의 진리로써 엄숙한 교훈인 동시에 세태에 대한 예리한 풍자의 역할을 하고 있다.

_____.

8. 다음의 속담을 한국어로 번역하십시오.

(1) 种瓜得瓜, 种豆得豆。

(2) 若要人不知, 除非己莫为。

(3) 远亲不如近邻。

(4) 智者千虑, 必有一失。

(5) 众人拾柴火焰高。

课外阅读

생활 속의 관용 표현

생활 속에서 자주 접하는 관용 표현에 재미있는 것들이 있다. 신체의 일부분을 빗대어 표현하는 '한턱 내다' '눈 감아 주다' 등은 우리가 흔히 들을 수 있는 관용 표현이다. 주위 사람에게 좋은 일이 생겼을 때 우리는 그 사람에게 한턱 내라고 한다. '한턱 내다'는 다른 사람에게 크게 술이나 음식을 대접한다는 뜻인데, 가끔 농담으로 두 턱을 내라는 말을 하기도 한다. '눈 감아 주다'는 남의 잘못을 못 본 체한다는 뜻으로 '봐 주다'와 같은 의미로 쓰인다. '눈을 감다'가 '죽다'라는 의미가 있는데 비해, '눈 감아 주다'는 그와 상관없이 다른 사람의 사정을 이해하여 잘못을 못 본 체해 준다는 뜻으로 쓰인다.

생각하지 못했던 일이 생기거나 일의 결과가 놀랍고 엄청나서 어이가 없을 때 우리는 '기가 막히다'라는 표현을 쓴다. 예를 들어, 늦게 일어나서 학교에 지각을 하게 되었을 때 어머니에게 화를 내고 짜증을 부리는 경우가 있다. 이때 어머니는 기가 막힐 것이다. 또 말로 표현할 수 없을 만큼 좋을 때도 '기가 막히게 좋다'라는 말을 한다. 약속 장소에서 기다리는 사람이 오지 않을 때는 '바람을 맞았다'고 하며, 물건을 제값보다 비싸게 주고 샀을 때 '바가지를 썼다'라고 한다. 택시를 타고 목적지까지 갔는데 평소 요금보다 훨씬 비싸게 나오는 경우가 있다. 이럴 때는 '바가지 요금을 냈다'고 할 수 있다.

补充词汇

접하다 [接-]	[动]	接触
관용 표현 [慣用表現]	[词组]	惯用的表现方式
신체 [身體]	[名]	身体
한턱 내다	[词组]	请客
놀랍다	[形]	惊人, 出乎意料
엄청나다	[形]	相当, 宏壮
어이가 없다	[词组]	荒唐, 无法理解
짜증	[名]	脾气, 肝火
부리다	[动]	耍, 撒

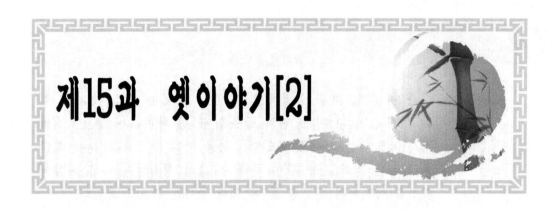

제15과 옛이야기[2]

重点语法
1. -대신(에)
2. -깨나
3. -(으)ㄴ 척 만 척하다
4. -다못해

먹여 주고 재워 주고 입혀 주고

옛날에 이 마을 저 마을 떠돌아다니며 사는 청년이 있었습니다. 어느 날 청년이 어느 마을을 지나는데, 웬 아주머니가 눈물을 흘리면서 울고 있었습니다. 청년은 왜 울고 있냐고 물었습니다.

'아이고. 우리 집 여섯 살배기 외동아들이 부잣집에 종으로 끌려갔단다. 빚을 못 갚았다고 빚 대신에 아이를 끌고 갔어. 아이고…'

참 기가 막힌 일이었습니다. 여섯 살짜리를 종으로 부려먹겠다고 끌고 가다니. 청년은 그 못된 부자를 골려 주어야겠다고 생각했습니다.

'이 집에 머슴 안 쓰실래요? 한참 동안 일을 안 했더니 심심해 죽겠네요.'

청년은 부자 집으로 가서 자신을 머슴으로 쓰라고 했습니다.

부자가 보니까, 나이는 18~19 살쯤 되어 보이는데 몸집이 우람해서 힘깨나 쓸 것 같았습니다.

'그래. 돈은 얼마나 줄까?'하고 부자가 물었습니다.

청년이 '돈은 무슨 돈이에요? 그냥 먹여 주고 재워 주고 입혀 주면 되지요' 하고 말했습니다.

부자는 너무 좋았습니다. 겨우 밥과 옷만 주고 문간방이나 내어 주면 실컷 부려먹을 수 있으니까 말이에요.

'그런데 이 집에 여섯 살배기 어린애가 머슴으로 살고 있다던데, 난 애와 같이 일할 수 없어요. 그 아이는 내보내세요.'

'그래그래, 일 잘하는 네가 있으면 그 애는 소용없지. 당장 내보내마.' 부자는 흔쾌히 청년의 요구를 들어주었습니다.

이튿날 아침, 부자가 일어나고 보니, 청년은 옷도 안 입고 쿨쿨 자고 있었습니다. 부자 영감이 화가 머리끝까지 나서,

'이놈아. 얼른 일어나서 마당도 쓸고 쇠죽도 끓여야지. 아직 옷도 안 입고 뭘 하고 있어?'

청년은 들은 척 만 척 하고 있었습니다. 그러다가 늘어지게 하품을 하면서,

'아이 참, 영감님도 옷을 입혀 주셔야지요' 라고 말했습니다. 부자는 어이가 없었습니다.

'네가 입지 못하고 왜 나더러 옷을 입혀 달라고 하는 거야.'

'영감님이 먹여 주고 입혀 주고 재워 준다고 했잖아요.'

생각해 보니 영감님이 생각한 '먹여 주고 입혀 주고'와 머슴이 요구한 '먹여 주고 입혀 주고'가 다른 뜻이었습니다. 영감님은 할 수 없이 머슴에게 옷을 입혀 주었습니다. 그러고 나서야 청년은 일어나서 마당도 쓸고 쇠죽도 끓이는 것이었습니다.

그런데 아침 밥상을 받고서 또 밥은 안 먹고 멀뚱멀뚱 가만히 앉아 있었습니다.

'밥은 또 왜 안 먹어?'

부자가 말하니까,

'아이 참! 밥을 먹여 주셔야지.'

약속은 약속이니까 할 수 없이 숟가락으로 떠 넣어 가며 밥을 먹여 주었습니다.

저녁이 되었습니다. 이번에는 글쎄 잠을 안 자는 것이었습니다.

'이놈아! 잠은 또 왜 안 자?'

'재워 주셔야지요.'

부자는 밥을 먹여 주고 옷을 입혀 주다 못해 이제는 재워 주기까지 해야 했습니다. 기가 막힌 영감님은 결국 한숨만 폭폭 내쉬다가 '이놈아. 다 귀찮다. 당장 내 집에서 나가!' 하고 소리를 질렀습니다. 청년은 싱글벙글하며 그 집을 나왔답니다. 나와서 또 이 마을 저 마을 떠돌아다니며 잘 살았답니다.

词 汇

떠돌아다니다	[动]	漂泊,漂流,流落
배기	[接尾词]	表示某种东西充满或者装满
외동아들	[名]	独生子
부잣집 [富者-]	[名]	富人家,富户
종	[名]	佣人,仆人
끌려가다	[动]	被拉走,被牵走
빚	[名]	债
갚다	[动]	还
아이고	[感]	天哪
참	[感]	插入语,表示感叹
기가 막히다	[词组]	(气得)无话可说
짜리	[接尾词]	表示货币的面额或商品的单价
골려 주다	[词组]	打趣,逗着玩
심심하다	[形]	无聊,没意思
머슴	[名]	长工,雇工
몸집	[名]	身材,身条儿
우람하다	[形]	雄伟,魁梧
문간방 [文間房]	[名]	门房,门堂

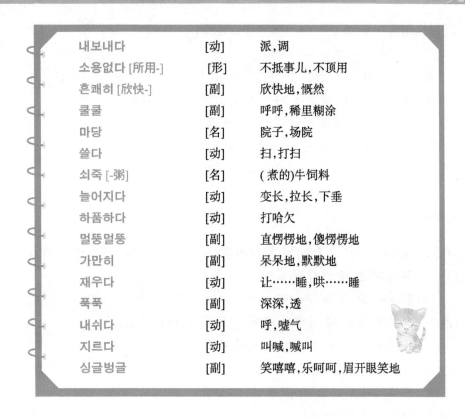

내보내다	[动]	派，调
소용없다 [所用-]	[形]	不抵事儿，不顶用
흔쾌히 [欣快-]	[副]	欣快地，慨然
쿨쿨	[副]	呼呼，稀里糊涂
마당	[名]	院子，场院
쓸다	[动]	扫，打扫
쇠죽 [-粥]	[名]	(煮的)牛饲料
늘어지다	[动]	变长，拉长，下垂
하품하다	[动]	打哈欠
멀뚱멀뚱	[副]	直愣愣地，傻愣愣地
가만히	[副]	呆呆地，默默地
재우다	[动]	让……睡，哄……睡
푹푹	[副]	深深，透
내쉬다	[动]	呼，嘘气
지르다	[动]	叫喊，喊叫
싱글벙글	[副]	笑嘻嘻，乐呵呵，眉开眼笑地

语 法

1. -대신(에)

接在动词、形容词词干或体词后，表示代替或补偿的意思。可分为两种情况：

1)可作为依存名词使用

<보기>

(1) 내 대신 네가 집을 좀 보면 어떠니?

(2) 어머니 대신 누나가 나를 데리러 왔다.

(3) 밥 대신에 빵으로 끼니를 때웠어요.

(4) 친구 대신에 제가 왔어요.

(5) 요즘은 연탄 대신에 천연가스를 씁니다.

(6) 지금은 연탄 대신에 가스를 쓰고 있어요.

2) 以惯用形"-ㄴ(으)/는 대신에"的形式使用

<보기>

(1) 하루 쉬는 대신에 밤일을 하겠습니다.

(2) 부모님을 모시는 대신에 재산을 물려받기로 했어요.

(3) 그는 침착한 대신에 박력이 없는 게 흠이지요.

(4) 젊은 시절에 꿈이 많은 대신에 고민도 많았다.

(5) 노래를 못하는 대신에 피아노를 잘 친다.

2. -깨나

"깨"为结尾词, "나"为补助词, 接在体词后, 表示程度, 相当于汉语的"挺……"。

(1) 가: 저 남자는 꽤 건강해 보이네요.

　　나: 힘깨나 쓸 것 같습니다.

(2) 가: 진수는 요즘 왜 그렇게 목에 힘을 주고 다니지요?

　　나: 돈깨나 있다고 그러는 거 겠지요.

(3) 가: 마나코는 너무 잘난 척해.

　　나: 공부깨나 한다고 잘난 척하는 거야.

(4) 가: 세탁기가 고장났어요.

　　나: 고치려면 돈깨나 들겠군요.

(5) 가: 걔 말 하는 거 봤지.

　　나: 글쎄, 말하는 꼴을 보니 말썽깨나 일으키겠더라.

3. -(으)ㄴ 척 만 척하다

惯用句, 表示"糊涂的""似……而非……", 前面多和动词"보다""듣다"连用。"척"和依存名词"체"是同样的意思, 用法也一样。

<보기>

(1) 가: 엄마가 빨리 일어나라고 하셨는데 언니는 들은 척 만 척해요.

　　나: 야단을 맞아야 정신을 차리지.

(2) 가: 어제 그 사람을 만나셨지요?

　　나: 네. 그런데 저를 보고도 본 척 만 척 했어요.

(3) 가: 오늘 그 학생을 찾아 얘기를 해 주셨어요?

나: 네. 그렇지만 제 말을 들은 체 만 체 하고 아무런 대꾸도 없었어요.

(4) 가: 마나코가 우리를 보지 못했을까요?

나: 글쎄요. 본 척 만 척 하고 그냥 지나가네요.

4. -다못해

接在动词或形容词后, 表示某种行为或状态已达到极点。相当于汉语的"……得不能再……了"。

<보기>

(1) 가: 그 영감님이 청년에게 무엇을 해 주었지요?

나: 옷을 입혀 주다못해 밥까지 먹여 주어야 했어요.

(2) 가: 아들이 대학에 합격해서 정말 기쁘시겠어요?

나: 기쁘다못해 행복하기까지 해요.

(3) 가: 봐요, 그녀의 얼굴이 백지장처럼 창백해졌어요.

나: 창백하다못해 푸르스름한 빛까지 띠었군요.

(4) 가: 동생에게 생활비도 준다면서요?

나: 요즘은 생활비를 주다못해 용돈까지 주고 있어요.

(5) 가: 어제 예방 주사가 아팠지요?

나: 네, 참다못해 눈물까지 났어요.

练 习

1. 본문을 읽고 다음의 질문에 대답하십시오.

(1) 아주머니는 왜 울고 있었나요?

(2) 청년이 공짜로 일하는 대신에 원하는 것은 무엇인가요?

(3) 부자가 생각하는 '먹여 주고 재워 주고'와 청년이 생각하는 '먹여 주고 재워 주고'는 어떻게 다른가요?

(4) 부자는 왜 일하는 청년을 나가라고 했나요?

2. 다음의 문장에서 사동사의 의미가 한 가지 이상 있는 것을 고르십시오.

    (1) 엄마가 맛있는 요리를 만들어서 아이에게 <u>먹였어요</u>.
    (2) 내일은 날씨가 춥다고 하니까 조카에게 모자를 <u>씌우세요</u>.
    (3) 비가 오니까 아들에게 장화를 <u>신겨서</u> 데리고 오세요.
    (4) 잘 곳이 없으면 우리 집에 오세요. <u>재워</u> 드릴게요.

3. <보기1>과 <보기2>에 있는 말을 이용해서 문장을 완성해 보십시오.

    <보기1>
    ① 힘깨나   ② 돈깨나   ③ 공부깨나
    ④ 자랑깨나   ⑤ 얼굴깨나
    <보기2>
    ① 예쁜 모양이다   ② 잘하는가 보다   ③ 있나 보다
    ④ 쓰는가 보다   ⑤ 한다고
    (1) 남자들이 따라다니는 걸 보니 _____ _____.
    (2) 좋은 차를 몰고 다니는 걸 보니 _____ _____.
    (3) _____ _____ 잘난 척하는 거야.
    (4) 아들이 좋은 대학에 간 걸 보니 _____ _____.
    (5) 그렇게 무거운 물건을 드는 걸 보니 _____ _____.

4. 다음의 문장에서 밑줄 친 것과 바꾸어 쓸 수 없는 말을 고르십시오.

    서점에서 그 친구를 만났는데 저를 <u>본 척 만 척 했어요</u>.
    ① 본 체 만 체 했어요   ② 못 보았어요
    ③ 보고도 못 본 것처럼 했어요   ④ 안 본 척 했어요

5. '-다못해'를 이용해서 다음의 대화를 완성하십시오.

    (1) 가: 좋은 회사에 취직을 하셨다고요? 기쁘시겠어요?
        나: _____. (기쁘다 /
        날아갈 것 같다)

(2) 가: 아들 때문에 속을 썩이신다고 들었어요?

　　나: 네, 그 녀석이_____. (말을 안

　　　　듣다 / 집을 나가버리다)

(3) 가: 형이 동생을 왜 그렇게 미워해요?

　　나: _____. (동생이 형

　　　　의 과자를 빼앗다 / 때리다)

(4) 가: 어제는 왜 아드님을 야단치셨지요.

　　나: 너무 애를 먹여서_____. (참

　　　　다 / 화를 내다)

(5) 가: 사무실이 그렇게 지저분해도 청소하는 사람은 없네요.

　　나: 말도 말아요. _____. (어제 보다 /

　　　　청소하다)

6. '-대신(에)'를 이용해서 다음의 대화를 완성하십시오.

> <보기> 가: 이 아파트는 지하철 역과 가까워서 교통이 편하군요.
> 　　　　나: 네, 그렇지만 교통이 편한 대신에 값이 비싸요.

(1) 가: 오늘 회사에 출근 안 했어요?

　　나: _____.

(2) 가: 오늘 진홍 씨 생일인데 선물 준비하셨어요?

　　나: _____.

(3) 가: 이번 일을 꼭 좀 도와 주시면 감사하겠습니다.

　　나: _____.

(4) 가: 너무 비싸요. 좀 깎아 주세요.

　　나: _____.

(5) 가: 바쁜 일이 있어서 오늘은 먼저 가 보겠습니다.

　　나: _____.

7. 다음 이야기를 읽고 한국어로 이야기해 보십시오.

　　向北二百里, 有一座山叫发鸠山, 山上长了许多柘树。山上有一种鸟, 鸟
的形状像乌鸦, 头部有花纹, 白色的嘴, 红色的脚, 名字叫做精卫, 它的叫声就

好像在呼唤自己的名字。据说这种鸟是炎帝小女儿的化身,名字叫做女娃。有一次,女娃在东海游玩,溺水身亡,再也没有回来。后来变成精卫鸟,经常用嘴叼着西山上的树枝和石块,用来填塞东海。

8. 다음의 한국어를 중국어로 번역하십시오.

　　전국시대인 기원전 4세기 초엽, 초(楚) 나라 선왕(宣王) 때의 일이다. 어느 날 선왕은 위(魏)나라에서 사신이 왔다가 그의 신하가 된 강을(江乙)에게 물었다. "위나라를 비롯한 북방 제국(諸國)이 우리 재상 소해휼(昭奚恤)을 두려워하고 있다는데 그게 사실이오?" "그렇지 않사옵니다. 북방 제국이 어찌 일개 재상에 불과한 소해휼 따위를 두려워하겠나이까. 전하, 혹 '호가호위'란 말을 알고 계시옵니까?" "모르오." "하오면 들어 보시오소서. 어느 날 호랑이한테 잡아먹히게 된 여우가 이렇게 말했나이다. '네가 나를 잡아먹으면 너는 나를 모든 짐승의 우두머리로 정하신 천제(天帝)의 명을 어기는 것이 되어 천벌을 받게 된다. 만약 내 말을 못 믿겠다면 당장 내 뒤를 따라와 보라구. 나를 보고 달아나지 않는 짐승은 단 한 마리도 없을 테니까.' 그래서 호랑이는 여우를 따라가 보았더니 과연 여우의 말대로 만나는 짐승마다 혼비백산(魂飛魄散)하여 달아나는 것이었습니다. 사실 짐승들을 달아나게 한 것은 여우 뒤에 있는 호랑이였는데도 호랑이 자신은 그걸 전혀 깨닫지 못했다고 하옵니다. 이 경우도 마찬가지이옵니다. 지금 북방 제국이 두려워하고 있는 것은 소해휼이 아니라 그 배후에 있는 초나라의 군세(軍勢), 즉 전하의 강병(强兵)이옵니다."

9. 말하기 연습

(1) 자기네 나라나 고향에 옛날부터 내려오는 이야기가 있으면 말해 보세요.
　　① 무서운 이야기　　　② 재미있는 이야기　　　③ 슬픈 이야기
(2) '먹여 주고 재워 주고 입혀 주고'로 연극 대본을 만들어 봅시다.
　　때 : 옛날
　　장소: 어느 마을
　　등장인물: 청년, 부자 영감, 아주머니, 아이

아리랑

아리랑 아리랑 아라리요
아리랑 고개로 넘어간다
나를 버리고 가시는 님은
십리도 못 가서 발병난다

아리랑만큼 조선민족의 사랑을 받아 온 노래는 없다. 누가 지었는지도 모르고, 아리랑이라는 말이 무엇을 뜻하는지도 모르면서 입에서 입으로 전해지는 대로 그냥 따라 불렀던 민요다. 아리랑에는 정해진 형식이 없어서 부르는 사람의 감정에 따라 자유롭게 가사가 변하고 곡조도 바뀌었다. 그래서 민요 아리랑은 아리랑 또는 이와 유사한 음성이 후렴에 들어간 민요의 총칭이라고 폭 넓게 정의되고 있다.

현재 전해지는 아리랑만도 남북을 통틀어 60여 종, 3,600여 개에 이른다. 평안도의 서도 아리랑, 강원도의 강원도 아리랑과 정선 아리랑, 함경도의 함경도 아리랑과 단천 아리랑, 경상도의 밀양 아리랑, 전라도의 진도 아리랑, 경기도의 긴 아리랑 등 지역에 따라 독특한 아리랑이 있다. 이뿐만 아니라 독립군 아리랑, 사할린 아리랑, 상암 아리랑 등 시대 상황을 나타내 주는 아리랑도 있다. 이들 아리랑 가운데서도 정선 아리랑과 진도 아리랑, 밀양 아리랑이 한국 3대 아리랑으로 꼽히고 있다.

한국사람의 조상들의 일상 생활을 알 수 있는 관련 기록은 좀처럼 찾기가 어렵다. 고려 청자를 만드는 비법이나 숟가락질이나, 젓가락질, 지게에 대해서도 외국인들이 쓴 자료가 더 많다.

아리랑에 관한 기록도 마찬가지여서 한국 사람이 쓴 최초의 기록은 1900년에나 찾아볼 수 있다. 그런데 미국에서는 이미 1828년에 아리랑의 악보까지 발행되었다.

아리랑이라는 말이 어떻게 생겨난 것일지에 대해서는 현재까지 약 40여 가지의 이론이 전해지고 있다. 고어를 참고하여 아리랑이라는 말의 뜻을 짐작해 낸 이론이 있는가 하면, 전설을 근거로 하는 이론이나 문헌을 뒤져 알아보거나 외래어나 외래 종교에서 그 기원을 찾는 이론 등 여러 가지가 있다. 이렇게 다양한 이론이 나오게 된 것은 무엇보다 아리랑의 의미가 아직 확실히 밝혀지지 않은 탓이 가장 크겠지만, 그만큼 한국사람들이 아리랑에 대해 깊은 애정을 품고 있다는 사실을 말해 준다.

补充词汇

아리랑	[名]	阿里郎(韩国传统民歌)
고개	[名]	山岭,山岗;后颈
넘어가다	[动]	翻过,翻越,转入
님	[名]	心上人;对爱人的称呼
짓다	[动]	做,写,编
전해지다 [傳-]	[动]	传,流传
정해지다 [定-]	[动]	定下,选定
곡조 [曲調]	[名]	曲调,曲子
후렴	[名]	副歌
총칭 [總稱]	[名]	总称
폭넓다 [幅-]	[形]	广泛,全面
통틀다	[动]	总共,通通地
평안도	[地名]	平安道
강원도	[地名]	江原道
함경도	[地名]	咸镜道
경상도	[地名]	庆尚道
전라도	[地名]	全罗道
꼽히다	[动]	数
좀처럼	[副]	轻易
청자 [青瓷]	[名]	青瓷
비법 [秘法]	[名]	秘诀,秘方
지게	[名]	臂架,背夹(子)

악보 [樂譜]	[名]	乐谱, 歌谱
이론 [理論]	[名]	理论
고어 [古語]	[名]	古语, 古话
참고하다 [參考-]	[动]	参考, 参照
짐작하다 [斟酌-]	[动]	斟酌, 估量
전설 [傳說]	[名]	传说
근거 [根據]	[名]	根据, 依据
문헌 [文獻]	[名]	文献
뒤지다	[动]	翻, 翻找
기원 [起源]	[名]	起源, 发源
확실히 [確實-]	[副]	确实, 肯定
밝혀지다	[动]	阐明, 搞清楚
품다	[动]	抱, 搂, 怀着

제16과 마음의 인사

重点语法

1. -조차
2. -알게 모르게
3. 얼마나 -았/었/였으면
4. -만 하여도

눈은 마음의 창이며 사람의 얼굴이다. 사물을 보는 감각 기관이라고 하지만 보고 판단하는 힘도 눈을 통하여 알 수 있다. 아름다운 눈은 광채를 띄며 정기가 흘러 넘쳐 반짝반짝 빛나 총명해 보이며 맑고 부드럽기도 하다. 눈은 말도 할 줄 모르며 들을 수도 없다. 그러나 소리는 들리지 않지만 마음으로 들을 수 있는 이야기들을 수없이 내뱉는다. 또한 눈은 여러 가지 뜻을 지니고 있다. 존경과 사랑이 묻어나는 눈, 저주와 원망 어린 눈 등 헤아릴 수 없을 만큼 다양하기까지 하다.

눈을 보면 그 사람의 마음을 쉽게 판단할 수 있다. 그래서 우리들은 처음 만나 인사할 때나 자주 만나는 사람이라도 눈을 마주치며 이야기하고 따뜻한 정을 나누기도 한다.

아름다운 눈을 가진 사람은 마음도 아름다울 것 같아 어느 장소에서 만나더라도 반갑고 즐겁지만 그렇지 못한 사람을 만나게 될 때면 눈을 마주치는 것조차 꺼리게 된다. 다들 오늘도 새로운 사람을 만나고 또 아는 사람도 만난다.

　오래 전에 있었던 일이지만 생각하면 낯 뜨거워지고 부끄러운 일이 있었다. 사람이 많이 모이는 장소였다. 내가 좀 늦게 도착하여 허겁지겁 (시작 시간이 다 되어서) 들어설 때였다. 미안한 마음이 앞서 지인이 반갑다고 인사를 하는데, 악수를 하면서 마음과 몸이 따로 놀아 눈은 그 사람에게서 벌써 떠나 또 다른 사람의 눈을 쳐다보고 손만 잡은 일이 있었다. 상대방은 아주 반갑다고 눈가에 웃음까지 띄웠는데 내 눈은 다른 사람에게로 향하고 있었으니 그가 얼마나 불쾌했을까. 나에게 서운하다는 듯 '쳐다보지도 않고 성의 없이 손만 내미느냐'고 불평 한마디를 가볍게 내던졌다. 그 말을 듣는 순간 호되게 쇠망치로 뒤통수를 얻어 맞는 충격이 가해지며 아찔해졌다.

　미안하고 죄송하여 다시 한 번 더 손을 내밀며 눈을 쳐다보니 초롱초롱 빛나는 눈이 꽤나 섭섭한 듯이 나를 쳐다보았다. 당장이라도 쥐구멍이라도 있다면 어디론가 숨어 버리고 싶은 심정이였으나 그 행사가 끝날 때까지 얼굴을 들 수 없을 만큼 죄스러워 숨 죽이고 있다가 헤어질 때는 다시 찾아가 눈인사를 나누며 헤어진 일이 있었다. 그 이후로는 언제나 인사할 때마다 그 때 그 일이 머리를 스친다. 그런 후부터는 의식적으로라도 상대방의 눈을 쳐다보는 버릇이 생기게 되었다. 잘못을 깨닫게 해 준 사람이 내 옆에 있다는 것만 하여도 난 행복한 사람이다. 여태까지 살면서 알게 모르게 이런 일들을 헤아릴 수 없을 만큼 많이 저지르지 않았을까 하며 지난날을 반성하고 되돌아보는 중요한 계기로 삼고 있다.

　정말 고마운 사람이다. 아직까지 고맙다는 말은 하지 못했지만 언제나 인사를 할 때면 그 말이 생각나고 그 사람의 얼굴이 떠오른다. 누구에게나 듣기 좋은 말을 하기는 쉬우나 듣기 싫은 말을 하고 싶은 사람은 없다. 그도 얼마나 서운했으면 그런 말을 할 수 있겠나 하고 생각하니 오랜 시간이 지나도록 잊을 수 없는 사람이다.

　…

언제나 아름다운 마음은 아름다운 눈에서 나타난다고 한다. 그래서 눈은 마음의 거울이다. 그 곳엔 누구에게나 숨길 수 없는 진실이 담겨져 있으며 세상을 보는 눈이 밝고 명랑하면 좋은 일만 보일 것이다. 아무리 고달픈 세상살이라고 하여도 즐겁고 행복할 것이다. 언제나 따뜻한 마음을 담아 가슴 속 깊이 우러나는 상대방이 즐거워하는 사랑의 인사를 나누어야겠다.

词汇

창 [窗]	[名]	窗,窗口
감각기관 [感覺器官]	[名]	感觉器官
광채 [光彩]	[名]	光彩
띄다	[动]	看见,突出,显出
정기 [精氣]	[名]	精气
반짝반짝	[副]	明亮,晶莹,烁烁
내뱉다	[动]	吐出,涌出
저주 [詛呪]	[名]	诅咒
헤아리다	[动]	数,计,分辨
꺼리다	[动]	忌讳,顾忌,避讳
낯뜨겁다	[形]	焦辣辣(的)
허겁지겁	[副]	连滚带爬,惊慌失措
서운하다	[形]	舍不得,依依不舍
내던지다	[动]	甩,撇,丢弃
호되다	[形]	狠,厉害,严厉
쇠망치	[名]	锤子,铁榔头
뒤통수	[名]	后脑勺
아찔하다	[形]	晕,晕眩
초롱초롱	[副]	亮晶晶
쥐구멍	[名]	老鼠洞
죄스럽다 [罪-]	[形]	抱歉,过意不去
숨죽이다	[词组]	屏住呼吸

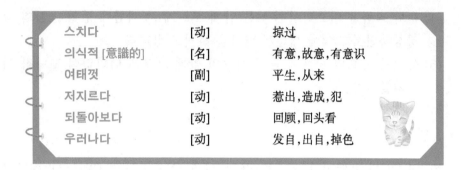

스치다	[动]	掠过
의식적 [意識的]	[名]	有意,故意,有意识
여태껏	[副]	平生,从来
저지르다	[动]	惹出,造成,犯
되돌아보다	[动]	回顾,回头看
우러나다	[动]	发自,出自,掉色

语 法

1. -조차

补助词,一般用于体词后,有时用于助词后。表示包含,带有不如意、不满的口气。有类似的"-마저"和"-까지"语法形式,但在语感上"-조차"的意思最强。

<보기>

(1) 친구는커녕 아내조차 그가 어디에 있는지 모른다.

(2) 너무 바빠서 점심 먹을 시간조차 없어요.

(3) 목이 너무 아파서 물을 마시기조차 힘들어요.

(4) 나이가 들어서 그런지 전화번호조차 잘 기억하지 못해요.

(5) 수업시간에조차 껌을 씹는 학생들이 있어요.

2. -알게 모르게

将"알다/모르다"的副词形式"알게/모르게"连在一起,构成惯用语,表示不知不觉的意思。

<보기>

(1) 아무리 부부 사이가 좋아도 자주 싸우면 알게 모르게 금이 가요.

(2) 우리는 일강생할에서 알게 모르게 내는 세금은 어떤 것들이 있나요?

(3) 알게 모르게 다친 것 같은데 왼쪽 어깨가 너무 아파 팔을 올릴 수가 없어요.

(4) 문학 작품을 읽으면서 우리는 알게 모르게 그 작품에 반영된 사회 상황을 상상하면서 그것에 대해서 비판을 하기도 합니다.

(5) 물질의 풍요와 탐욕에 눈이 어두워 알게 모르게 너나없이 도덕적 해이에 빠져들었다.

3. 얼마나 -았/었/였으면

惯用形,由副词"얼마나"和连接词尾"-았/었/였으면"构成,对已经出现结果的原因、理由的一种轻微的感叹,表示某种状况的极端程度。

<보기>

(1) 얼마나 배가 고팠으면 밥 두 그릇을 단숨에 다 먹어버렸겠니!

(2) 얼마나 울었으면 눈이 그렇게 퉁퉁 부었겠니?

(3) 얼마나 기뻤으면 옷이 벗겨지는 줄도 모르고 춤을 췄겠어요?

(4) 그동안 얼마나 힘들었으면 살이 그렇게 빠졌겠니?

(5) 얼마나 긴장을 했으면 바지에 오줌을 쌌겠어요?

4. -만 하여도

接在名词后面,表示不考虑其他情况,只举这一个例子来说的意思。也可和部分助词连用如:"-까지만 하여도""-(으)로만 하여도""-에서만 하여도"等。前面也可接动词短语或句子,此时要在谓词后加"-는 것",将谓词体词化,然后再接"-만하여도"。

<보기>

(1) 가: 철수가 벌써 중학생이 되었어요.

　　나: 그래요? 몇 년 전만 하여도 아기 같았는데 벌써 중학생이 되었군요.

(2) 가: 이곳은 날마다 길이 막혀요.

　　나: 얼마 전만 하여도 괜찮았는데 도로 공사 때문에 그렇게 됐어요.

(3) 가: 동네가 너무 변해서 집을 못 찾을 뻔했어요.

　　나: 이곳에 이사올 때만 해도 건물이 몇 채 없었는데 이젠 번화가가 됐네요.

(4) 가: 우리 같이 일어를 배우러 갈까요?

　　나: 한국어를 배우는 것만 하여도 힘들어 죽겠는데 일어까지 배울 시간이 어디 있어요?

(5) 가: 곡부(曲阜)여행 잘 다녀오셨어요? 볼 거리가 많았지요?

　　나: 어휴, 말도 마세요. 공묘와 공림을 구경하는 것만 해도 하루가 다 걸렸
　　　　어요.

练 习

1. 본문을 읽고 다음의 질문을 대답하십시오.

(1) 눈은 하나의 감각기관인 이외에는 또 어떤 역할을 합니까?

(2) 상대방과 이야기 할때는 눈은 어디를 쳐다봐야 합니까?

(3) 왜 눈은 마음의 거울이라고 합니까?

(4) 저자에게 어떤 부끄러운 일이 생겼습니까?

2. 다음의 문장을 '-조차'를 활용하여 보기와 같이 바꾸어 보십시오.

> <보기> 맥주커녕 냉수 한 컵도 없다
> 　　　 → 맥주는 커녕 냉수 한 컵조차 없었어요.

(1) 친구들커녕 부모님들은 나를 이해 못해 준다

　　→

(2) 투자를 잘못해서 조금 있던 원금을 다 날려 버렸다.

　　→

(3) 5년이나 영어를 배웠다는 사람이 간단한 인사말을 못한다.

　　→

(4) 너무 갑자기 당하다 보니 110 신고전화가 생각나지 않았다.

　　→

(5) 환경이 너무나 열악해서 먹을 물이 없었다.

　　→

3. '얼마나 -았/었/였으면'을 이용하여 다음의 문장을 완성하십시오.

> <보기> 재물을 탐내다/부모님의 액세서리까지 훔치다
> → 얼마나 재물을 탐냈으면 부모님들의 액세서리까지 훔쳤겠어
> 요!

(1) 애를 먹이다/집에서 쫓아내다
    →
(2) 먹고 싶다/그 애가 가게의 빵을 훔치다
    →
(3) 방안이 춥다/벽에 서리가 끼다
    →
(4) 사랑하다/상속권까지 포기하고 결혼하다
    →
(5) 힘들다/그 여자가 자살할 생각까지 하다
    →

4. 다음의 한국어를 중국어로 번역하십시오.

　　미안하고 죄송하여 다시 한 번 더 손을 내밀며 눈을 쳐다보니 초롱초롱 빛나는 눈이 꽤나 섭섭한 듯이 나를 쳐다보았다. 당장이라도 쥐구멍이라도 있다면 어디론가 숨어 버리고 싶은 심정이였으나 그 행사가 끝날 때까지 얼굴을 들 수 없을 만큼 죄스러워 숨 죽이고 있다가 헤어질 때는 다시 찾아가 눈인사를 나누며 헤어진 일이 있었다. 그 이후로는 언제나 인사할 때마다 그 때 그 일이 머리를 스친다. 그런 후부터는 의식적으로라도 상대방의 눈을 쳐다보는 버릇이 생기게 되었다. 잘못을 깨닫게 해 준 사람이 내 옆에 있다는 것만 하여도 난 행복한 사람이다. 여태껏 살면서 알게 모르게 이런 일들을 헤아릴 수 없을 만큼 많이 저지르지 않았을까 하며 지난 날을 반성하고 되돌아보는 중요한 계기로 삼고 있다.

5. 다음의 문장을 한국어로 번역하십시오.

(1) 时光荏苒、岁月如梭,忙忙碌碌不知不觉间,我们即将走出校园步入社会。

　　_____.

(2) 他太累了, 连站的力气都没有, 一头倒在了地上。

  _____.

(3) 我光是这一个项目就已经焦头烂额了, 根本无暇顾及你那些芝麻绿豆大
   的事儿!

  _____.

(4) 如果连你都不相信我, 那我就是跳进黄河都洗不清了。

  _____.

6. 다음의 문장을 읽고 물음에 대답하십시오.

   아인슈타인은 아주 존경받고 인기 있는 과학자였습니다. 그것은 과학자
들이 일반적으로 [   ] 얻기 어려운 위치였습니다.

   그의 인기는 친절하고 우쭐대지 않는 인격과 이상적인 정치·도덕적 가
치관을 가졌기 때문에 생겨난 것이었습니다.

   한번은 아인슈타인이 어떤 사람으로 (   ) 실험실을 보여달라는 요청
을 받았습니다. 그 사람은 세계적인 과학자의 실험실이 아주 특별할 것이
라고 생각했습니다. 그래서 첨단 과학 장비들로 가득 찬 실험실을 상상하
면서 [   ] 기대했습니다. (A) 하지만 아인슈타인은 자신의 주머니에서
만년필을 꺼내 (   ) 말했습니다.

   '그것은 여기에 있습니다.'

   (B) 또 한번은 과학 장비 중에서 가장 중요한 것이 무엇인가를 질문 받
았습니다. 그러자 아인슈타인은 옆에 있는 휴지통을 가리켰습니다.

   '바로 저것입니다.'

   자신이 계산할 때 썼 (   ) 종이를 버리는 휴지통을 가장 중요한 과학 장
비라고 말했던 것입니다.

   우리는 [   ] 자신의 노력이 부족했다는 것을 인정하지 못하고 주변의
조건을 탓하는 사람을 보게 됩니다. (C) 그리고 그것들만 갖추어진다면
당장이라도 대단한 일을 해낼 것처럼 큰소리를 칩니다. (D)

   하지만 우리는 그런 사람 (   ) 는 주변의 조건을 탓하지 않고 [   ] 자
기 일을 해 나가는 사람에게 더 많은 신뢰를 보내게 됩니다.

질문:

(1) 알맞은 단어를 골라[　　]에 써넣으십시오.

　　a. 좀처럼　　　b. 잔뜩　　　c. 묵묵히　　　d. 종종

(2) (　　) 에 알맞은 조사나 어미를 써넣으십시오.

(3) 밑줄을 그은 단어를 해석하고 단문을 지으십시오.

　　인기 있다:

　　탓하다:

(4) '우리는 자신의 노력이 부족했다는 것을 인정하지 못하고 주변의 조건을 탓하는 사람을 보게 됩니다.' 이 말은 아래의 어느 것과 의미상 관계를 가집니까? 고르십시오.

　　a. 우리는 주변에서 조건을 탓하는 사람을 보게 된다.

　　b. 우리는 자신의 노력이 부족했다는 것을 인정하지 못하고 주변의 사람을 탓한다.

　　c. 우리 주변에는 자신의 노력이 부족했다는 것을 인정하지 못하고 조건을 탓하는 사람이 있다.

　　d. 어떤 사람은 자신의 노력이 부족했다는 것을 인정하지 않고 주변의 조건을 탓한다.

(5) 다음의 문장을(A)(B)(C)(D)중 알맞은 곳에 가져가십시오.

　　좋은 시설이 없어서 혹은 장비가 부족해서 만족스러운 성과를 얻지 못했다는 것입니다.

课外阅读

인사 예절

인간 관계에서 가장 중요한 것은 바로 인사다. ' 안녕하세요?' 이것만이 인사가 아니다. 참고로 필자가 인간관계의 최고봉이라고 생각되는 점이 바로 이 인사를 잘하기 때문이라고 할 수 있다.

대학 입학식 날 많은 사람들이 모여 있다. 그들은 서로 아무 말 없이 어색하게 서 있기만 한다. 난 바로 내 옆 사람에게 말을 걸었다.

'안녕하세요' 단 이 한마디였다. 상대방은 어색하지만 그래도 나에게 인사를 해준다. '안녕하세요' 그리고 나서 우리의 대화는 이어졌다. 몇 살이냐, 이름이 뭐냐, 어디에서 왔냐 등 하지만 그 친구는 나를 경계하는 느낌이었다. 묻는 말에 대답만 하는 친구였다. 이럴 때 처음 보는 사람에게 먼저 인사를 해도 결국 돌아오는 건 쌀쌀함이구나. 이렇게 생각하는 분이 계시겠지. 그러나 난 계속해서 말을 이어갔다. 그러다 보니 결국 그 친구도 마음을 열었나 보다. 자기에 대해 술술 말하기 시작했다. 그러다가 서로 농담까지 하면서 서로 같이 웃기까지 하였다. 그리고 나서 또 내 주위에 있는 사람들에게 인사를 했다. 몇몇은 냉소적인 반응 몇몇은 열렬히 환영하는 반응이었다. 냉소적인 반응을 보이는 친구들에게는 난 서로 웃을 때까지 계속 말을 시켰다. 그리고 입학식 날 달지 인사만 나눴던 친구들과 그날 밤 술집에서 술을 마셨다. 어색했지만 나름대로 재미있게 놀았다. 모두다 내가 먼저 인사를 한 친구들이어서 그런지 나를 중심으로 분위기가 돌아갔다. 그리고 입학식 후에도 처음 보는 사람에게는 항상 인사를 했다. 한 일주일 후 어느 정도 친구들 그룹이 형성되었다. 이상하게도 우리 학과는 나를 중심으로 돌아가기 시작했다.

그냥 인사부터 시작해라. 꼭 '안녕하세요' 또는 '안녕'이라는 형식적인 인사가 아니어도 좋다. '밥 먹었어?' 이런 말도 인사다. 사람을 보면 먼저 인사를 함으로써 얻는 이익은 말로 할 수 없을 만큼 크다. 자주 인사하고 다양한 사람에게 인사함으로써 사람 대하는 법이 점점 늘어갈 것이다.

补充词汇

최고봉 [最高峰]	[名]	顶峰,至高点
어색하다	[形]	不自然,尴尬,别扭
말을 걸다	[词组]	搭话
경계하다 [警戒-]	[동]	警戒,警惕,提防
쌀쌀하다	[形]	冷飕飕,冷淡
마음을 열다	[词组]	敞开心胸
술술	[副]	流畅,流利地;徐徐地
우스개	[名]	笑话,开玩笑
냉소 [冷笑]	[名]	冷笑
열렬하다 [熱烈-]	[形]	热烈
형식적이다 [形式的-]	[形]	形式上的

제17과 독서의 방법

重点语法
1. -아서/어서/여서는 안(아니) 되다
2. -(으)로나마
3. -(으)로 하여금
4. -(으)로서가 아니라

　　어떻게 하면 독서를 효과적으로 할 수 있느냐를 알기 위해서는 먼저 독서란 무엇인가를 알아야 한다. 독서란, 글을 읽는 것이다. 흔히 독서란, 책을 읽는 것이라고도 말하지만, 엄밀히 말해서 책 속에 있는 글을 읽는 것이므로 독서란 글을 읽는 것을 의미한다. 그런 의미에서, 한 권의 책으로 된 긴 글만이 아니라, 짧은 한 편의 글을 읽는 것도 독서라고 말할 수 있는 것이다.

　　글을 읽는 것은 일차적으로는 쓰인 글자, 인쇄된 글자를 판독하는 것이다. 초등학교 입학 전의 어린이가 '개구리'를 읽을 수 없다면 그 뜻을 알 수 없을 것이다. '學校'의 뜻을 알기 위해서는 우선 '學校'를 '학교'라고 읽을 수 있어야 한다. 그 다음은 읽은 것의 뜻을 이해하는 것이다.

　　그러나 단순히 글자를 판독할 수 있다고 해서 언제나 뜻을 자동적으로 이해하게 되는 것은 아니다. 한글로 쓰인 '형이상학', '상대성 원리'는 쉽게 읽을 수 있으나, 그 뜻을 제대로 이해한다는 것은 쉬운 일이 아니다. 그러므로 진정한 의미에서 독서란, 글을 읽고 그 글 속에 담겨 있는 내용을 이해하고 파악하는 것을 의미한다. 글 속의 내용 이해보다는 빨리 읽기에 치우친 속독이 한때 크게 유행한 적이 있었는데, 이는 올바른 독서라고 할 수 없다.

독서 연구가들에 의하면, 독서 능력이 부족한 독자는 독서가 결국 글 속의 의미를 파악하는 일이라는 것을 제대로 인식하지 못한다고 한다. 그와 같은 독자는 글자 하나하나를 정확하게 읽는 데에만 주의를 기울이고 그 글 속에 어떤 내용이 쓰여 있는가, 그 내용의 전개는 어떻게 되어 가고 있는가에 대해서는 무관심하다는 것이다. 그러므로 우리는 독서할 때에 정신을 딴 곳에 두고 피상적으로 읽어서는 안 될 것이다. 정신을 집중하여 읽는 것의 내용을 파악하도록 노력하면서 글을 읽어야 한다.

그리고 글을 읽을 때에는 목적을 의식하면서 읽을 필요가 있다. 우리는 글을 읽을 때에 무심코 읽을 수도 있지만, 잠재적으로나마 어떤 목적을 가지게 마련이다. 그러나 올바른 독서를 위해서는 읽는 목적을 항상 의식하고 있어야 한다. 내가 지금 무엇을 위해 이 글을 읽는지 스스로 물어 보고, 그 목적을 확인할 필요가 있다.

책 선택과 독서 방법은 독서의 목적에 따라 달라진다. 우리는 공부나 연구를 위해서 책을 읽을 수도 있고, 교양을 위해서, 혹은 단순히 여가를 즐기기 위해서 책을 읽을 수도 있다. 공부나 연구를 위해서 책을 읽을 때에는 책의 선택도 그에 알맞아야 하고, 그 방법도 속독이나 통독보다는 정독을 해야 할 것이며, 때로는 내용을 요약하며 읽을 필요도 있을 것이다. 그러나 교양이나 여가 선용을 위한 독서는 정독보다는 주로 통독을 하게 된다. 단순히 어떤 통계 자료나 단편적인 정보를 얻기 위해서는 훑어 읽는 경우도 있을 것이다. 훌륭한 독자는 독서의 목적에 따라 독서의 방법을 적절히 선택할 줄 아는 사람이다.

독서를 할 때에는 수동적이라기보다는 능동적인 자세로 읽는 것이 보다 나은 독서의 태도이다. 능동적인 독서에서는 글을 읽기 전에 독자가 먼저 글 속의 내용을 예측하여 본다. 책 목차의 내용을 훑어보면서 어떤 내용이 들어 있을까를 생각해 보기도 하고, 한 편의 글을 읽을 때에는 글의 목차를 보고 그 내용을 예측하여 볼 수도 있다. 즉, 황순원의 '소나기' 란 단편 소설을 읽을 때, 먼저 '소나기' 란 제목이 주는 의미를 곰곰이 생각해 보고, 이 소설 속의 사건이 어떻게 전개되고, 주제는 어떤 것일까를 미리 짐작해 보는 것이다. 읽을 글의 내용을 예측해 보는 것은 읽는 사람으로 하여금 읽을 글에 대해 적극적인 관심을 가지게 하며, 읽은 후에도 글 속의 내용을 잘 파악하게 하고, 내용을 기억하는 데에도 도움을 준다.

책을 능동적으로 읽는다는 것은, 현재 독자가 가지고 있는 지식이나 경험을 적극적으로 활용한다는 의미도 된다. 독서에 관한 연구들은, 독자가 가지고 있는 지식이 글 속의 내용을 이해하고, 기억하고, 해석하는 데 중요한 구실을 한다는 것을 발견하였다. 높은 수준의 지식, 풍부한 경험을 가지고, 글을 읽을 때 그것들을 잘 활용하는 독자는 글 속의 내용을 더 잘 이해하고 기억한다고 한다. 한편, 읽기 능력이 부족한 독자는, 자기가 가지고 있는 지식과 경험을 글 속의 내용과 통합하고 이용하는 능력이 부족하다고 한다. 읽기 자료, 즉 글 속의 내용 그 자체는 불완전한 것이다. 글 속의 내용이 모든 세밀한 부분까지 완벽하게 설명하고 있는 것이 아니기 때문에, 읽기 자료 속에서 생략된 부분은 독자의 배경 지식을 통하여 보완됨으로써 이해될 수 있는 것이다.

또, 독자들은 그들이 읽고 있는 것을 실제로 잘 이해하고 있는지를 스스로에게 물어 볼 필요가 있다. 일반적으로, 나이가 어린 독자나 읽기 능력이 부족한 독자는, 자신들이 글의 내용을 이해하고 있는지, 읽는 목적이 무엇인지에 대한 인식이 부족하다고 한다. 그들은 독서를, 의미를 얻는 과정으로서가 아니라, 단순한 글자 읽기 과정으로 생각하는 경향이 있다고 한다. 독자가 자기의 독서 과정을 점검한다는 것은, 읽는 목적 확인하기, 중요한 내용이 무엇인지 확인하며 읽기, 제대로 이해하고 있는지 자문해 보기, 이해되지 않을 때에 사전이나 참고자료를 찾아보거나 다른 사람에게 물어 보기 등을 포함한다.

책을 읽을 때에는, 읽고자 하는 동기나 욕구가 있어야 한다. 억지로 하는 독서는 효과도 적고, 오히려 낭비일 수도 있다. 양서라고 해서 무조건 아무 책이나 읽어서는 안 되고, 자신의 수준과 흥미에 맞는 책을 골라 읽어야 한다. 그리고 읽는 목적에도 맞아야 한다.

词汇

효과적 [效果的]	[名]	有效的
엄밀히 [嚴密-]	[副]	严密地,确切地
인쇄되다 [印刷-]	[动]	印刷
판독하다 [判讀-]	[动]	解读,判读
의미하다 [意味-]	[动]	意味着
자동적 [自動的]	[名]	自动的
형이상학 [形而上學]	[名]	形而上学
상대성 [相對性]	[名]	相对性
원리 [原理]	[名]	原理
진정하다 [真正-]	[形]	真正
전개 [展開]	[名]	展开
파악하다 [把握-]	[动]	领会,把握
치우치다	[动]	倾斜
속독 [速讀]	[名]	速读
유행하다 [流行-]	[动]	流行
올바르다	[形]	正确
연구가 [研究家]	[名]	研究家
독자 [讀者]	[名]	读者
피상적 [皮相的]	[名]	表面的,浅的
의식하다 [意識-]	[动]	意识到
무심코 [無心-]	[副]	无心地
잠재적 [潛在的]	[名]	潜在地
여가 [餘暇]	[名]	余暇
선용 [善用]	[名]	善于利用

통독 [通讀]	[名]	通读
통계 [統計]	[名]	统计
정독 [精讀]	[名]	精读
요약하다 [要約-]	[动]	概括,要
단편 [短篇]	[名]	短篇
적절히 [適切]	[副]	适当地
수동적 [受動的]	[名]	被动的
능동적 [能動的]	[名]	能动的
목차 [目次]	[名]	目录
소제목 [小題目]	[名]	小标题,副标题
훑어보다	[动]	浏览,量
곰곰이	[副]	仔细地,反复地
주제 [主題]	[名]	主题
배경 [背景]	[名]	背景
하여금	[副]	使得
해석하다 [解釋-]	[动词]	解释
구실 [口實]	[名词]	借口
통합하다 [統合-]	[动词]	整合
생략되다 [省略-]	[动词]	省略
세밀하다 [細密-]	[形]	细致
완벽하다 [完璧-]	[形]	完美无缺
불완전하다 [不完全-]	[形]	不完全
자문하다 [咨問-]	[动词]	咨询,问
찾아보다	[动词]	寻找
인식 [認識]	[名]	认识
욕구 [欲求]	[名]	欲望和要求
양서 [良書]	[名]	好书
목적 [目的]	[名]	目的
참고자료 [參考資料]	[名]	参考资料

语 法

1. -아서/어서/여서는 안(아니) 되다

"-아서/어서/여서는 안(아니) 되다"是连结语尾"-아서/어서/여서" + 助词"-는"(表示强调)+ 表示否定的副词"안(아니)" + 动词"되다"构成的惯用句。"-아서/어서/여서는 안(아니) 되다"接在动词后面,表示不能做其前面的行为。

<보기>
(1) 미성년의 경우에는 배우자 선택과 같은 중요한 결정을 해서는 안 된다.
(2) 어려운 때일수록 백성들의 의식주를 소홀히 해서는 안 된다.
(3) 학생들에게 손해가 되는 일을 해서는 안 된다.
(4) 정보화 시대에 인터넷을 몰라서는 안 됩니다.
(5) 한국어를 전공하는 학생으로서 한국 문화를 몰라서는 안 돼요.

2. -(으)로나마

格助词。是由助词"-로/으로"和助词"나마"组成的复合助词。在表示"方式,手段"的同时,还有"让步"的意义。相当于汉语的"即使……"或者"哪怕……"。

<보기>
(1) 우선 전화로나마 어머님께 소식을 알려 드립니다.
(2) 직접 찾아뵙지 못하면 편지로나마 감사하다는 인사를 드리세요.
(3) 간단한 형식으로나마 면접을 보고 결정짓겠습니다.
(4) 배편으로나마 목적지까지 편안하게 모실 수 있었으면 좋겠습니다.
(5) 먼 발치로나마 볼 수 있어서 기뻤다.

3. -(으)로 하여금

惯用形, 其中"하여금"是副词, 和助词"-(으)로"一起使用表示使动。

<보기>
(1) 그의 성공소식은 어머니로 하여금 눈물을 흘리시게 만들었다.
(2) 영화 "태극기 휘날리며"는 관객들로 하여금 깊은 감동을 느끼게 한다.
(3) 그녀는 영수로 하여금 성공이 무엇인지 알 수 있게 한 장본인이다.

(4) 주쯔칭(朱自淸)의 "뒷모습(背影)"은 나로 하여금 부모님의 참사랑이란 무엇인지를 깨닫게 하였다.

(5) 그의 모범적인 행위는 우리로 하여금 친구의 우정이 진정 어떤 것인지를 느끼게 하였다.

4. -(으)로서가 아니라

"-(으)로서가 아니라"是格助词"-(으)로서" + 格助词"가" + 形容词"아니다"结合的惯用形,表示否定其前面对象的身份、资格。

<보기>

(1) 그들은 독서를 의미를 얻는 과정으로서가 아니라 단순한 글자 읽기 과정으로 생각하는 경향이 있다.

(2) 나는 오늘 교사의 신분으로서가 아니라 선배의 신분으로 회의에 참가했다.

(3) 나는 그를 친구로서가 아니라 스승으로 대한다.

(4) 아들의 신분으로서가 아니라 보통 노동자의 신분으로 아버님께 말씀을 드린 겁니다.

(5) 저는 선생님 신분으로서가 아니라 여러분의 부모님 신분으로 학생 여러분들께 충고 드리는 바입니다.

练 习

1. 본문을 읽고 다음의 질문에 대답하시십오.

(1) 독서란 무엇입니까?
(2) 진정한 의미에서의 독서란 무엇을 의미합니까?
(3) 독서 능력이 부족한 독자는 어떠합니까?
(4) 우리는 올바른 독서를 위해서는 어떻게 해야 합니까?
(5) 보다 나은 독서 태도는 어떤 것입니까?
(6) 능동적인 독서란 어떤 것을 말합니까?

(7) 독자가 가지고 있는 지식이 독서에 어떤 영향을 미칩니까?

(8) 책을 읽을 때 동기와 욕구가 어떻게 중요합니까?

2. **아래의 단어들로 단문을 지으십시오.**

무심코	미리	찾아보다
억지로	완벽하다	훑어보다
담기다	생략되다	

3. **알맞은 조사나 어미들을 있는 대로 고르십시오.**

(1) 단지 글자를 판독하는 것만 (A) 독서의 목적 (B) 도달할 수 없다.

   (A: -은, -으로, 으로는, 이, 서   B: 으로, 에, 이, 에서, 에로)

(2) 독서할 때 글자를 정확히 읽는 데 ( ) 주의해서는 아니된다.

   (에, 에만, 로만, 만, 처럼)

(3) 이번 일에는 네가 가 ( ) 내가 가는 것이 더 나을 것 같다.

   (니, 프로, 기보다는, 지만, 도)

(4) 어떻게 하면 나도 따라갈 수 있 ( ) 곰곰이 생각해보았다.

   (을까를, 겠는가를, 었는가를, 기에를, 는가)

(5) 이런 책은 피상적 ( ) 읽어두는 것이 좋다.

   (으로라도, 이나마, 으로나마, 으로, 이어서)

4. **알맞은 단어들을 있는 대로 고르십시오.**

(1) 이 책은 아무리 여러 번 ( ) 보아도 새로운 정보를 찾을 수 없다.

   ① 따져   ② 훑어   ③ 찾아   ④ 읽어

(2) 우리는 그릇에 ( ) 물건들을 하나하나씩 꺼냈다.

   ① 담는   ② 담긴   ③ 담은   ④ 은

(3) 이 글에서는 형이상학의 ( ) 내용을 완벽하게 설명하지 못하였다.

   ① 요약된   ② 세밀한   ③ 상세한   ④ 기본

(4) 그들이 범한 죄를 ( ) 조사하시오.

   ① 모두   ② 세밀하게   ③ 적절히   ④ 엄밀히

(5) 너의 생각이 옳은가 그른가를 (   ) 생각해 보아라.

    ① 느릿느릿   ② 곰곰이   ③ 훌륭히   ④ 잘

5. 아래의 문장들을 완성하십시오.

(1) _____다고 해서_____는/은 것은 아니다.

(2) 오늘날의 연구에 의하면_____.

(3) _____거나_____ㄹ/을 필요가 있다.

(4) 훌륭한 친구는_____ㄹ/을 줄 아는 사람입니다.

(5) 사람은_____게 마련이다.

6. 다음 문장에서 높임법에 가장 맞게 씌어진 문장을 선택하십시오.

(1) 영수야, 이것을 할머니한테 갖다 주어라. (   )

    A. 영수야, 이걸 할머님께 갖다 주세요.

    B. 영수야, 할머님에게 갖다 주어라.

    C. 영수야, 이걸 할머님께 갖다 드리세요.

    D. 영수야, 이걸 할머님께 갖다 드려라.

(2) 선생임이 너더러 오라고 하더라. (   )

    A. 선생님께서 너더러 오시라고 하더라.

    B. 선생님께서 너더러 오시라고 하시더라.

    C. 선생님께서 너더러 오라고 하시더라.

    D. 선생님께서 너더러 오시라고 하시더군요.

(3) (아버지에게) 내가 할아버지를 데려 오겠다. (   )

    A. 내가 할아버지를 모셔 오겠어요.

    B. 제가 할아버지를 모셔 오겠어요.

    C. 제가 할아버지를 모셔 오시겠어요.

    D. 제가 할아버지를 데려 오시겠어요.

(4) (사모님을 보고) 선생님이 지금 집에 있는가? (   )

    A. 선생님께서 지금 집에 있는가?

    B. 선생님께서 지금 댁에 있는가?

    C. 선생님께서 지금 댁에 계시는가?

    D. 선생님께서 지금 댁에 계시는지요?

(5) 할아버지의 나이를 물어보는 말(　　　　)

　　A. 할아버지, 올해 몇 살입니까?

　　B. 할아버지, 올해 연세가 얼마입니까?

　　C. 할아버지, 올해 연세가 어떻게 되십니까?

　　D. 할아버지, 올해 연세가 몇 살입니까?

7. **매운 문법을 활용하여 다음의 문장을 완성해보십시오.**

> <보기> 가: 아내 생일을 깜박 잊고 지나가 버렸어요.
>
> 　　　　나: 정신없이 살다 보면　　 잊어 버릴 수도 있죠.[-다 보면]

(1) 가: 김군, 자네가 굳이 식사약속을 한 목적은 뭔가?

　　나: 그 동안 여러 모로 신세진 것에 감사드리고 싶어서요.[-(으)로나마]

(2) 가: 담배 피우는 것도 제 나름의 취미인데, 왜 그런 걸 갖고 시시콜콜 따지고 그래요.

　　나: 그래도 개인적인 취미 때문에 주변 사람들의 건강에게 _____ !
　　　 [-아서/어서/여서는 안된다]

(3) 가: 짱잉(張英) 씨는, 한국의 '아리랑'에 대해 알고 있어요?

　　나: 물론이죠, 듣는 _____ 깊은 감동을 받게 하는 명곡이죠.[-로 하여금]

(4) 가: 영철 씨는 제가 도와준 대가로 이 선물 주는 거예요?

　　나: 아니요, 친구사이니깐 그냥 주고 싶어서 주는거에요.[-(으)로서가 아니라]

(5) 가: 많이 드십시오.[-(이)나마],

　　나: 네/감사합니다, 맛있게 잘 먹겠습니다.

8. **다음의 중국어를 한국어로 번역하십시오.**

(1) 环境问题已威胁到人类的生存, 我们不可对其置之不理。

　　_____ .

(2) 地震发生后, 虽然只是通过电话听到了你的声音, 心里也踏实了。

　　_____ .

(3) 这件事让我们明白了"天下无难事, 只怕有心人"的道理。

(4) 走出象牙塔后,我们不再以天之骄子的身份,而是作为社会的一分子立足
于社会。

_____.

9. 다음의 문장을 읽고 물음에 대답하십시오.

　　전 세계적인 이상기후와 유가상승이 농산물 가격의 폭등으로 이어져 가뜩이나 어려운 국가 경제의 발목을 잡고 있다. (㉠) 정부는 휴대폰이나 자동차를 수출해서 농산물을 수입해 먹으면 된다고 말한다. 당분간 농산물 가격의 오름세가 지속될 것이라는데도 수입한 농산물로 먹을 거리를 (㉡) 답답할 뿐이다. 정부는 근시안적인 해결책의 제시에 앞서, 농산물을 포함한 식량 문제가 단순한 교역 차원의 문제에 머무르지 않고, 한 국가의 생존을 위협할 수 있는 심각성을 가졌음을 알아야 한다. 그렇기 때문에 지금처럼 당장 눈앞에 보이는 문제만을 해소하려는 정부의 태도는 사태를 더욱 악화시킬 것이다. 정부는 이처럼 ㉢너무 쉽고 가볍게 여기는 태도를 버리고 근본적인 대책을 모색해야 할 것이다.

질문:
(1) ㉠ 에 알맞은 것을 고르십시오.
　　① 그러기로서니　　　　　② 그러니 만큼
　　③ 그럴 뿐만 아니라　　　④ 그럼에도 불구하고
(2) ㉡ 에 알맞은 것을 고르십시오.
　　① 대체하노라면　　　　　② 대체하겠다니
　　③ 대체하건 말건　　　　　④ 대체하는가 하면
(3) ㉢ 와 바꾸어 쓸 때 알맞은 것을 고르십시오.
　　① 조급한　　　　　　　　② 냉철한
　　③ 안이한　　　　　　　　④ 원만한

세종대왕

세종대왕(1397-1450)은 한국의 역사상 가장 위대한 업적을 남긴 임금으로 손꼽힌다. 그는 태종의 셋째 아들로 태어나 1418년 조선의 제4대 왕으로 책봉되었다. 세종이 한글을 발명한 임금으로 널리 알려져 있지만, 세종의 업적은 이에 그치지 않는다. 특히 왕위에 오를 때부터 수많은 낙관과 역경을 겪었고 평생을 병마와 싸워야 했으나, 이러한 어려움을 의지로 극복하고 국방, 문화, 경제 등 거의 전 분야에 걸쳐 뛰어난 업적을 이룩했다는 점에서 그의 이름은 더욱 빛난다.

세종대왕은 즉위 후 1년 만에 일본의 대마도를 정벌하였다. 조선 북쪽의 경계를 압록강과 두만강으로 넓힌 것도 그의 업적이다. 특히 그는 문화와 학문에 관심이 많았다. 학자들의 연구 기관인 집현전을 확장하여 학문의 진흥에 힘썼고, 금속활자로 각종 서적을 편찬하였다. 측우기와 해시계, 물시계 등의 과학 기구 발명도 그의 적극적인 후원에 따른 것이다. 그는 백성들의 경제 생활에도 관심을 두어 각종 농법을 개량하고, 농법 소개서인 농사직설을 반포하여 과학 영농에 힘썼다. 그의 최대의 업적으로 꼽히는 한글 창제도 백성들이 편리하게 문자 생활을 할 수 있도록 하려는 정신에서 비롯된 것이다.

그는 왕위에 오른 지 32년 만에, 54세를 일기로 사망하여 그리 길지 않은 일생을 마감했으나, 그 위대한 업적은 역사와 함께 길이 빛나고 있다.

补充词汇

세종대왕 [世宗大王]	[名]	世宗大王(朝鲜朝第四代王)
위대하다 [偉大-]	[形]	伟大
업적 [業績]	[名]	功绩, 业绩
남기다	[动]	留下, 剩下

임금	[名]	国王,君主
태종 [太宗]	[名]	太宗
책봉 [冊封]	[名]	册封
발명하다 [發明-]	[动]	发明
의지 [意志]	[名]	意志
극복하다 [克服-]	[动]	克服
국방 [國防]	[名]	国防
뛰어나다	[形]	出色,出众
이룩하다	[动]	取得
빛나다	[形]	闪光
대마도 [對馬島]	[地名]	对马岛
정벌 [征伐]	[名]	征伐,讨伐
경계 [境界]	[名]	边境,界线
넓히다	[动]	扩展
학문 [學問]	[名]	学问
연구기관 [研究機關]	[名]	研究机关
집현전 [集賢殿]	[名]	集贤殿
확장하다 [擴張-]	[动]	扩张
진흥 [振興]	[名]	振兴
금속활자 [金屬活字]	[名]	金属活字
편찬 [編撰]	[名]	编撰,编辑
측우기 [測雨器]	[名]	测雨器
해시계 [-時計]	[名]	日晷
물시계 [-時計]	[名]	水漏(钟)
과학 기구 [科學機構]	[名]	科学机构
후원 [後援]	[名]	赞助,支持
농법 [農法]	[名]	农业规律,农活方法
개량하다 [改良-]	[动]	改良
농사직설 [農事直說]	[名]	《农事直说》(古代书名)
반포하다 [頒布-]	[动]	颁布
과학 영농 [科學營農]	[名]	科学耕作
창제 [創製]	[名]	创制,创造
왕위 [王位]	[名]	王位

오르다	[动]	上,登上,爬
일기 [一期]	[名]	生平,一辈子
사망하다 [死亡-]	[动]	死亡,去世
마감하다	[动]	终结,完结,结束
길이	[副]	永远,永久

제18과 무궁화

重点语法
1. 마치 -(으)ㄴ/는/(으)ㄹ 양
2. -고서는
3. -ㄴ/는다면
4. -는 둥 -는 둥 하다

나라마다 나라꽃이 있다. 미국 같은 나라에서는 주마다 주의 꽃이 정해져 있다. 한국에서는 법으로 정한 일도 없이, 자연스럽게 무궁화가 국화로 굳어졌고, 또 국민들은 이 꽃을 사랑해 왔다.

일제 강점기에는 무궁화를 뜰에 심는 것조차 일인관리들이 몹시 단속했고, 무궁화로 조선반도지도를 수놓아 벽에 거는 것은 거의 반역죄를 범한 것처럼 다루었었다. 일제 강점기에 우리가 노예와 다름없는 생활을 해 오는 동안에도, 무궁화에 대한 애틋한 사랑은 많은 사람들의 가슴 속에 뿌리 깊이 자랐었다. 남궁억(南宮檍) 선생 같은 분은, 강원도에서 청소년들에게 한국 역사를 가르치기도 하고, 무궁화 묘목을 다량으로 길러 널리 나누어 주기도 하면서, 민족을 사랑하는 정신과 용기를 길러 주었다.

한때, 국화로서의 무궁화가 시비의 대상에 오르내린 일도 있었다. 무궁화가 북부의 추운 지방에서는 얼어죽어 조선반도 전 지역에서 재배할 수가 없을 뿐 아니라 꽃도 시원스럽지 못하다고 하여 새로 국화를 제정해 보자는 것이었다. 무궁화는 나무의 모양이 꾀죄죄하여 때를 벗지 못하였다는 둥, 잎도 보잘 것이 없고, 봄철에 싹이 너무 늦게 튼다는 둥, 벌레가 많이 뀐다는 둥, 꽃이 겨우 하루밖에 못 간다는 둥 불평을 늘어놓는 사람들이 없지 않다.

그러나 일제 강점기에 우리 민족이 나라의 상징으로 무궁화를 깊이 사랑해 온 역사적 사실을 굳이 상기하지 않더라도, 무궁화는 가꾸어 보면 볼수록 특유의 아름다움을 깊이 느끼게 하는 정원수라고 원예가들은 말한다.

1956년, 나는 세계적으로 유명한 뉴욕 식물원을 방문한 일이 있었다. 그 식물원은 규모의 방대함은 물론, 내용의 충실함에 있어서도 세계적으로 손꼽히는 식물원이었다. 그 식물원의 본관 앞뜰에는 여러 그루의 큰 무궁화 나무가 있었는데, 꽃이 흐드러지게 핀 아름다운 광경은 내 기억에서 한평생 지울 수 없는 인상 깊은 것이었다. 나를 안내해 주던 식물원 직원 한 사람이, 자기는 이 무궁화를 가장 좋아하며, 본관 앞 일대의 무궁화 나무를 식물원의 큰 자랑거리로 생각하고 있다고 말하였다. 더구나, 꽃잎 바탕 깊숙한 화심에 짙은 보랏빛 심문이 야무지게 자리잡은 단심 무궁화는, 어느 꽃보다도 아름다워 보였다. 푸른 숲을 배경으로 우단을 깔아 놓은 듯 곱게 다듬은 잔디밭 위에, 잘 가꾸어진 여러 그루의 무궁화가 아침 나절에 만발한 모습은, 한국 사람인 나에게 잊기 어려운 깊은 인상을 주었다.

나는 식물원 간부에게 이 꽃이 바로 우리 한국의 국화라고 버젓하게 자랑할 수가 있었다. 그는, 당신 나라는 참으로 좋은 꽃을 국화로 정하였다고 칭찬하면서, 식물원 심장부에 화려하게 핀 무궁화의 꽃 숲을 새삼 자랑스럽다는 듯이 바라보았다. 나도 그 찬란한 무궁화 숲이 마치 우리나라의 환상인 양 도취되어 바라다보았다. 참으로 흐뭇한 심정이었다.

오늘날엔 무궁화의 품종도 80여 종으로 다양하게 육종되었다. 나는 여러 종류의 무궁화 중에서 가장 한국적인 아름다움을 지닌 것은 백색 단심 무궁화라고 생각하고 있다. 그 깨끗하고 흰 꽃잎의

화심 깊숙하게 또렷이 자리잡은 짙은 보랏빛 심문은, 일편단심을 상징하는 듯 야무지게 선명하다. 그리고 눈같이 흰 백색 홑무궁화도 높은 기품을 느끼게 한다. 그러나 어디서나 흔히 볼 수 있는, 불그데데하고 광택이 없는 무궁화는 헤식어 보인다. 무궁화가 아름답지 않다고 하는 사람들은 대개 이런 무궁화만을 보아 온 사람들일 것이다. 근래에 육종된 천엽과 반천엽 무궁화는 현대미를 느끼게 하는 멋진 꽃들이다.

서울에서 수원으로 가는 길 양 편에는 무궁화 나무들이 심어져서, 초여름부터 가을까지 제법 호화롭게 꽃이 핀다. 내가 교편을 잡고 있는 대학에 교환 교수로 와 있던 한 외국인 교수는, 바로 이 무궁화가 자기를 무한히 즐겁게 해 준다고 여러 번 말한 일이 있다. 아침에 통근 버스를 타고, 이슬을 담뿍 머금은 단심 무궁화를 차창으로 바라보면, 어지러운 세상사에 시달린 우리들의 가슴에도 꽃무늬가 아롱지는 듯 저절로 즐거워진다.

우리 본래의 무궁화는 홑꽃인데, 날마다 새로 피고 그 날로 지고 만다. 그러므로 아침에 보는 꽃은 몇 만 송이가 피든지 모두 그 날 새벽에 새로 핀 꽃들이다. 기나긴 개화기간 동안 아침마다 새 꽃이 피고, 저녁에는 시들어서 떨어진다. 피고 지고 핌은 초여름에서 가을까지 지치지 않고 계속된다. 이름 그대로 무궁화이다.

사람의 70 평생도 보기에 따라서는 하루살이와 다를 것이 없다. 그러나 아무리 사람의 짧은 인생이라고 하더라도, 무슨 형태로든지 인간의 역사에 자신의 지혜와 착한 생각을 나름대로 꽃피워 이어 간다. 유구한 인류의 역사도 따지고 보면 짧은 인생의 연속으로 이루어지는 것이다. 날마다 피고 지는 한 송이 무궁화를 덧없이 짧은 인간의 생명에 비긴다면, 초여름부터 가을까지 꾸준하게 계속되는 긴 화기는 줄기차게 이어져 융성하는 인류의 역사를 상징하는 듯하다. 어떤 이는, 줄기차고 억센 자강불식의 사나이 기상을, 피고 지고 또 피는 무궁화에서 찾아볼 수 있다고 말한다.

이른 새벽에 활짝 피고, 저녁에 봉오리처럼 도로 오므라져 조촐하게 떨어지는 무궁화는 다른 꽃들처럼 그 뒤가 어지럽지 않다. 이것도 무궁화의 큰 특색의 하나이다. 무궁화는 아침 태양과 함께 피어나서 저녁 태양과 함께 운명을 같이한다. 저녁에는 태양이 서산으로 지지만, 이튿날 아침에는 장엄한 새 태양으로 동녘 하늘에 솟아오른다. 무궁화는 이러한 태양과 일맥상통하는 특유한 꽃이다.

무궁화를 중국 고전에서는 순이라고 했다. 공자가 애독하던 '시경'(詩經)에 '안여순화'라는 말이 있다. 얼굴이 어찌 예쁜지 마치 무궁화 같다는 뜻이다. 옛날 사람들이 무궁화를 얼마나 아름답게 보았는지는 이것만으로도 짐작할 수가 있을 것이다. 그리고 중국의 고전인 산해경에는 '군자의 나라에 목근화(木槿花, 무궁화를 가리킴)가 많다'라는 말이 있다. 예로부터 우리 나라를 근역이라고 일컬어 왔고, 근래에는 무궁화 삼천리 금수강산이라고 일컫는다. 무궁화는 이처럼 역사적으로 유서가 깊은 꽃이다.

무궁화는 씨나 꺾꽂이로도, 또 포기나누기로도 쉽게 번식시킬 수 있다. 그리고 나무의 크기가 정원수로 알맞은 중형이어서 어느 곳에 심어도 보기 좋고, 또 토양 선택이 까다롭지 않아서 어디서나 잘 자란다. 참으로 민중과 친근한 꽃이라고 하겠다.

무궁화에 대한 국화로서의 시비보다는 무궁화를 아끼고 더욱 아름답게 가꾸려는 마음씨가 소중할 것 같다. 무궁화가 벌레가 많다고 하지만 벌레는 구제하면 될 것이고, 꽃도 오늘날 발달되어 가는 최신의 육종 기술로 더욱 다채롭게 개량해 가면 될 것이다.

무궁화가 만일 전통을 소중히 여기는 영국이나 프랑스의 국화였더라면, 국화 시비론(國花是非論) 따위는 나올 여지도 없었을 것이다. 그리고 무수한 품종이 육성되어, 오늘의 장미처럼 온 세계로 널리 퍼져 재배되었을 것으로 생각된다. 우리가 항상 역사적인 제 것을 소중히 여기고 간직하면서 끊임없이 새 것을 찾아 소화해 나가는 보수성과 진취성의 양면을 다 함께 지니지 않고서는 앞서 가는 문화 민족이 될 수 없다.

국민 각자가 좋은 품종의 무궁화를 곳곳에 심어서 무궁화 동산을 만들어 간다면, 우리나라가 얼마나 아름다울 것이며, 또 우리 국민들의 마음은 얼마나 깨끗하게 순화될 것인가 여러 모로 생각해 본다.

词汇

무궁화 [無窮花]	[名]	无穷花, 木槿花
주 [州]	[名]	州
국화 [國花]	[名]	国花
일제 [日帝]	[名]	日帝
강점기 [强占期]	[名]	强占期
뜰	[名]	院子
일인관리 [日人官吏]	[名]	日本官吏
단속하다 [團束-]	[动]	管制, 管束
조선반도지도 [朝鮮半島地圖]	[名]	朝鲜半岛地图
반역죄 [叛逆罪]	[名]	叛逆罪
묘목 [苗木]	[名]	苗木
널리	[副]	广泛, 遍及
시비 [是非]	[名]	是非
재배하다 [栽培-]	[动]	种植, 栽培
시원스럽다	[形]	凉爽, 爽直
제정하다 [製定-]	[动]	制定
꾀죄죄하다	[形]	邋遢
트다	[动]	发(芽)
꾀다	[动]	密集生长
불평 [不平]	[名]	抱怨
늘어놓다	[动]	摆放, 铺开
상징 [像徵]	[名]	象征
상기하다 [想起-]	[动]	想起
특유 [特有]	[名]	特有
정원수 [庭院樹]	[名]	庭院树
원예가 [園藝家]	[名]	园丁
뉴욕 [New York]	[名]	纽约
식물원 [植物園]	[名]	植物园
규모 [規模]	[名]	规模
방대하다 [龐大-]	[形]	庞大

본관 [本館]	[名]	本馆,主楼
흐드러지다	[形]	花盛开貌
한평생 [-平生]	[名]	一生
지우다	[动]	抹掉
직원 [職員]	[名]	职员
일대 [一帶]	[名]	一带
더구나	[副]	尤其,加之
자랑거리	[名]	值得骄傲的东西
꽃잎	[名]	花瓣
깊숙하다	[形]	幽深,深沉
화심 [花心]	[名]	花心
보랏빛	[名]	青紫色
심문 [心紋]	[名]	花心的纹路
야무지다	[形]	结实,精明强干
단심무궁화 [丹心無窮花]	[名]	红心木槿花
우단 [羽緞]	[名]	羽缎
다듬다	[动]	修整,润饰
만발하다 [滿發-]	[动]	盛开
간부 [干部]	[名]	干部
버젓하다	[形]	堂堂正正,理直气壮
자랑하다	[动]	自夸
심장부 [心臟部]	[名]	心脏部位,要害
화려하다 [華麗-]	[形]	华丽
꽃숲	[名]	花丛
새삼	[副]	格外;新奇;重新,再,又
자랑스럽다	[形]	值得骄傲
바라다보다	[动]	注视,望
도취되다 [陶醉-]	[动]	陶醉
찬란하다 [燦爛-]	[形]	灿烂
품종 [品種]	[名]	品种
환상 [幻想]	[名]	幻想
육종되다 [育種-]	[动]	育种
또렷이	[副]	清楚地,明显

선명하다 [鮮明-]	[形]		鲜明
홑무궁화 [-無窮花]	[名]		单瓣木槿花
기품 [氣品]	[形]		气质, 秉性
불그데데하다	[形]		猩红, 大红
광택 [光澤]	[名]		光泽
헤식다	[形]		松懈, 无聊
천엽 [千葉]	[名]		复叶
반천엽 [半千葉]	[名]		半复叶
현대미 [現代美]	[名]		现代美
수원 [水原]	[名]		水原(地名)
호화롭다 [豪華-]	[形]		豪华
양편 [兩便]	[名]		两边
교편 [教鞭]	[名]		教鞭
교환 [交換]	[名]		交换
무한히 [無限-]	[副]		无限
통근 [通勤]	[名]		通勤
이슬	[名]		露水
담뿍	[副]		满满地
머금다	[动]		含, 噙
차창 [車窓]	[名]		车窗
어지럽다	[形]		脏, 乱
세상사 [世上事]	[名]		世事
시달리다	[动]		受折磨
꽃무늬	[名]		花纹
아롱지다	[形]		五彩缤纷
홑꽃	[名]		单瓣花
개화기간 [開花期間]	[名]		开花期
시들다	[动]		枯萎
하루살이	[名]		蜉蝣(文中用来形容人生短暂)
유구하다 [悠久-]	[形]		悠久
송이	[名]		朵, 苞
덧없이	[副]		零乱的, 无常的
생명 [生命]	[名]		生命

비기다	[动]	比
꾸준하다	[形]	孜孜不倦
화기 [花期]	[名]	花期
줄기차다	[形]	声势浩大,波澜壮阔
융성하다 [隆盛-]	[形]	繁荣
억세다	[形]	顽强,坚强
자강불식 [自强不息]	[成]	自强不息
기상 [氣像]	[形]	气魄,气象
봉오리	[名]	花苞,蓓蕾
오므라지다	[动]	瘪,凹陷
조촐하다	[形]	质朴,雅静
장엄하다 [壯嚴-]	[形]	庄严
동녘 [東-]	[名]	东边
솟아오르다	[动]	升起
일맥상통 [一脈相通]	[成]	一脉相承,有共同点
고전 [古典]	[名]	古典
순 [舜]	[名]	舜
애독하다 [愛讀-]	[动]	喜爱阅读
시경 [詩經]	[名]	诗经
안여순화 [顔如舜花]	[成]	颜如舜华(出自《诗经》)
산해경 [山海經]	[名]	《山海经》
근역 [槿域]	[名]	槿花之域
일컫다	[动]	称作,叫做
삼천리 [三千里]	[名]	三千里
금수강산 [錦繡江山]	[成]	锦绣江山
유서 [由緖]	[名]	由来,历史
꺾꽂이	[名]	插条,插枝
씨	[名]	种子
포기나누기	[名]	分株
번식시키다 [繁殖-]	[动]	繁殖
중형 [中型]	[名]	中型
토양 [土壤]	[名]	土壤

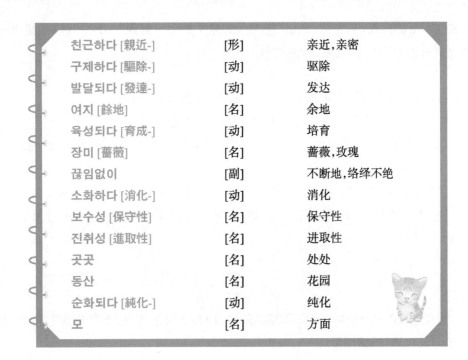

친근하다 [親近-]	[形]	亲近,亲密
구제하다 [驅除-]	[动]	驱除
발달되다 [發達-]	[动]	发达
여지 [餘地]	[名]	余地
육성되다 [育成-]	[动]	培育
장미 [薔薇]	[名]	蔷薇,玫瑰
끊임없이	[副]	不断地,络绎不绝
소화하다 [消化-]	[动]	消化
보수성 [保守性]	[名]	保守性
진취성 [進取性]	[名]	进取性
곳곳	[名]	处处
동산	[名]	花园
순화되다 [純化-]	[动]	纯化
모	[名]	方面

语 法

1. 마치 -(으)ㄴ/는/(으)ㄹ 양

用于谓词的定语形语尾"-(으)ㄴ/는/(으)ㄹ"后,表示"像……的样子""好像……""似……"之意。

<보기>

(1) 나도 그 찬란한 무궁화 숲이 마치 우리 나라의 환상인 양 도취되어 바라보았다.

(2) 그는 얼이 빠진 양 주위의 경치를 구경하였다.

(3) 그는 마치 큰 부자인 양 돈을 마구 쓴다.

(4) 그녀의 목소리는 마치 천상에서 울리는 음악 소리인양 환상적이다.

2. -고서는

"고서는"是连结语尾"-고서"和助词"-는"的结合,表示没有前面的事实后面的

事实也不可能出现,和"-면/으면"所表示的意义相似。常跟"-ㄹ 수 없다"相呼应构成"-고서는…-ㄹ 수 없다"的惯用形。

<보기>

(1) 마음을 달리 먹지 않고서는 그 일을 이룰 수 없다.

(2) 각고의 노력을 하지 않고서는 성공할 수 없다.

(3) 보수성과 전취성의 양면을 다 함께 지니지 않고서는 앞서 가는 문화 민족이 될 수 없다.

(4) 외국의 바이어들과 거래를 하려면 영어를 모르고서는 안 돼요.

(5) 실용적인 회화 훈련을 강화하지 않고서는 말하기 실력을 향상시킬 수 없다.

3. -ㄴ/는다면

连结语尾"-ㄴ/는다면"表示假定条件,相当于汉语的"假如""如果",常构成"만약…ㄴ/는다면"的惯用形。

<보기>

(1) 무궁화 동산을 만들어 간다면 경치가 얼마나 아름다울 것인가.

(2) 만약 네가 간다면 나도 가겠다.

(3) 열심히 공부한다면 꼭 성공할 수 있다.

(4) 이것이 꿈이라면 깨지 말았으면 좋겠네.

(5) 국내에서 자체 개발을 한다면 전망이 더 좋을 수도 있어요.

4. -는 둥 -는 둥 하다

表示既和前面的动作相似,又和后面的动作相似,似是而非。"-는 둥 마는 둥"的否定意义更强烈。

<보기>

(1) 늦어서 밥을 먹는 둥 마는 둥 하고 집을 나왔다.

(2) 요즘 회사에서는 감원을 한다는 둥, 어쩐다는 둥 하고 말이 많아요.

(3) 남편은 내 말은 듣는 둥 마는 둥 하고 나가 버렸어요.

(4) 애들이 반찬이 짜다는 둥, 맛이 없다는 둥 불만이 많아요.

(5) 그는 방이 춥다는 둥, 건조하다는 둥 불안이 많았다.

练 习

1. 본문을 읽고 다음의 질문에 대답하십시오.

(1) 왜 한때 국화로서의 무궁화가 시비의 대상이 되었습니까?
(2) 무궁화에 대해서 사람들은 어떤 불평을 늘어놓았습니까?
(3) 왜 꽃의 이름을 무궁화라고 했을까요?
(4) 무궁화의 가장 큰 특징 중의 하나는 무엇입니까?
(5) 시경에 '안여순화(顔如舜华)'라는 말이 있는데 이것은 무슨 뜻입니까?
(6) 나라마다 나라꽃(국화)이 있습니다. 여러 나라의 국화에 대해 아는 대로 말해 보십시오.

2. 아래의 단어들을 단문을 지으십시오.

(1) 아롱지다   (2) 까다롭다
(3) 버젓하다   (4) 자랑하다
(5) 흐드러지다   (6) 솟아오르다
(7) 머금다   (8) 야무지다
(9) 시달리다   (10) 지니다

3. 보기에서 알맞은 조사나 어미들을 있는 대로 고르십시오.

| <보기> -든지 | -고서는 | -처럼 | -다가 |
| -더라도 | -(으)면 | -에 비해 | -조차 |

(1) 최선을 다해 노력하지 않다(   ) 우수한 성적을 받을 수 없다.
(2) 그들 둘은 마치 친형제이다(   ) 다정하게 지냅니다.
(3) 고향은 5년 전(   ) 다른 것이 없다.
(4) 아무리 힘들다(   ) 꼭 한국어를 배워 내겠습니다.
(5) 누구나 꾸준히 노력하다(   ) 꼭 자기의 목표에 도달할 수 있어요.

4. 알맞은 단어들을 있는 대로 고르십시오.

(1) 사람마다 자기 (　　　　) 인생의 길을 개척해 가고 있다.
　① 뜻에　　　　　　　② 생각나는 대로
　③ 나름대로　　　　　④ 삶에

(2) 그들은 시냇물을 따라 산골짜기 (　　　　) 곳으로 들어갔다.
　① 높은　　　　　　　② 낮은
　③ 깊숙한　　　　　　④ 얕은

(3) 오늘도 예전과 (　　　　) 제시간에 수업을 마치고 기숙사로 돌아왔다.
　① 함께　　　　　　　② 다름없이
　③ 줄기차게　　　　　④ 같이

(4) 시대의 발전을 따라 가려면 (　　　　) 새 지식을 배워야 한다.
　① 자세한　　　　　　② 간혹
　③ 끊임없이　　　　　④ 소중한

(5) 곳곳에서 북경올림픽 개최 성공을 축하하는 (　　　　) 행사들이 열리었다.
　① 넉넉한　　　　　　② 싱싱한
　③ 다채로운　　　　　④ 풍부한

5. 아래의 문장들을 보기와 같이 고쳐 쓰십시오.

> <보기> 무궁화는 가꾸어 보면 특유의 아름다움을 깊이 느끼게 한다.
> 　　→ 무궁화는 가꾸어 보면 <u>볼수록</u> 특유의 아름다움을 깊이 느끼게 한다.

(1) 산에 올라가면 더 멀리 바라보인다.
　→ ＿＿＿＿＿＿＿＿＿＿＿＿＿＿＿＿＿＿＿＿＿.

(2) 산 속으로 깊숙이 들어가면 소나무들이 더 많다.
　→ ＿＿＿＿＿＿＿＿＿＿＿＿＿＿＿＿＿＿＿＿＿.

(3) 공부를 하면 많은 지식을 배우게 된다.
　→ ＿＿＿＿＿＿＿＿＿＿＿＿＿＿＿＿＿＿＿＿＿.

(4) 오늘은 웬지 술을 더 마시고 싶다.
　→ ＿＿＿＿＿＿＿＿＿＿＿＿＿＿＿＿＿＿＿＿＿.

(5) 무궁화를 바라보면 저절로 즐거워진다.

→ _____.

6. '-는 둥 -는 둥 하다'를 활용하여 다음의 문장을 보기와 같이 만들어 보십시오.

> <보기> 제가 만든 요리가 맵다/짜다
> → 제가 만든 요리가 맵다는 둥, 짜다는 둥 하면서 불만이 많았
> 어요.

(1) 어제 보내온 과일이 시다/떫다

→ _____.

(2) 세 들은 방이 좁다/어둡다

→ _____.

(3) 생선이 싱싱하지 못하다/비싸다

→ _____.

(4) 여자가 얼굴이 예쁘지 않다/몸매가 날씬하지 않다

→ _____.

(5) 지난 번에 사 준 신발이 크다/디자인이 별로다

→ _____.

7. '-고서는'을 이용하여 다음의 문장을 하나로 연결시켜 보십시오

> <보기> 걔가 바보가 아니다 / 그런 짓을 할 수 없다
> → 걔가 바보가 아니고서는 그런 짓을 할 수 없지요.

(1) 마음을 달리 먹지 않다/그 일을 이룰 수 없다.

→ _____.

(2) 비범한 인내력이 아니다/ 이 일을 성공시킬 수 없다

→ _____.

(3) 직접 현장에 가 보지 않다/ 상황을 정확하게 파악할 수 다.

→ _____.

(4) 이 문제는 대학 교수가 아니다/풀 수 없는 문제이다.

→ _____.

(5) 이 골동품은 골동 전문가가 아니다/그 진가를 판단할 수 없다.

→ _____ .

8. 다음의 문장을 한국어로 번역하십시오.

曲曲折折的荷塘上面,弥望的是田田的叶子。叶子出水很高,像亭亭的舞女的裙。层层的叶子中间,零星地点缀着些白花,有袅娜地开着的,有羞涩地打着朵儿的;正如一粒粒的明珠,又如碧天里的星星,又如刚出浴的美人。微风过处,送来缕缕清香,仿佛远处高楼上渺茫的歌声似的。这时候叶子与花也有一丝的颤动,像闪电般,霎时传过荷塘的那边去了。叶子本是肩并肩密密地挨着,这便宛然有了一道凝碧的波痕。叶子底下是脉脉的流水,遮住了,不能见一些颜色;而叶子却更见风致了。(朱自清《荷塘月色》)

课外阅读

비빔밥

현재 중국 사람들한테 비빔밥은 별로 낯설지가 않은 한국 음식이다. 비빔밥은 글자 그대로 비벼 먹는 밥이다. 여러 가지 재료와 밥을 한데 섞은 다음 참기름과 고추장을 넣어 비벼 먹는다. 비빔밥은 한국의 전통 음식 중의 하나이지만, 한국인들의 일반적인 식습관으로 보면 조금 특이한 음식이다. 원래 한국인들은 밥과 반찬을 따로 담아 한 상에 놓고 먹는다. 한국에서 비빔밥처럼 반찬과 밥을 한 그릇에 넣어 먹는 음식은 거의 찾아보기 어렵다.

언제부터 비빔밥을 먹기 시작했는지는 정확히 알기 어렵다. 1800년대 말에 처음으로 기록이 보이지만 그보다 훨씬 이전부터 비빔밥이 있었을 것이다. 그 유래에 대해서는 여러 가지 설이 있는데 '음복설', '묵은 음식 처리설'이 가장 그럴 듯하다.

음복(飮福)이란 제사을 지낸 후 상에 남은 음식을 나누어 먹는 것을 말한다. 그런데 마을에서 비교적 멀리 떨어진 곳에서 지내는 산신제(山神祭)나 동제(洞祭)의 경우에는 그릇을 많이 가지고 갈 수 없으므로 제물(祭物)을 골고루 먹으려면 결국 한 그릇에 여러 가지 음식을 받아 비벼 먹게 되어 비빔밥이 될 것이다.

다음으로, 설달 그믐날에 새해 음식을 장만하면서, 남은 음식이 해를 넘기지 않도록 묵은 밥과 묵은 나물을 모두 얹어서 밤참으로 먹은 데에서 비빔밥이 유래했다고 하는 것이 '묵은 음식 처리설'이다. 이 밖에도 조선 시대에 왕이 먹던 간단한 점심 식사에서 비빔밥이 유래했다고 하는 '궁중 음식설'도 있다.

비빔밥을 만드는 데는 재료의 제한이 없다. 그저 밥과 고추장만 있어도 얼마든지 만들어 먹을 수 있다. 따라서 비빔밥은 그 종류가 헤아릴 수 없이 많다. 또한 한국의 어디를 가나 쉽게 만날 수 있다. 지역에 따라 만드는 재료도 제각기 다르다. 하지만 수많은 비빔밥 중에서 가장 대표적인 것은 뭐니 뭐니 해도 전주비빔밥과 진주비빔밥이다.

전주비빔밥은 불고기와 갈비, 냉면과 함께 한국을 대표하는 음식의 하나로도 알려져 있다. 전주비빔밥은 콩나물과 육회를 사용하는 것이 특징이다. 이와 쌍벽을 이루는 진주비빔밥은 콩나물 대신 주로 숙주나물을 많이 쓰며, 선짓국과 함께 먹는 것이 특징이다. 이 밖에 산채 비빔밥, 콩나물 비빔밥, 열무 비빔밥 등이 있으며, 뜨겁게 달군 돌솥에 재료를 넣어 비벼 먹는 돌솥 비빔밥도 있다.

큰 그릇에 여럿이 먹을 밥을 같이 넣고 비벼서 온 식구가 함께 먹는 비빔밥은 사람 사이의 정을 확인하는 '한솥밥' 문화의 대표적인 음식이기도 하다.

补充词汇

비비다	[动]	拌, 搓, 捻
재료 [材料]	[名]	材料
섞다	[动]	掺杂, 搅合
참기름	[名]	芝麻油, 香油
식습관 [食習慣]	[名]	饮食习惯

담다	[动]	盛,装
음복 [飮福]	[名]	分吃祭物
묵다	[动]	陈,闲置;小住
산신제 [山神祭]	[名]	山神祭
동제 [洞祭]	[名]	对村庄守护神的祭祀
장만하다	[动]	准备
해를 넘기다	[词组]	超过时间
얹다	[动]	搁上,放
유래하다 [由來-]	[动]	由来,渊源
궁중 [宮中]	[名]	宫中
제각각 [-各各]	[副]	各自
갈비	[名]	排骨
육회 [肉膾]	[名]	生拌牛肉
쌍벽 [雙璧]	[名]	双璧
산채 [山菜]	[名]	山菜,柴胡
열무	[名]	小萝卜
달구다	[动]	烧热,弄热,烧暖
한솥밥	[名]	大锅饭

单词索引

구실[口實] [名] 借口	[17课]	
결단력 [名] 决断力	[5课]	
결실[結實] [名] 果实,成果,收获	[12课]	
결코[決-] [副] 决,万万(接否定)	[8课]	
겹치다 [动] 摞,叠	[9课]	
경계[警戒] [名] 警戒,戒备,堤防,抵制	[14课]	
경계[境界] [名] 边境,界线	[17课]	
경계하다[警戒-] [动] 警戒,警惕,提防	[16课]	
경도[經度] [名] 经度	[10课]	
경복궁[景福宮] [名] 景福宫	[11课]	
경상도 [名] 庆尚道	[15课]	
경향[傾向] [名] 倾向	[7课]	
계기[契機] [名] 契机	[5课]	
계란 후라이[雞卵 fry] [名] 煎蛋	[4课]	
계약을 맺다 [契約-] [词组] 签约	[3课]	
계절풍[季節風] [名] 季风	[10课]	
고개 [名] 山岭,山岗;后颈	[15课]	
고난[苦難] [名] 苦难	[2课]	
고달프다 [形] 疲惫,疲劳	[11课]	
고답하다[高踏-] [形] 超世	[1课]	
고도[高度] [名] 高度	[4课]	
고령사회[高齡社會] [名] 高龄化社会	[7课]	
고부 갈등 [词组] 婆媳矛盾	[5课]	
고어[古語] [名] 古语,古话	[15课]	
고용하다[雇傭-] [动] 雇佣	[4课]	
고유하다[固有-] [形] 固有	[9课]	
고전[古典] [名] 古典	[18课]	
고층 빌딩[高層 building] [名] 高楼	[11课]	
고통스럽다[苦痛-] [形] 痛苦,难受	[7课]	
고학력[高學曆] [名] 高学历	[4课]	
곡조[曲調] [名] 曲调,曲子	[15课]	
골려 주다 [词组] 打趣,逗着玩	[15课]	
골치 [名] 脑袋	[1课]	
곰곰이 [副] 仔细地,反复地	[17课]	

곳곳 [名] 处处	[18课]	
공동체[共同體] [名] 共同体	[5课]	
공업용수 [名] 工业用水	[8课]	
공유하다[共有-] [动] 共有	[1课]	
공장지대[工場地帶] [名] 工厂地区	[8课]	
공해[公害] [名] 公害,污染	[8课]	
과감하다[果敢-] [动] 果断,勇敢	[7课]	
과식하다[過食-] [动] 吃得过多	[6课]	
과연[果然] [副] 果然	[2课]	
과음[過飲] [名] 过度饮酒,酗酒	[6课]	
과제[課題] [名] 课题	[7课]	
과학 기구[科學機構] [名] 科学机构	[17课]	
과학 영농[科學營農] [名] 科学耕作	[17课]	
관공서[官公署] [名] 政府机构	[10课]	
관용표현[慣用表現] [名] 惯用的 表现方式	[14课]	
관찰하다[觀察-] [动] 观察,观测	[12课]	
관행[慣行] [名] 常规,惯例	[7课]	
광채[光彩] [名] 光彩	[16课]	
광택[光澤] [名] 光泽	[18课]	
광화문[光化門] [名] 光化门	[11课]	
괴로움 [名] 痛苦,难过,不舒服	[14课]	
괴롭다 [形] 痛苦,难过	[13课]	
교양[敎養] [名] 教养	[1课]	
교육열[敎育熱] [名] 教育热	[3课]	
교편[敎鞭] [名] 教鞭	[18课]	
교환하다[交換-] [动] 交换	[18课]	
구멍 [名] 孔,洞,窟窿	[14课]	
구미사회[歐美社會] [名] 欧美社会	[4课]	
구수하다 [形] 有趣儿,(味道)香	[12课]	
구애받다[拘碍-] [动] 受到限制	[5课]	
구제하다[驅除-] [动] 驱除	[18课]	
구차하다[苟且-] [形] 厚着脸皮,穷苦	[2课]	
국방[國防] [名] 国防	[17课]	

꽃숲 [名] 花丛 [18课]

꽃잎 [名] 花瓣 [18课]

꽃피우다 [动] 开花 [18课]

꾀다 [动] 密集生长 [18课]

꾀죄죄하다 [形] 邋遢 [18课]

꾸준하다 [形] 孜孜不倦 [18课]

꿈을 꾸다 [词组] 做梦,痴心妄想 [3课]

꿋꿋하다 [形] 坚强,倔强,坚硬 [14课]

끈기 [名] 韧性,耐性 [14课]

끊임없이 [副] 不断地,络绎不绝 [18课]

끌려가다 [动] 被拉走,被牵走 [15课]

끼니 [名] 饭,餐,顿 [6课]

[ㄴ]

나날이 [副] 日益,日渐 [11课]

나른해지다 [动] 疲倦,无力 [10课]

나무라다 [动] 责怪,奚落 [5课]

낙숫물 [名] 屋檐水,房檐水 [14课]

난청[難聽] [名] 听觉障碍 [8课]

날리다 [他] 飘飞,飞扬,放飞 [12课]

남기다 [名] 留下,剩下 [17课]

남극[南極] [名] 南极 [10课]

남녀노소[男女老少] [名] 男女老少 [9课]

남대문[南大門] [名] 南大门 [11课]

남반구[南半球] [名] 南半球 [10课]

남부 [名] 南部 [9课]

납입하다[納入-] [动] 缴付,缴纳 [7课]

낭만[浪漫] [名] 浪漫 [1课]

낭비[浪費] [名] 浪费 [5课]

낯뜨겁다 [形] 焦辣辣(的) [16课]

내던지다 [动] 甩,撇,丢弃 [16课]

내뱉다 [动] 吐出,涌出 [16课]

내보내다 [动] 派,调 [15课]

내쉬다 [动] 呼,嘘气 [15课]

내조형[內助-] [名] 内助型 [4课]

냉소 [冷笑] [名] 冷笑 [16课]

널 [名] 跳板,木板 [12课]

널뛰기 [名] 跷跷板 [12课]

널리 [副] 广泛,遍及 [18课]

넓히다 [动] 扩展 [17课]

넘어가다 [动] 翻过,翻越,转入 [15课]

넘어뜨리다 [动] 揪倒,打到 [12课]

년간[年間] [名] 年(的时间) [7课]

노고지리 [名] 云雀,百灵鸟 [1课]

노년기[老年期] [名] 老年时期 [7课]

노령화[老齡化] [名] 老龄化 [7课]

노릇 [名] 工作,事情 [8课]

노예[奴隷] [名] 奴隶 [2课]

녹다 [动] 融化,熔化,溶化 [14课]

녹음[綠蔭] [名] 绿阴 [9课]

녹지 공간[綠地空間] [名] 绿地 [11课]

놀랍다 [形] 惊人,出乎意料 [14课]

농경생활[農耕生活] [名] 农耕,耕作 [12课]

농법[農法] [名] 农业规律,农活方法 [17课]

농사직설[農事直說] [名] 《农事直说》 [17课]
（古代书名）

농악놀이[農樂-] [名] 农乐游戏 [12课]

농악대[農樂隊] [名] 农乐队 [9课]

농업[農業] [名] 农业 [12课]

높임말 [名] 敬语,尊称 [1课]

뉴욕 [名] 纽约 [18课]

늑장부리다 [动] 耍赖 [4课]

늘어놓다 [动] 摆放,铺开 [18课]

늘어지다 [动] 变长,拉长,下垂 [15课]

능동적[能動的] [名] 能动的 [17课]

님 [名] 心上人;对爱人的称呼 [15课]

동녘 [名] 东边 [18课]

동반자[同伴者] [名] 同伴,伙伴 [1课]

동복 [名] 冬装 [10课]

동산 [动] 花园 [18课]

동서[同壻] [名] 妯娌;连襟 [3课]

동제[洞祭] [名] 对村庄守护神的祭祀 [18课]

동참하다[同参-] [动] 共同参与 [7课]

되돌아보다 [动] 回顾,回头看 [16课]

되치다 [动] 借力回推(摔跤,柔道 [12课]
等体育项目中的一种技术动作)

두꺼비 [名] 癞蛤蟆 [1课]

두드러지다 [形] 显著,突出 [4课]

두들기다 [动] 拍打,敲打 [1课]

두루마기 [名] 韩服的长袍 [12课]

둥글다 [形] 圆 [9课]

둥글게 [副] 圆的 [12课]

뒤덮다 [动] 笼罩,密布 [8课]

뒤떨어지다 [动] 落后,赶不上 [5课]

뒤지다 [动] 翻,翻找 [15课]

뒤통수 [名] 后脑勺 [16课]

드디어 [副] 终于,总算 [13课]

드러내다 [动] 露出,显出 [6课]

드물다 [形] 稀少,罕有 [10课]

들다 [动] 遇上(丰收年,荒年) [9课]

들이다 [他] 使……花费 [14课]

들판 [名] 田野,原野 [10课]

등 덩굴 [名] 藤类植物 [1课]

따위 [名] 之类,什么的 [8课]

따지다 [动] 追究,算计 [5课]

때 [名] 污垢 [8课]

때때로 [副] 有时,间或 [9课]

떠돌아다니다 [动] 漂泊,漂流,流落 [15课]

떠들다 [动] 喧哗,喧闹 [5课]

떠오르다 [动] 想起来,升 [6课]

떼다 [他] 撕下,揭下,免除 [14课]

떼죽음 [名] 成群的死亡 [8课]

또렷이 [副] 清楚地,明显 [18课]

뚜렷하다 [形] 分明的,明显 [10课]

뚫다 [动] 穿,透,捅开 [9课]

뚱뚱하다 [形] 胖 [6课]

뛰어나다 [形] 出色,出众 [17课]

뛰어들다 [动] 插手,闯进 [9课]

뛰쳐나가다 [动] 跑出去 [13课]

뜰 [名] 院子 [18课]

띠다 [动] 看见,突出,显出 [16课]

[ㄹ]

레저[leisure] [名] 休闲 [7课]

로스앤젤레스[Los-Angeles] [名] [11课]
洛杉矶

[ㅁ]

마감하다 [动] 终结,完结,结束 [17课]

마냥 [副] 尽情,够,尽自 [12课]

마다하다 [动] 拒绝,嫌弃 [2课]

마당 [名] 院子,场院 [15课]

마당극[-劇] [名] 韩国传统剧的一种, [9课]
唱和白结在一起表演

마땅하다 [形] 合适,适合 [8课]

마려[馬黎] [名] 马黎 [13课]

마음을 열다 [词组] 敞开心胸 [16课]

마찰[摩擦] [名] 摩擦 [5课]

마침내 [副] 终于,最后,到底 [13课]

막다 [动] 堵住,阻挡 [14课]

막론하다[莫論-] [动] 无论,不管 [4课]

만발하다[滿發-] [动] 盛开 [18课]

만병[萬病] [名] 百病,各种疾病 [6课]

만회하다[挽回-] [动] 挽回,补救 [2课]

[ㅂ]

바람직하다 [形] 最好 [5课]

바르다 [动] 涂抹,敷,糊 [9课]

바야흐로 [副] 此刻

바탕 [名] 基础,背景 [1课]

반달[半-] [名] 半月,半个月 [12课]

반역죄[叛逆罪] [名] 叛逆罪 [18课]

반짝반짝 [副] 明亮,晶莹,烁烁 [16课]

반천엽[半千葉] [名] 半复叶 [18课]

반포하다[颁布-] [动] 颁布 [17课]

발견되다[發現-] [动] 发现 [14课]

발달되다[發達-] [动] 发达 [18课]

발명하다[發明-] [动] 发明 [17课]

밝혀지다 [动] 阐明,搞清楚 [15课]

밤참 [名] 夜宵 [6课]

밧줄 [名] 绳,粗绳 [9课]

방대하다[龐大-] [形] 庞大 [18课]

방독면[防毒面] [名] 防毒面具 [8课]

방비[防備] [名] 防备,提防 [14课]

방치하다 [动] 不管,搁置 [8课]

방패막이 [名] 隐身草,挡箭牌 [2课]

방패연[防牌鳶] [名] 韩式风筝 [9课]

방해하다 [动] 妨碍,扰乱 [8课]

발 [名] 象棋,尤茨等游戏中的一步 [9课]

배경[背景] [名] 背景 [17课]

배기 [接尾词] 表示某种东西充满 [15课]
  或者装满

배기가스[排氣gas] [名] 排出的瓦斯, [8课]
  废气

백중절[百中節] [名] 鬼节 [12课]
  （阴历7月15日）

백제[百濟] [名] 百济 [13课]

백지 [名] 白纸 [9课]

백지장[白紙張] [名] 白纸 [14课]

버릇 [名] 习惯,礼貌 [5课]

버젓하다 [[形] 堂堂正正,理直气壮 [18课]

번갈다[番-] [动] 交替,轮流 [4课]

번성하다[繁盛-] [动] 繁盛,繁荣, [12课]
  旺盛

번식시키다[繁殖-] [动] 繁殖 [18课]

벌어지다 [动] 展开,开展 [12课]

벌이다 [动] 搞,展开,做 [8课]

벗 [名] 朋友 [1课]

범상하다[凡常-] [形] 普通,平常 [13课]

베이비 붐[Baby Boom] [名] 婴儿潮 [7课]

변명하다[辯明-] [动] 辩解,辨明 [2课]

변모[變貌] [名] 变样儿,改观 [1课]

변함 없다[變-] [形] 依然如故, [11课]
  没有变化

별식[別食] [名] 别有风味的食物 [3课]

병들다[病-] [动] 生病 [8课]

병행하다[幷行-] [动] 并行 [7课]

보랏빛 [名] 青紫色 [18课]

보리타작 [名] 大麦打场 [12课]

보상을 해 주다 [词组] 给与补偿 [2课]

보수성[保守性] [名] 保守性 [18课]

보수적[保守的] [名] 保守,顽固 [4课]

보완하다[補完-] [动] 补充,弥补 [5课]

보익[補翼] [名] 辅佐,帮助 [13课]

보호[保護] [名] 保护 [1课]

복종하다[服從-] [动] 服从 [5课]

복지학과[福祉學科] [名] 社会福利学系 [7课]

본격적이다 [名] 正式的,正规的 [10课]

본관[] [名] 本馆,主楼 [18课]

본의[本意] [名] 本意 [2课]

봄철 [名] 春季 [3课]

봉오리 [名] 花苞,蓓蕾 [18课]

부끄럽다 [形] 羞,羞耻 [13课]

부당하다[不黨-] [形] 不正当,不妥当,无理 [5课]

삼다 [动] 当作,当成 [10课]

삼천리[三千里] [名] 三千里 [18课]

삼키다 [动] 吞 [6课]

상기하다[想起-] [动] 想起 [18课]

상당히[相當-] [副] 相当地,很 [5课]

상대성[相對性] [名] 相对性 [17课]

상례[常例] [名] 常例,常规 [3课]

상유 [名] 上游 [8课]

상이하다[相異-] [形] 不同 [4课]

상징[象徵] [名] 象征,表象 [11课]

새로이 [副] 新,新近 [12课]

새삼 [副] 格外;新奇;重新,再,又 [18课]

새삼스럽다 [形] (记忆)犹新; [11课]
　　格外,特别

새우다 [动] 熬夜,通宵 [12课]

색동[色-] [名] 七色彩锻,彩锻 [12课]

생계위협[生計威脅] [名] 威胁到生计 [4课]

생계유지[生計維持] [名] 维持生计 [4课]

생략되다[省略-] [动] 省略 [17课]

생리적[生理的] [名] 生理的 [9课]

생수 [名] 矿泉水 [8课]

생업[生業] [名] 行当,生业 [12课]

생활양식[生活樣式] [名] 生活方式 [9课]

서민적[庶民的] [名] 平民的 [9课]

서서히[徐徐-] [副] 逐渐 [4课]

서운하다 [形] 舍不得,依依不舍 [16课]

섞다 [动] 掺杂,搅合 [18课]

선명하다[鮮明-] [形] 鲜明 [18课]

선용[善用] [名] 善于利用 [17课]

선진국[先進國] [名] 发达国家 [7课]

섣달 [名] 腊月 [12课]

설빔 [名] 新年服装 [12课]

섬세하다[纖細-] [形] 周到;纤细,工巧 [9课]

섬유[纖維] [名] 纤维 [6课]

섭취하다 [动] 摄取,汲取 [6课]

성[性] [名] 性 [1课]

성공의 열쇠[成功-] [惯] 成功的钥匙, [6课]
　　关键

성냥 [名] 火柴 [3课]

성숙하다[成熟-] [形] 成熟 [2课]

성역할[性役割] [名] 性角色 [4课]

성장[成長] [名] 成长,发展 [4课]

성주 [名] 韩国民间信仰中的 [12课]
　　一种守护神

세대간 [名] 世代之间 [5课]

세밀하다[細密-] [形] 细致 [17课]

세배[歲拜] [名] 拜年 [12课]

세뱃돈[歲拜-] [名] 压岁钱 [12课]

세사발 [名] 细沙堆 [1课]

세상사[世上事] [名] 世事 [18课]

세상 인심[世上人心] [名] 世道 [3课]

세시풍속[歲時風俗] [名] 岁时风俗 [12课]

세우다 [动] 建立 [13课]

세종대왕[世宗大王] [名] 世宗大王 [17课]
　　(朝鲜朝第四代王)

셰익스피어 [名] 莎士比亚 [1课]

소망[所望] [名] 韩国传统祭祀的一种 [12课]

소박맞다[疏薄-] [动] 遭冷遇 [4课]

소박하다[素朴-] [形] 质朴,简朴,朴实 [12课]

소양[素養] [名] 素养 [14课]

소용없다[所用-] [形] 不抵事儿, [15课]
　　不顶用

소원[所願] [名] 夙愿 [13课]

소원해지다[疏遠-] [动] 变疏远 [1课]

소제목[小題目] [名] 小标题,副标题 [17课]

소중하다[所重-] [形] 宝贵,贵重 [2课]

소홀히[疏忽히] [副] 疏忽,忽略,大意 [14课]

소화불량[消化不良] [名] 消化不良 [6课]

시키다 [动] 让,支使,点菜	[4课]	
시합[試合] [名] 比赛	[9课]	
식물원[植物園] [名] 植物园	[18课]	
식사량[食事量] [名] 饭量,食量	[6课]	
식습관[食習慣] [名] 饮食习惯	[18课]	
식욕[食慾] [名] 食欲	[10课]	
식이[食餌] [名] 食物	[6课]	
신나다 [动] 兴致勃勃,高兴	[6课]	
신념[信念] [名] 信念	[1课]	
신단수[神壇樹] [名] 神坛树	[13课]	
신뢰[信賴] [名] 信赖	[1课]	
신바람 [名] 兴致,兴高采烈	[9课]	
신선[神仙] [名] 神仙	[13课]	
신성하다[神聖-] [动] 神圣	[2课]	
신시 [神市] [名] 神市	[13课]	
신의[信義] [名] 信义	[2课]	
신인류[新人類] [名] 新人类	[7课]	
신체[身體] [名] 身体	[14课]	
신하[臣下] [名] 臣,臣子,臣下	[13课]	
실 [名] 线	[9课]	
실망시키다[失望-] [动] 让……失望	[12课]	
실천[實踐] [名] 实践,履行,实施	[6课]	
실태[實態] [名] 实情,真相	[4课]	
심각하다深刻-] [形] 深刻,严重	[11课]	
심리[心理] [名] 心理	[14课]	
심문[心紋] [名] 花心的纹路	[18课]	
심심찮다 [形] 频繁	[5课]	
심심하다 [形] 无聊,没意思	[15课]	
심장부[心臟部] [名] 心脏部位,要害	[18课]	
심지어[甚至於] [副] 甚至	[2课]	
싱글벙글 [副] 笑嘻嘻,乐呵呵,	[15课]	
眉开眼笑地		
싹이 트다 [词组] 发芽	[10课]	
쌀쌀하다 [形] 冷飕飕,冷淡	[16课]	

쌍벽[雙璧] [名] 双璧	[18课]	
썩다 [动] 腐烂,发霉,腐败	[8课]	
썩히다 [他] 使……腐烂	[14课]	
썰매 [名] 雪橇	[10课]	
쑥 [名] 艾草	[12课]	
쓸다 [动] 扫,打扫	[15课]	
씨 [名] 种子	[18课]	
씨름 [名] 摔跤,摔跤	[12课]	

[ㅇ]

아끼다 [动] 珍爱,爱惜,节俭	[14课]	
아량[雅量] [名] 雅量	[1课]	
아롱지다 [形] 五彩缤纷	[18课]	
아리랑 [名] 阿里郎(韩国传统民歌)	[15课]	
아이고 [感] 天哪	[15课]	
아지랑이 [名] 游丝,野马	[10课]	
(喻春日田野里冒出的水蒸汽)		
아찔하다 [形] 晕,晕眩	[16课]	
아침나절 [名] 早晨	[18课]	
악보[樂譜] [名] 乐谱,歌谱	[15课]	
악영향 [名] 坏影响	[8课]	
안거하다[安居-] [动] 安居	[13课]	
안색 [名] 脸色	[6课]	
안여순화[顏如舜花] [成语] 颜如舜华		
(出自《诗经》)	[18课]	
안절부절 [副] 坐立不安,惴惴不安	[6课]	
알뜰하다 [形] 勤俭,精打细算	[5课]	
알맞다 [形] 适合,适当,合适	[12课]	
압박감[壓迫感] [名] 压迫感,感到压抑	[6课]	
앞당기다 [动] 提前,提早	[7课]	
앞장서다 [动] 率先,创先	[8课]	
애독하다[愛讀-] [动] 喜爱阅读	[18课]	
애민[哀憫] [名] 哀悯	[6课]	
애틋하다 [形] 深情,依恋,焦虑	[18课]	

액운[厄運] [名] 厄运	[9课]	엊그제 [名] 前些日子	[10课]
야단을 치다 [词组] 骂,责备	[5课]	엎어지다 [动] 扑,翻倒,摔倒	[9课]
야무지다 [形] 结实,精明强干	[18课]	에너지[energy] [名] 能量	[6课]
야유하다 [动] 打逗	[9课]	여가[餘暇] [名] 余暇	[17课]
야유하다[揶揄-] [动] 揶揄,打趣	[12课]	여론[輿論] [名] 民意,舆论	[4课]
약속을 깨다 [词组] 爽约	[2课]	여유롭다[餘裕-] [形] 余裕,富裕	[10课]
양기[陽氣] [名] 阳气,活气	[12课]	여의도[汝矣島] [名] 汝矣岛	[11课]
양반 시대 [名] 两班时代	[9课]	여지[餘地] [名] 余地	[18课]
양서[良書] [名] 好书	[17课]	여태껏 [副] 平生,从来	[16课]
양친[兩親] [名] 双亲	[2课]	역력히[歷歷-] [副] 清晰地,明显地	[11课]
양편[兩便] [名] 两边	[18课]	역효과[逆效果] [名] 反作用	[6课]
어귀 [名] (村)口,(路)口	[9课]	연[[鳶]] [名] 风筝	[9课]
어기다 [动] 违反,辜负	[2课]	연결하다 [动] 连接,联系	[9课]
어느덧 [副] 不知不觉,转眼间	[1课]	연구가[研究家] [名] 研究家	[17课]
어렴풋이 [副] 模糊地,隐约地	[14课]	연구기관[研究機關] [名] 研究机关	[17课]
어린이집 [名] 幼儿之家,幼儿园	[4课]	연금[年金] [名] 退休金	[7课]
어색하다 [形] 不自然,尴尬,别扭	[16课]	연날리기 [名] 放风筝	[9课]
어업[魚業] [名] 渔业	[12课]	연발하다[連發-] [动] 接连发生	[2课]
어울리다 [动] 般配,协调	[9课]	연실[鳶-] [名] 风筝线	[9课]
어이가 없다 [词组] 荒唐,无法理解	[14课]	연장되다[延長-] [动] 延长	[7课]
어지럽다 [形] 脏,乱	[18课]	연전[戀情] [名] 恋情	[1课]
억눌리다 [动] 受压迫	[9课]	열렬하다[熱烈-] [形] 热烈	[16课]
억세다 [形] 顽强,坚强	[18课]	열무 [名] 小萝卜	[18课]
언뜻 [副] 猛然一(看,听等)	[14课]	열정[熱情] [名] 热情	[1课]
언론 [言論] [名] 言论	[11课]	예민하다[銳敏-] [形] 敏感,聪明伶俐	[1课]
언제든지 [副] 无论何时,随时	[1课]	예술제[藝術祭] [名] 艺术节	[9课]
얹다 [动] 搁上,放	[18课]	예외 [名] 例外	[4课]
얼굴이 어둡다 [惯] 脸色黑,脸色难看	[5课]	예외없다[例外-] [词组] 毫无例外,	[7课]
얽매다 [动] 捆扎,缠绕	[5课]	无一例外	
엄밀히[嚴密-] [副] 严密地,确切地	[17课]	예전 [名] 以前,从前	[4课]
엄청나다 [形] 相当,宏壮	[14课]	예지[叡智] [名] 睿智,智慧	[14课]
업적[業績] [名] 功绩,业绩	[17课]	오간[烏干] [人名] 乌干	[13课]
없애다 [动] 消灭,清除	[5课]	오르다 [动] 上,登上,爬	[17课]
엉뚱하다 [形] 出乎意料,出格,毫不相干	[2课]	오리발 [名] 鸭蹼,鸭掌	[14课]

오므라지다 [动] 瘪,凹陷	[18课]	위도[緯度] [名] 纬度	[10课]
오해받다[誤解-] [动] 受到误解	[9课]	위안[慰安] [名] 安慰,抚慰	[1课]
온조[溫祚] [名] 温祚	[13课]	위장장애[胃腸障碍] [名] 胃肠障碍	[6课]
올리다 [动] 致;举行	[2课]	위협하다 [动] 威胁	[8课]
올바르다 [形] 正确	[17课]	유구하다[悠久-] [形] 悠久	[18课]
완벽하다[完璧-] [形] 完美无缺	[17课]	유래[由來] [名] 由来	[2课]
왕검[王儉] [名] 王俭(古朝鲜檀君 的别名）	[13课]	유래하다[由來-] [动] 由来,渊源	[18课]
		유발시키다[誘發-] [动] 诱发,引起	[6课]
왕위[王位] [名] 王位	[17课]	유사하다[類似-] [形] 类似	[1课]
외동아들 [名] 独生子	[15课]	유서[由緒] [名] 由来,历史	[18课]
요기[療飢] [名] 充饥,垫饥	[6课]	유적지[遺跡地] [名] 遗址,名胜古迹	[11课]
요소[要素] [名] 要素,因素	[1课]	유행하다[流行-] [动] 流行	[17课]
요새[要塞] [名] 要塞	[13课]	육성되다[育成-] [动] 培育	[18课]
요약하다[要約-] [动] 概括,概要	[17课]	육종되다[育種-] [动] 育种	[18课]
욕구[欲求] [名] 欲望和要求	[17课]	육회[肉膾] [名] 生拌牛肉	[18课]
욕망[慾望] [名] 欲望	[1课]	윤기[潤氣] [名] 润泽	[1课]
용납되다[容納-] [动] 容纳,容忍,容受	[13课]	윤택하다[潤澤-] [形] 富裕,滋润,润泽	[12课]
우거지다 [动] 茂盛,茂密	[9课]	융성하다[隆盛-] [形] 繁荣	[18课]
우단[羽緞] [名] 羽缎	[18课]	윷가락 [名] 玩尤茨时丢掷的半圆短木块	[9课]
우람하다 [形] 雄伟,魁梧	[15课]	윷놀이 [名] 尤茨游戏(掷骰游戏的一种)	[9课]
우러나다 [动] 发自,出自,掉色	[16课]	으레 [副] 应当,照例	[4课]
우려되다[優慮-] [动] 担心,忧虑	[7课]	으스스하다 [形] 凉飕飕的	[10课]
우물가 [名] 井边,井旁	[14课]	은퇴자[隱退者] [名] 退休人员	[7课]
우사[雨師] [名] 雨神,雨师	[13课]	은퇴하다[隱退-] [动] 隐退	[7课]
우스개 [名] 笑话,开玩笑	[16课]	음복[飮福] [名] 分吃祭物	[18课]
우울감[憂鬱感] [名] 抑郁感	[8课]	응원[應援] [名] 助威,声援	[9课]
운사[雲師] [名] 云师	[13课]	의무[義務] [名] 义务	[8课]
운수[運數] [名] 运气,运数	[12课]	의미하다[意味-] [动] 意味着	[17课]
울타리 [名] 篱笆,栅栏	[9课]	의식적[意識的] [名] 有意,故意, 有意识	[16课]
움 트다 [词组] 发芽	[10课]		
웃돌다 [动] 高于,多于	[4课]	의식하다[意識-] [动] 意识到	[17课]
원리[原理] [名] 原理	[17课]	의의[意義] [名] 意义	[14课]
원예가[園藝家] [名] 园丁	[18课]	의지[意志] [名] 意志	[17课]
위대하다[偉大-] [形] 伟大	[17课]	의지력[意志力] [名] 意志力	[6课]

잡아당기다 [动] 拽,拉	[9课]	전자[電子] [名] 电子	[11课]
잡아먹다 [他] 杀了吃,宰食	[14课]	전진시키다[前進-] [动] 使前进	[9课]
잡채[雜菜] [名] 炒杂菜	[2课]	전체[全體] [名] 全体,整体	[8课]
장관[壯觀] [名] 壮观,大观	[12课]	전해지다[傳-] [动] 传,流传	[15课]
장남[長男] [名] 长子	[4课]	전혀[全-] [副] 全然,根本	[9课]
장단[長短] [名] 长短	[9课]	전후하다 [动] 先后,前后	[9课]
장마 [名] 霪雨,梅雨	[10课]	절기[節氣] [名] 节气	[12课]
장만하다 [动] 准备	[18课]	절반[折半] [名] 一半,半	[12课]
장미[薔薇] [名] 蔷薇,玫瑰	[18课]	점차[漸次] [副] 渐渐地	[4课]
장수[將帥] [名] 将领,将帅	[2课]	접어들다 [动] 进入,接近,临近	[4课]
장애[障碍] [名] 障碍,阻力	[4课]	접하다[接-] [动] 接触	[14课]
장엄하다[壯嚴-] [形] 庄严	[18课]	정기[精氣] [名] 精气	[16课]
재담[才談] [名] 相声,趣话	[9课]	정년퇴직[停年退職] [名] 退休	[7课]
재료[材料] [名] 材料	[18课]	정답다 [形] 亲密	[1课]
재배하다[栽培-] [动] 种植,栽培	[18课]	정당하다[正當-] [形] 正当	[5课]
재우다 [动] 让……睡,哄……睡	[15课]	정당화하다[正當化-] [动] 使正当化	[2课]
재취업[再就業] [名] 再就业	[7课]	정독[精讀] [名] 精读	[17课]
재활용[再活用] [名] 再生利用,再使用	[8课]	정립하다[定立-] [动] 建立	[4课]
저고리 [名] 韩服的上衣	[12课]	정벌[征伐] [名] 征伐,讨伐	[17课]
저절로 [副] 自动,自行	[9课]	정원수 [名] 庭园树	[18课]
저주[詛呪] [名] 诅咒	[16课]	정월[正月] [名] 正月,元月	[12课]
저지르다 [动] 惹出,造成,犯	[16课]	정의감[正義感] [名] 正义感	[5课]
적도[赤道] [名] 赤道	[10课]	정의되다[定義-] [动] 被定义	[1课]
적절히[適切] [副] 适当地	[17课]	정초[正初] [名] 正月初	[9课]
전개[展開] [名] 展开	[17课]	정치[政治] [名] 政治	[13课]
전공[戰功] [名] 战功	[2课]	정해지다[定-] [动] 定下,选定	[15课]
전담하다[全擔-] [动] 专务,专门负责	[4课]	젖혀지다 [动] 翻开,掀开	[9课]
전라도 [名] 全罗道	[15课]	제각각[-各各] [副] 各自	[18课]
전래되다[傳來-] [动] 传下来	[12课]	제기 [名] 毽子	[12课]
전망[展望] [名] 展望,预测	[11课]	제기차기 [名] 踢毽子	[12课]
전망하다[展望-] [动] 瞭望,眺望;		제법 [副] 相当	[10课]
展望前途	[7课]	제약하다[制約-] [动] 制约,限制	[5课]
전설[傳說] [名] 传说	[15课]	제정하다[製定-] [动] 制定	[18课]
전업주부[專業主婦] [名] 专职家庭主妇	[4课]	제쳐놓다 [动] 放,撇开	[12课]

집현전[集賢殿] [名] 集贤殿	[17课]	찾아보다 [动] 寻找	[17课]
짓다 [动] 做,写,编	[15课]	채권[債券] [名] 债券	[7课]
질푸르다 [形] 葱郁,绿油油的	[10课]	책봉[冊封] [名] 册封	[17课]
짜리 [接尾词] 表示货币票面额或 商品的单价	[15课]	책임[責任] [名] 责任	[8课]
		처지[處地] [名] 境地,处境	[12课]
짜임새 [名] 结构,格局	[9课]	천고마비[天高馬飛] [形] 秋高气爽	[10课]
짜증 [名] 脾气,肝火	[14课]	천국[天國] [名] 天国,天堂	[11课]
쪼개다 [动] 劈开	[9课]	천대[賤待] [名] 蔑视,轻视	[9课]
쫓기다 [动] 被赶,被逼	[2课]	천대받다[賤待-] [动] 受歧视,受蔑视	[12课]
쭈글쭈글하다 [形] 皱巴巴,皱瘪瘪	[11课]	천릿길[千里-] [名] 千里路,远路	[14课]
쯤 [副] 这个程度	[8课]	천부인[天符印] [名] 天符印,天国玉玺	[13课]
		천엽[千葉] [名] 复叶	[18课]

[ㅊ]

차[茶] [名] 茶	[18课]	철[季] [名] 季节	[9课]
차다 [他] 充满,满	[12课]	청년[靑年] [名] 青年	[11课]
차례[茶禮] [名] 祭礼,祭祀	[12课]	청담[淸淡] [名] 清淡	[1课]
차지하다 [动] 占有,占据	[7课]	청자[靑瓷] [名] 青瓷	[15课]
차창[車窓] [名] 车窗	[18课]	체증[滯症] [名] 积食,停食	[9课]
착실하다[着實-] [形] 着实,扎实	[8课]	체험[體驗] [名] 体验	[1课]
찬란하다[燦爛-] [形] 灿烂	[18课]	초 [名] 蜡烛	[3课]
참 [感] 插入语,表示感叹	[15课]	초가집[草家-] [名] 茅草房	[9课]
참고자료[參考資料] [名] 参考资料	[17课]	초닷새 [名] 初五	[12课]
참고하다[參考-] [动] 参考,参照	[15课]	초롱초롱 [副] 亮晶晶	[16课]
참기름 [名] 芝麻油,香油	[18课]	촛대[-臺] [名] 烛台,灯台	[11课]
참여하다[參與-] [动] 参与,参加	[8课]	총칭[總稱] [名] 总称	[15课]
참을성 [名] 耐性,耐心	[13课]	최고봉[最高峰] [名] 顶峰,至高点	[16课]
창[窓] [名] 窗,窗口	[16课]	최근[最近] [名] 最近	[4课]
창경궁[昌慶宮] [名] 昌庆宫	[8课]	최선을 다하다 [词组] 尽力	[2课]
창덕궁[昌德宮] [名] 昌德宫	[11课]	추가되다[追加-] [动] 追加,增加,添加	[1课]
창업[創業] [名] 创业	[7课]	추산하다[推算-] [动] 推算,估算	[7课]
창제[創製] [名] 创制,创造	[17课]	추수[秋收] [名] 秋收	[10课]
창포물[菖蒲-] [名] 菖蒲水	[10课]	추모[鄒牟] [名] 邹牟	[13课]
창호지[窓戶紙] [名] 窗户纸	[9课]	추적[追跡] [名] 追寻,追踪,捕拿	[2课]
찾아다니다 [动] 到处寻找	[5课]	추진력 [名] 推进力	[5课]
		춘곤증[春困症] [名] 春乏症	[10课]

패스트푸드점[fast food店] [名] [8课] 快餐厅,速食店

패하다[敗-] [动] 败,输 [2课]

팽이 [名] 陀螺 [12课]

팽이치기 [名] 抽陀螺,打陀螺 [12课]

편[便] [名] (相对的)一边,派 [9课]

편중[偏重] [名] 偏重,偏向 [3课]

편찬[編撰] [名] 编撰,编辑 [17课]

평균[平均] [名] 平均 [10课]

평균적[平均的] [形] 平均的 [7课]

평안도 [名] 平安道 [15课]

폐수 [名] 废水 [8课]

폐유 [名] 废油 [8课]

포기나누기 [名] 分株 [18课]

폭 [名] 幅 [9课]

폭넓다[幅-] [形] 广泛,全面 [15课]

폭발적이다[爆發的-] [形] 爆发的 [7课]

폭식[暴食] [名] 暴食 [6课]

푸짐하다 [名] 丰盛,足够 [2课]

푹푹 [副] 深深,透 [15课]

풀리다 [动] 解冻,暖和起来,化解 [10课]

풀어가다 [动] 解决 [7课]

품다 [动] 抱,搂,怀着 [15课]

품종[品種] [名] 品种 [18课]

풍년[丰年] [名] 丰收年 [9课]

풍백[風伯] [名] 风神,风伯 [13课]

풍습[風習] [名] 风俗,习俗 [9课]

풍악[風樂] [名] 风乐 [9课]

풍자[諷刺] [名] 讽刺,讥讽 [9课]

프란시스 베이컨 [名] 弗朗西斯·培根 [14课] Francis Bacon

피상적[皮相的] [名] 表面的,浅的 [17课]

피서[避暑] [名] 避暑 [10课]

피우다 [动] 抽,吸 [5课]

피자[pizza] [名] 比萨饼 [2课]

피해[被害] [名] 受损害 [8课]

핀잔 [名] 斥责,谴责 [5课]

핑계 [名] 借口 [2课]

핑계 없는 무덤이 없다 [谚语] 事出有因 [2课]

[ㅎ]

하루살이 [名] 蜉蝣(文中形容人生短暂) [18课]

하숙생[下宿生] [名] 住宿生 [3课]

하여금 [副] 使得 [17课]

하품 [名] 哈欠 [1课]

하품하다 [动] 打哈欠 [15课]

학대[虐待] [名] 虐待,摧残 [6课]

학문[學問] [名] 学问 [17课]

한 턱 내다 [词组] 请客 [14课]

한가위 [名] 中秋节 [12课]

한강[漢江] [名] 汉江 [8课]

한데 [名] 一起,一处 [9课]

한산[漢山] [名] 汉山 [13课]

한솥밥 [名] 大锅饭 [18课]

한숨 짓다 [词组] 叹息 [1课]

한식[寒食] [名] 寒食 [12课]

한심하다[寒心-] [形] 寒心,伤心 [3课]

한양[漢陽] [名] 汉阳(首尔旧称) [11课]

한인촌[韓人村] [词组] 韩人街 [11课]

한턱내다 [词组] 请客 [14课]

한판 [名] 一场,一局 [9课]

한편 [名] 一伙,一方面,一边 [1课]

한평생[-平生] [名] 一生 [18课]

한푼 [名] 一分,分文 [11课]

함경도 [名] 咸镜道 [15课]

해 달라 [惯] 给我…… [12课]

해류[海流] [名] 洋流 [10课]